I0118497

NOMENCLATURE

DE TOUTES LES CONJUGAISONS

DES

VERBES FRANÇAIS,

SOIT ISOLÉS, SOIT DANS LA PHRASE,

Présentant seulement les Variations de la seconde partie du radical et les Inflexions des terminaisons ;

SEUL OUVRAGE CLASSIQUE, SUR UN PLAN ENTIÈREMENT NEUF,

À L'AIDE DUQUEL LES JEUNES ÉLÈVES PUISSENT RÉSOUDRE TOUTES LES DIFFICULTÉS ET ÉCRIRE LES PHRASES DONNÉES AVEC LES MODIFICATIONS QUE LEUR FONT SUBIR LES CHANGEMENTS DE TEMPS ET DE PERSONNES ;

SUIVIE D'UN

DICTIONNAIRE DES VERBES,

CONTENANT, DANS DE NOMBREUX EXEMPLES, L'APPLICATION DES RÈGLES DE LA SYNTAXE ET LES PRÉCEPTES DE L'ANALYSE LOGIQUE.

DEUXIÈME ÉDITION.

PAR AUGUSTE GARBEIRON,

Ancien chef d'Institution, et Membre de l'Académie de l'Enseignement en France, Directeur de l'École professionnelle et de l'imprimerie de la Régence de Tunis.

TOULON

IMPRIMERIE D'EUGÈNE AUREL, RUE DE L'ARSENAL, 13.

1859.

AUX

ENFANTS DE TROUPE

DU 1ᵉʳ GRENADIERS

DE LA

GARDE IMPÉRIALE

PARIS.

SE VEND :

A Toulon, au bureau du *Toulonnais*, rue de l'Arsenal, 13. *(S'adresser à M. SISTERON, employé).*

A Tunis, chez MM. *Garbeiron, frères.*

Prix :

Broché, couverture imprimée. . . . . 3f »c

Cartonné, dos toile anglaise chagrinée. 3 50

Par la Poste :

Pour la France. Broché. 3f 40c

— — Cartonné. 4 10

Pour l'Étranger. Broché. . . . . 4 »

Nota. Toutes les demandes devront être adressées *franco.*

AVIS.

Cet ouvrage est orné de deux Lithographies destinées, l'une aux Établissements de garçons, l'autre aux Institutions de jeunes filles.

On est prié de désigner celui de ces deux dessins que l'on désire dans les exemplaires demandés.

Toulon.—Imprimerie d'Eugène AUREL, rue de l'Arsenal, 13.

DU VERBE

ET

DES AUTRES PARTIES DU DISCOURS.

L'Auteur de cet ouvrage se réserve le droit de le traduire ou de le faire traduire, d'après le génie de toutes les langues , mortes et vivantes.

Il poursuivra , en vertu des lois , décrets et traités internationaux , toutes contrefaçons ou toutes traductions faites au mépris des lois.

Le dépôt a été fait à la Préfecture des Bouches-du-Rhône ainsi qu'à la Sous-Préfecture de Toulon , Var. Toutes les formalités , prescrites par les traités , seront remplies dans les divers états, avec lesquels la France a conclu des conventions littéraires.

POUR PARAITRE INCESSAMMENT :

Le même ouvrage , format in - 8° , édition classique , dégagée de tous les verbes techniques.

NOMENCLATURE

DE TOUTES LES CONJUGAISONS

DES

VERBES FRANÇAIS,

SOIT ISOLÉS, SOIT DANS LA PHRASE,

Présentant seulement les Variations de la seconde partie du radical et les Inflexions des terminaisons ;

SEUL OUVRAGE CLASSIQUE, SUR UN PLAN ENTIÈREMENT NEUF,

A L'AIDE DUQUEL LES JEUNES ÉLÈVES PUISSENT RÉSOUDRE TOUTES LES DIFFICULTÉS ET ÉCRIRE LES PHRASES DONNÉES AVEC LES MODIFICATIONS QUE LEUR FONT SUBIR LES CHANGEMENTS DE TEMPS ET DE PERSONNES ;

SUIVIE D'UN

DICTIONNAIRE DES VERBES,

CONTENANT, DANS DE NOMBREUX EXEMPLES, L'APPLICATION DES RÈGLES DE LA SYNTAXE ET LES PRÉCEPTES DE L'ANALYSE LOGIQUE.

DEUXIÈME ÉDITION.

PAR AUGUSTE GARBEIRON,

Ancien Chef d'Institution, et Membre de l'Académie de l'Enseignement en France, Directeur de l'École professionnelle et de l'imprimerie de la Régence de Tunis.

TOULON

IMPRIMERIE ET LITHOGRAPHIE D'EUGÈNE AUREL, RUE DE L'ARSENAL, 13.

1859.

EXPLICATION DES PARADIGMES

ET

MANIÈRE DE S'EN SERVIR.

Dans le dictionnaire, chaque Verbe porte un *numéro* indiquant le paradigme sur lequel il doit se conjuguer. Le *radical*, première partie du Verbe, exprimant l'idée générale, est séparé de la *terminaison*, seconde partie qui marque les modifications de cette idée.

Les explications, données à la suite des exemples, ont aussi des *numéros* de renvoi.

Ecrivez le *radical* seulement tel qu'il est tracé; présentez-le devant les *terminaisons* données dans le paradigme, portant le même numéro.

Si le Verbe est écrit en *lettres ordinaires*, le radical est *invariable*, il ne reste plus qu'à y ajouter les *terminaisons* prises dans son paradigme, pour former toutes les personnes.

Bien des Verbes, dans ce cas, ont un signe orthographique, soit dans le radical, soit dans les terminaisons, ou une partie additionnelle, entre le radical et les terminaisons; cet accroissement est indiqué dans les paradigmes respectifs.

Si le Verbe est écrit en *lettres ordinaires* et en *lettres majuscules*, le radical est *variable*.

Tous les changements qu'éprouve la *seconde partie du radical*, sont signalés dans le paradigme propre à ce Verbe.

Faites subir, à cette seconde partie *variable*, ces modifications, et ajoutez les terminaisons à ce radical ainsi établi, vous obtiendrez, par ces changements qu'exigent la nature des Verbes, le rapport des temps et les bizarreries dans quelques conjugaisons, toutes les formes des Verbes français.

Les verbes *pronominaux*, les verbes *passifs*, les verbes *unipersonnels* et quelques verbes *neutres* correspondent à deux paradigmes : l'un, pour la formation des temps, l'autre pour l'emploi de l'auxiliaire *être*, des pronoms et des lettres finales des participes.

La première personne dans les *Temps composés* des verbes actifs et de quelques verbes neutres, conjugués avec l'auxiliaire *avoir*, est seule signalée, les autres personnes sont prises dans le paradigme *aimer*. Le participe conserve toujours sa terminaison propre.

Outre cette manière, on peut encore, sans se rendre compte des changements qu'éprouve la *seconde partie du radical*, dans la formation des *Temps primitifs* et des *Temps dérivés*, ne prendre, dans le dictionnaire, que la *première partie invariable* du radical qui, placée en tête de chacun des temps tracés dans les paradigmes respectifs, donne l'orthographe de toutes les personnes.

DES MOTS VARIABLES.

DU VERBE.

Le Verbe est le mot qui exprime l'existence et l'action, avec leurs modifications diverses.

Il y a six sortes de verbes : les verbes *auxiliaires*, les verbes *actifs* ou *transitifs*, les verbes *passifs*, (1) les verbes *neutres* ou *intransitifs*, les verbes *pronominaux* et les verbes *unipersonnels*.

— Les verbes *auxiliaires* servent à former les *temps composés* et les temps *sur-composés* des autres verbes. *J'ai* étudié , je me *suis* distingué, il *sera* sorti dès qu'il *aura eu* achevé sa lettre.

— Les verbes *actifs* expriment une action faite par le sujet , et passant à un autre objet. Dieu *récompensera* les bons et *punira* les méchants.

— Les verbes *passifs* marquent une action reçue ou soufferte par le sujet ; ils se conjuguent avec l'auxiliaire *être*. Les bons *seront récompensés* et les méchants *seront punis* par Dieu. Tout verbe actif, excepté *avoir*, a son passif correspondant : ce sont donc les deux formes ou voix d'un même verbe.

— Les verbes *neutres* expriment l'état du sujet ou une action qui ne passe pas à un autre objet ; ils diffèrent donc des verbes actifs, en ce qu'ils ne sauraient avoir de régime direct. Mon frère *dort*, *repose*, ce livre *existe*, je *travaille* avec courage. Les verbes neutres n'ont point d'expression passive correspondante. On excepte cependant *obéir*, *convenir*, *répondre*.

— Les verbes *pronominaux* se conjuguent avec deux pronoms de la même personne. *Je me repens*, *tu te* flattes , *il* ou *elle se* promène.

On en distingue de deux sortes : les pronominaux *essentiels*, et les pronominaux *accidentels*.

Les verbes pronominaux *essentiels* sont ceux qui prennent *indispensablement* deux pronoms de la même personne dans leur conjugaison. *Je me* souviens , *tu te* repens , *il* ou *elle s'*abstient.

Les verbes pronominaux *accidentels* sont ceux qui, étant conjugués avec deux pronoms de la même personne, pourraient aussi se construire sans le pronom complétif. *Ils se* sont rencontrés , *ils se* sont dit des injures. *Rencontrer* et *dire* peuvent se conjuguer avec un seul pronom.

Les verbes pronominaux *réfléchis* énoncent une action qui, partant du sujet, retombe et se réfléchit sur le sujet lui-même. Mon frère *s'est blessé*.

Les verbes pronominaux *réciproques* expriment l'action de plusieurs sujets qui agissent les uns sur les autres. Ces enfans *s'aiment* et *se plaisent*.

Les verbes réciproques se divisent en *directs* et en *indirects*, selon que le pronom qui précède est employé comme régime *direct* ou comme régime *indirect*. Ils *se* sont battus, ils *se* sont reproché leurs extravagances.

Pour que le verbe soit réciproque sans équivoque, il est souvent nécessaire d'y ajouter les mots *l'un l'autre*, *réciproquement*, *entre* ou *mutuellement*. Cicéron et Antoine se louaient *l'un l'autre*, se louaient *réciproquement* ou *s'entre-louaient*.

— Les verbes *impersonnels* ou *unipersonnels essentiels* sont ceux qui ne s'emploient qu'à la troisième personne du singulier et dont le sujet est toujours le pronom *il*, sans antécédent. *Il faut*, *il neige*, *il y a*, etc.

Les verbes *unipersonnels accidentels* sont ceux qui, pouvant se conjuguer à toutes les personnes, ont pour sujet grammatical le pronom *il*, sans antécédent. Nous tenons tout de Dieu ; *il est* juste que nous lui rapportions toutes nos actions. *Il se rencontre* des hommes qui ne pensent qu'aux plaisirs.

DES MODIFICATIONS DU VERBE.

Le verbe admet quatre sortes de modifications ou changemens de forme : le *nombre*, la *personne*, le *mode* et le *temps*.

(1) Notre langue n'a de la forme passive que le participe passé, joint à l'auxiliaire *être* ; mais nous avons cru pouvoir, sans inconvénient, céder à une dénomination adoptée dans toutes nos grammaires.

DU NOMBRE.

Le *nombre* est la forme que prend le verbe pour indiquer son rapport avec l'unité ou la pluralité. Je chante, nous chantons ; tu parles, vous parlez ; il écrit, ils écrivent.

DE LA PERSONNE.

La *personne* est la forme que prend le verbe pour indiquer que le sujet parle de lui-même, à un autre ou d'un autre. *Je lis, tu lis, il lit.*

DU MODE.

Les *modes* sont les différentes manières d'exprimer l'action ou l'état marqué par le verbe.

Il y a cinq modes : l'*Indicatif*, le *Conditionnel*, l'*Impératif*, le *Subjonctif*, et l'*Infinitif*.

— L'*Indicatif* exprime une action positive, certaine, soit que cette action se fasse présentement, soit qu'elle se trouve faite ou qu'elle soit à faire. *J'écris, j'écrivais, j'ai écrit, j'écrirai*, etc.

— Le *Conditionnel* marque qu'une chose serait ou se ferait moyennant une condition. Les enfans *mettraient* plus de zèle à leur instruction, s'ils en connaissaient le prix. Il *serait venu*, si j'avais voulu.

— L'*Impératif* marque un présent par rapport à l'action de commander, mais il désigne un futur, puisqu'on ne peut commander qu'une chose à faire, et qu'on ne peut obéir que *postérieurement* au commandement. *Aimez* Dieu, *honorez* vos parens, et vous prospérerez.

— Le *Subjonctif* exprime l'action d'une manière subordonnée et dépendante d'une autre action. Je veux qu'il *obéisse* sur-le-champ, nous souhaitons que vous *réussissiez*.

— L'*Infinitif* présente la signification du verbe d'une manière vague et générale, et qui s'étend, sans changer de forme, à toutes les personnes, à tous les nombres et à tous les temps. *Enseigner*, c'est s'instruire ; *travailler*, c'est s'enrichir.

DU TEMPS.

Le *temps* est la propriété qu'a le verbe d'indiquer, par sa forme, l'époque à laquelle correspond l'état ou l'action. Tout verbe a trois principaux temps : le *présent*, le *passé* et le *futur*.

— Le *passé* et le *futur*, se reproduisant avec différentes nuances, admettent divers degrés d'*antériorité* et de *postériorité*, d'où résultent plusieurs sortes de passés et de futurs. — Le *présent* n'admet qu'un temps.

On distingue huit temps pour les trois époques : le *présent*, l'*imparfait*, le *passé défini*, le *passé indéfini*, le *passé antérieur*, le *plus-que-parfait*, le *futur absolu* et le *futur antérieur*.

— Le *Présent* exprime l'action dans le moment même où elle se fait. Je *marche*, je *chante*.

— L'*Imparfait* marque l'action imparfaite, inachevée, dans le temps qu'une autre action s'est faite. Lorsque j'entrai, elle *chantait*. C'est un passé simultané.

— Le *Passé défini* indique l'action comme ayant eu lieu à une époque déterminée, dans une période de temps entièrement passée au moment où l'on parle. Il *vint* nous voir, la semaine dernière.

— Le *Passé indéfini* exprime l'action comme ayant eu lieu dans un temps complétement écoulé ou non. Il nous *a écrit* la semaine dernière, et il nous *a* encore *écrit* aujourd'hui.

— Le *Passé antérieur* marque une action faite avant une autre, dans un temps passé. Il sortit quand il *eut dîné*.

— Le *Plus-que-parfait* exprime une action passée à l'égard d'une action qui est également passée et immédiate ou non. J'*avais terminé* ma lettre quand vous vîntes me voir.

— Le *Futur absolu* exprime l'action comme devant avoir lieu dans un temps à venir. Je *sortirai* demain.

— Le *Futur antérieur* exprime qu'une action se trouvera faite avant telle autre action à faire. J'*aurai fini* quand il arrivera.

Les Temps se divisent en temps *simples* et en temps *composés*.

— Les Temps *simples* sont ceux qui n'empruntent pas un des temps des auxiliaires. J'*étudie* mes leçons.

— Les Temps *composés* sont formés d'un des temps simples des auxiliaires et d'un participe passé. J'*aurai* bientôt *terminé* mes devoirs, je *serai satisfait*.

Il y a aussi des Temps *sur-composés* : ce sont ceux dans lesquels on emploie deux participes passés, dont le premier est toujours invariable. J'*aurais eu lu* avant vous, si je n'*avais pas été* interrompu. Ces locutions sont assez peu usitées.

DE LA FORMATION DES TEMPS.

Les Temps des Verbes se divisent en Temps *primitifs* et en Temps *dérivés*.
Les Temps *primitifs* sont ceux qui servent à former les autres. Il y en a cinq.
Les Temps *dérivés* sont ceux qui sont formés des temps *primitifs*.

Temps primitifs.	Temps dérivés.
Le Présent de l'Infinitif.	{ Le Futur simple. { Le Conditionnel présent.
Le Participe présent.	{ Tout le pluriel du présent de l'Indicatif. { L'Imparfait de l'Indicatif. { Le Présent du Subjonctif.
Le Participe passé.	{ Tous les Temps composés et les Temps sur-composés, { à l'aide des deux auxiliaires.
Le Présent de l'Indicatif.	L'Impératif. (1)
Le Passé défini.	L'Imparfait du Subjonctif.

Tous les changemens que subissent les temps *primitifs*, pour former les temps *dérivés*, sont tracés dans les Paradigmes, propres aux verbes à conjuguer.

Lorsqu'un Temps *primitif* manque, tous les *dérivés* manquent également. Cette règle a cependant quelques exceptions.

Les Verbes *réguliers* sont ceux qui suivent, dans la formation de leurs temps, les règles générales des Conjugaisons. Les Verbes *irréguliers* s'écartent des règles générales dans la formation des temps simples. Les Verbes *défectifs* ne sont pas usités à tous les modes et à tous les temps, ou ils ne s'emploient pas à toutes les personnes.

Il est commun à tous les verbes de prendre *l'accent circonflexe* à cinq temps :

1° Au *passé défini*, temps simple, sur la voyelle qui précède les finales ^mes et ^tes ; à la première et à la deuxième personne du pluriel. Nous eûmes, vous eûtes ; nous fûmes, vous fûtes ; nous aimâmes, vous aimâtes ; nous finîmes, vous finîtes ; nous reçûmes, vous reçûtes ; nous rendîmes, vous rendîtes. Le verbe *haïr* fait seul exception.

2° Au *passé antérieur*, temps composé, sur la voyelle qui précède les finales ^mes et ^tes, de l'auxiliaire, à la première et à la deuxième personne du pluriel. Nous eûmes eu, vous eûtes eu ; nous eûmes été, vous eûtes été ; nous cûmes aimé, vous eûtes aimé ; nous eûmes fini, vous eûtes fini ; nous eûmes reçu, vous eûtes reçu ; nous eûmes rendu, vous eûtes rendu ; nous fûmes partis, vous fûtes parties ; nous nous fûmes flattés, vous vous fûtes flattées.

3° Au *second conditionnel passé*, temps composé, sur la voyelle qui précède le ^t final de l'auxiliaire, à la troisième personne du singulier. Il eût eu, il eût été, il eût aimé, il eût fini, il eût rendu, il eût parti, il se fût flatté.

4° A l'*Imparfait du Subjonctif*, temps simple, (excepté *haïr*) sur la voyelle qui précède le ^t final, à la troisième personne du singulier. Qu'il eût, qu'il fût, qu'il aimât, qu'il finît, qu'il reçût, qu'il rendît.

5° Au *plus-que-parfait du Subjonctif*, temps composé, sur la voyelle qui précède le ^t final de l'auxiliaire, à la troisième personne du singulier. Qu'il eût eu, qu'il eût été, qu'il eût aimé, qu'il eût fini, qu'il eût reçu, qu'il eût rendu, qu'il fût parti, qu'il se fût flatté.

On met aussi l'*accent circonflexe* sur l'*i*, dans le radical, des verbes terminés en *aître* et en *oître*, partout où cette voyelle est suivie d'un *t*. Paraître, il paraît, il paraîtra, il paraîtrait. Accroître, il accroît, il accroîtra, il accroîtrait, etc.

(1) La seconde personne singulière de l'Impératif est semblable, non à la seconde du présent de l'indicatif, mais à la première. Il n'y a que cinq verbes qui fassent exception : *avoir*, *être*, *aller*, *savoir* et *vouloir*.

DU SUBSTANTIF.

Le Substantif est un mot qui sert à nommer une personne ou une chose; il exprime l'idée d'une substance considérée en elle-même et sans aucun rapport à ses qualités.

On distingue deux sortes de substantifs : le substantif *commun* et le substantif *propre*.

— Le substantif *commun* est une dénomination qui convient à toutes les personnes ou à tous les objets d'une même espèce, d'une même nature, comme : *Homme, femme, jardin, prairie.*

— Le substantif *propre* exprime une idée, une personne ou une chose unique. *Virgile, Paris, Londres.*

Parmi les substantifs communs, on distingue encore les *collectifs* et les *composés*.

— Les substantifs *collectifs* servent à désigner une collection totale ou partielle d'individus ou d'objets d'une même nature, comme : *Troupe, foule, armée, forêt.*

— Les substantifs *composés* sont formés de plusieurs mots réunis par un trait d'union, et ne présentent à l'esprit qu'une idée unique, comme: *Arc-en-ciel, chef-d'œuvre, porte-drapeau.*

La langue française n'admet que deux genres : le *masculin*, pour les noms d'êtres mâles, comme : *Homme, lion,* et le féminin, pour les noms d'êtres femelles, comme : *Femme, lionne.*

C'est par imitation qu'on a donné le genre masculin et le genre féminin à des substantifs représentant des objets inanimés; *soleil, château* sont masculins ; *table, fleur* sont féminins. Bien d'autres sont des deux genres, mais sous différentes significations. Aide est féminin lorsqu'il signifie secours, assistance. Vous trouverez en lui *une aide prompte et assurée.* Il est masculin, lorsqu'il représente celui qui travaille sous les ordres d'un autre. *Un aide* de camp, *un aide-chirurgien* ; cependant, si la personne était une femme, il serait féminin. Cette sage-femme est l'*une des aides* de cet accoucheur, son *aide la mieux entendue.* (*Acad.*) *Aigle*, oiseau de proie, est masculin. *Un grand aigle.* En terme d'armoirie, *aigle* est féminin. Les *aigles impériales,* les *aigles romaines.* etc.

Le nombre est, dans les mots, la propriété qu'ils ont d'indiquer l'*unité* ou la *pluralité* des êtres ou des objets auxquels ils se rapportent. Dans le premier cas, on dit qu'ils sont au nombre *singulier*, comme : *Un homme, une table,* etc. et dans le second, qu'ils sont au nombre *pluriel*, comme : *Des hommes, des tables.*

Le pluriel est semblable au singulier de tous les noms qui se terminent au singulier par *s, x* ou *z* : le *fils*, les *fils*, la *voix*, les *voix*, le *nez*, les *nez*.

Les noms qui ne finissent pas au singulier par *s, x* ou *z*, prennent ordinairement un *s* au pluriel : le *livre*, les *livres* ; la *bonté*, les *bontés* ; l'*affection*, les *affections*. Cette règle a des exceptions qui sont signalées à la suite des phrases données en exemples dans le dictionnaire.

Le substantif a cinq sortes de fonctions dans le discours ; il peut être employé comme *sujet* du verbe, comme *attribut*, comme *régime*, comme *complément* d'une préposition et enfin en *apostrophe*.

DE L'ARTICLE.

L'Article sert à déterminer le substantif, c'est-à-dire, qu'il le dégage de sa signification vague et le montre comme s'appliquant soit à un genre, soit à une espèce, soit à un individu. Quand on dit : *Les femmes* ont la sensibilité en partage. *Les hommes* à imagination sortent souvent des bornes de la raison. *La personne,* qui a fait l'acquisition de ce domaine, est fort riche. Dans la première phrase, l'article *les* indique qu'il s'agit de toutes les femmes ; dans la deuxième, qu'il s'agit d'une classe particulière d'hommes ; dans la troisième, l'étendue de la signification du substantif *personne* est tout-à-fait restreinte et ne s'applique plus qu'à un seul individu.

L'article est susceptible de genre et de nombre. *Le* se met devant un substantif masculin singulier. *Le lion, le blé, le pain. Le* se change en *la* devant un substantif féminin singulier.

La lune, *la* terre, *la* biche. *Les* se place devant les substantifs pluriels des deux genres. *Les* hommes, *les* femmes, *les* fruits, les fleurs.

— Les articles simples sont *le*, *la*, *les*. — Les articles composés sont *du*, *des*, *au*, *aux*. Dans ces exemples : Le talent DU maître, DU est mis pour *de le* ; la légéreté DES enfans, DES est mis pour *de les* ; j'ai parlé AU Ministre, AU est mis pour *à le* ; j'obéis AUX lois, AUX est mis pour *à les*.

Ces articles sont appelés composés, parce qu'ils se joignent aux prépositions *de* et *à*, avec lesquelles ils forment des mots composés qui retiennent la double valeur des deux mots dont ils sont formés.

L'*e* et l'*a*, de l'article *le* et *la*, s'élident et sont remplacés par une apostrophe, si le mot suivant commence par une *voyelle* ou un *h muet*. L'*arbre*, l'*oiseau*, l'*homme*, l'*humanité*. Cependant on dit : *le oui*, *le onze*, *le onzième*.

DE L'ADJECTIF.

------◦⊰⊱◦------

L'ADJECTIF tire son nom du latin *adjectus*, ajouté, parce qu'il s'ajoute aux substantifs pour exprimer l'idée des qualités ou des manières d'être.

— Les *adjectifs qualificatifs* désignent les qualités des êtres.

Lorsque l'adjectif est seul, il ne présente rien de fixe à l'esprit, il ne lui offre que l'idée vague d'une qualité. Quand on dit : *Bon*, *grand*, *juste*, etc., l'esprit a une perception vague de bonté, de grandeur, de justesse, etc., mais si l'on joint ces mots à des substantifs, il saisit un rapport réel, et voit ces qualités subsistantes dans un sujet comme : *Bon père*, *grand arbre*, homme *charitable*.

Les adjectifs peuvent devenir quelquefois de véritables substantifs ; c'est lorsque, cessant de les considérer comme expressions de qualités, nous les prenons comme noms d'êtres, et alors ils tiennent la place des substantifs abstraits, et n'ont d'existence que dans notre esprit, comme : Le *beau* et le *vrai* vous touchent.

Les substantifs deviennent aussi de vrais adjectifs lorsqu'ils sont employés à qualifier, comme : Il était *berger* et il devint *roi*. Dans ces phrases, les mots *berger* et *roi* sont de vrais adjectifs.

Les adjectifs *déterminatifs* marquent certaines vues de l'esprit ou les différens aspects sous lesquels l'esprit considère le même mot.

Il y a quatre adjectifs déterminatifs : les adjectifs *démonstratifs*, les adjectifs *possessifs*, les adjectifs *numéraux* et les adjectifs *indéfinis*.

— Les adjectifs *démonstratifs* déterminent la signification du substantif en y ajoutant une idée d'indication : *Cet* homme, *cette* femme, *ces* arbres, *ces* plantes, etc.

— Les adjectifs *possessifs* déterminent tel ou tel objet, en y ajoutant une idée de possession : *Mon* livre, *ta* plume, etc.

— Les adjectifs *numéraux* déterminent les objets, en y ajoutant une idée de nombre, d'ordre : *Une* plume, *deux* plumes ; le *deuxième* et le *quatrième* volume.

— Les adjectifs *indéfinis* déterminent les objets, en y ajoutant, pour la plupart, une idée de généralité : *Chaque* propriété, *aucun* droit, *plusieurs* entreprises, *quelques* considérations.

— Les adjectifs *verbaux* sont ceux qui dérivent des verbes, ils sont toujours terminés, au singulier, par *ant* : Les peuples *errants* doivent être les derniers qui aient écrit. (*Volt.*)

L'adjectif varie dans sa terminaison en genre et en nombre, d'après son rapport avec le substantif qu'il qualifie. La formation du féminin et du pluriel, ainsi que les règles de la Syntaxe est expliquée à la suite des exemples donnés dans le dictionnaire.

Les adjectifs peuvent qualifier les objets ou simplement ou avec comparaison, ou les élever à un très-haut degré, ce qui établit trois degrés de signification : le *positif*, le *comparatif* et le *superlatif*.

— Le *positif* est l'adjectif même. Un jeune homme *poli*, *affable* est aimé de tout le monde.

— Le *comparatif* est l'adjectif avec comparaison d'un degré à un autre. Toute comparaison a pour résultat ou un rapport d'*égalité*, ou un rapport de *supériorité*, ou un rapport d'*infériorité*.

Le *comparatif d'égalité* se forme en mettant *aussi* ou *autant* avant l'adjectif. L'histoire est *aussi* utile qu'agréable. Il est modeste *autant* qu'habile.

Le *comparatif* de *supériorité* se forme en mettant *plus* avant l'adjectif. L'Asie est *plus* grande que l'Europe.

Le *comparatif d'infériorité* se forme en mettant *moins* ou *ne . . . si*, avant l'adjectif. L'Afrique est *moins* peuplée, ou *n'est* pas *si* peuplée que l'Europe.

— L'adjectif est au *superlatif* quand il exprime la qualité dans un très-haut degré, ce qui forme deux espèces de superlatifs : l'un *absolu*, l'autre *relatif*.

Le *superlatif absolu* marque la qualité portée à un très-haut degré, sans aucun rapport à un autre objet. On le forme en mettant, avant l'adjectif, un de ces mots : *fort*, *très*, *infiniment*, *extrêmement*. Le style de Fénélon est *très*-riche, *fort* coulant et *infiniment* doux.

Le *superlatif relatif* exprime une qualité dans le plus haut degré, mais avec rapport à un autre objet. On le forme en plaçant l'article avant les comparatifs de supériorité ou d'infériorité, comme *meilleur*, *moindre*, *pire*, *plus* et *moins*. La gloire, qu'on a donnée aux Égyptiens d'être *les plus reconnaissans* de tous les hommes, fait voir qu'ils étaient *les plus sociables*. (*Bossuet.*)

Les *adjectifs possessifs* mon, ton, son, notre, votre leur, placés avant les comparatifs, font la fonction d'article et élèvent, par conséquent, l'adjectif au superlatif relatif. Ces phrases : C'est *mon meilleur* ami, c'est *leur plus grande* ressource, équivalent à celles-ci : c'est *le meilleur* de mes amis ; c'est *la plus grande* de leurs ressources.

DU PRONOM.

Le Pronom est un mot qui remplace le substantif pour en rappeler l'idée et en éviter la répétition.

Non seulement les pronoms évitent des répétitions, mais ils répandent sur tout le discours plus de clarté, de feu, de vivacité et de grâce. En voici une preuve dans ce passage tiré de l'abbé Girard. « Il faut que la *grammaire* soit conduite par le génie de la langue qu'*elle* traite, que la méthode *en* soit nette et facile, et qu'*elle* n'omette aucune des lois de l'usage, et que tout *y* soit exactement défini, ainsi qu'éclairé par des exemples, afin que les ignorans *la* puissent apprendre, et que les doctes *lui* donnent leur approbation. »

Dans cette période, ces mots : *elle*, *en*, *y*, *la*, *lui* sont des pronoms qui remplacent le substantif *grammaire*.

Il y a cinq sortes de pronoms : les pronoms *personnels*, les pronoms *démonstratifs*, les pronoms *possessifs*, les pronoms *relatifs* et les pronoms *indéfinis*.

Les pronoms *personnels* sont ceux qui désignent plus particulièrement les personnes. Il y a dans l'acte de la parole trois personnes ou rôles : ces relations ont pris le nom de personnes grammaticales.

Les pronoms de la première sont : *je*, *me*, *moi*, pour le singulier, et *nous*, pour le pluriel des deux genres ; masculins, si c'est un homme qui parle, féminins, si c'est une femme, comme : *Je* parle, *je* *me* flatte, mon ami s'occupe de *moi*, *nous* écrirons.

Me est mis pour *à moi* ou *moi*, comme : Il *me* dit que. . ., c'est-à-dire, il dit *à moi* que. . , il *me* regarde, c'est-à-dire, il regarde *moi*.

Les pronoms de la seconde sont : *Tu*, *te*, *toi* pour le singulier, et *vous* pour le pluriel. Ils sont des deux genres : masculins, si c'est à un homme que l'on parle ; féminins, si c'est à une femme, comme : *Tu* parles, le professeur *te* parlera, prépare-*toi*, *vous* partirez.

Te est mis pour *à toi* ou *toi* comme : On *te* dit que. . , c'est-à-dire, on dit *à toi* que. . , on *te* regarde, c'est-à-dire, on regarde *toi*.

Par politesse, on dit *vous* au lieu de *tu*, au singulier, comme : *Vous* êtes bien bon et bien honnête.

Les pronoms de la troisième personne sont : *il*, *elle*, *lui*, *le*, *la*, pour le singulier, et *ils* ou *eux*, *elles*, *leur*, *les*, pour le pluriel. *Il*, *le*, *ils*, *eux* sont toujours masculins ; *elle*, *la*, *elles*, toujours féminins ; *lui*, *leur* et *les*, masculins ou féminins, selon la persoonne de qui l'on parle.

Le pronom *lui*, dans le corps de la phrase, est pour *à lui*, *à elle*, comme : Je *lui* parle, qui peut signifier : je parle *à lui*, je parle à elle, selon qu'on parle à un homme ou à uue femme ; mais s'il finit la phrase, ou qu'il soit suivi d'un relatif, il est toujours masculin, comme : Est-ce *lui* ? Est-ce *lui qui* a fait cela ?

Le est mis pour *lui*, et *la* pour *elle*, comme : Je *le* vois, je *la* vois, c'est-à-dire : je vois *lui*, je vois *elle*. *Leur* est pour *à eux*, *à elles*, et *les* pour *eux*, *elles*, comme : Je *leur* parle, qui peut signifier je parle *à eux*, je parle *à elles* ; je *les* vois, c'est-à-dire : je vois *eux* ou je vois *elles*, selon les circonstances.

Il y a encore un pronom de la troisième personne : *soi*, *se*, il est des deux genres ; on l'appelle *réfléchi*, parce qu'il marque le rapport d'une personne à elle-même.

Se est mis pour *à soi*, *soi*, comme : Il *se* donne des louanges, c'est-à-dire : il donne des louanges *à soi* ; il *se* flatte, c'est-à-dire : il flatte *soi*.

Il y a deux mots qui servent de pronoms : *En*, qui signifie *de lui*, *d'elle*, *d'eux*, *d'elles*, ainsi quand on dit : j'*en* parle, on peut entendre, je parle *de lui*, *d'elle*, *d'eux*, *d'elles*, selon la personne ou les personnes, la chose ou les choses, dont le substantif a été auparavant exprimé.

Y, qui signifie *à cette chose*, *à ces choses*, comme quand on dit : Je m'*y* applique, c'est-à-dire : je m'applique *à cette chose*, *à ces choses*.

— Les pronoms *démonstratifs* sont ceux qui servent à montrer, à indiquer les personnes ou les choses dont ils rappellent l'idée. De deux hommes de lettres, *celui* qui est le plus riche est ordinairement *celui* à qui on marque le plus d'égard. (*d'Alamb.*) La meilleure leçon est *celle* des exemples. (*La Bruy.*)

Les mots que les grammairiens regardent comme pronoms *démonstratifs* sont : *Ce*, *celui*, *cela*, *celle*, *ceux*, *celles*. *Celui*, *celle* est la réunion de *ce* et de *lui*, de *ce* et d'*elle*. En ajoutant les particules *ci* et *là*, on a les nouvelles formes : *celui-ci*, *celle-ci*, *ceux-ci*, *celles-ci*, *celui-là*, *celle-là*, *ceux-là*, *celles-là*.

Ce se joint à un substaitif ou à un verbe ou à un pronom relatif. Joint à un substantif, il se dit des personnes et des choses, il est pur adjectif et s'accorde en genre et en nombre. *Ce*, masculin singulier se met avant une consonne ou un h aspiré. *Ce* livre, *ce* héros. *Cet*, aussi masculin singulier, se met avant une voyelle ou un h non aspiré. *Cet* enfant, *cet* homme. *Cette* est féminin singulier, se met avant les substantifs, quelle que soit leur lettre initiale. *Cette* ville, *cette* harangue. *Ces* se met avant tous les noms pluriels de quelque genre qu'ils soient, comme : *Ces* principes. *ces* intérêts ; *ces* histoires, *ces* héros.

Ce joint à un verbe, est toujours masculin singulier et veut le verbe au singulier, excepté quand il est suivi de la troisième personne plurielle. On dit : *C'*est moi, *c'*est toi, *c'*est lui, *c'*est nous, *c'*est vous, mais on doit dire : *Ce* sont eux, *ce* sont elles, *ce* furent les Romains qui, etc.

Ce, joint à un pronom relatif, ne se dit que des choses, il est toujours masculin singulier parce qu'il ne marque qu'un sens vague, comme : *Ce* qui flatte est plus dangereux que *ce* qui offense.

— Les pronoms *possessifs* sont ceux qui marquent la possession des personnes ou des choses, dont ils rappellent l'idée. Les mots, que les grammairiens regardent comme pronoms possessifs, sont : *Le mien*, *le tien*, *le sien*, *le nôtre*, *le vôtre*, *le leur*, masculins singuliers ; *la mienne*, *la tienne*, *la sienne* ; *la nôtre*, *la vôtre*, *la leur*, féminins singuliers ; *les miens*, *les tiens*, *les siens*, masculins pluriels ; *les miennes*, *les tiennes*, *les siennes*, féminins pluriels ; *les nôtres*, *les vôtres*, *les leurs*, des deux genres pluriels.

Ces pronoms ne sont jamais joints à un substantif, mais ils s'y rapportent, ils ne peuvent être employés qu'avec un substantif auparavant exprimé. Beaucoup de familles étrangères, qui meurent de regret hors de leur patrie, se naturalisent dans *la nôtre*. (*B. de St P.*)

— Les pronoms *relatifs* sont ceux qui ont rapport à un substantif ou à un pronom qui précède, et qu'on appelle *antécédent*.

Ces pronoms sont : *qui*, *que*, des deux genres et des deux nombres ; *lequel*, masculin singulier,

fait au féminin singulier *laquelle* ; au masculin pluriel, *lesquels* ; au féminin pluriel, *lesquelles*
Dont, *quoi*, *y*, *en* sont des deux genres et des deux nombres.

Dans cette phrase : *Dieu*, *dont* nous admirons la sagesse, est l'auteur des *choses* *que* nous voyons
et de *celles* *qui* sont cachées, *Dieu* est l'antécédent du relatif *dont*; *choses* est l'antécédent du
relatif *que*, et le pronom *celles*, l'antécédent du relatif *qui*.

Les pronoms *indéfinis* sont ceux qui désignent, d'une manière vague, indéterminée, les personnes
ou les choses dont ils rappellent l'idée.

Les pronoms iudéfinis peuvent se diviser en quatre classes : 1° Ceux qui ne se joignent jamais
à des substantifs : *On*, *quelqu'un*, *quiconque*, *qui que ce soit*, *quoi que ce soit*, *chacun*, *l'un*,
l'autre, *les uns*, *les autres*, *autrui*, *rien*, *tout le monde*.. 2° Ceux qui sont tantôt *pronoms indéfinis*,
et tantôt *adjectifs*, comme : *aucun*, *pas un*, *autre*, *l'un et l'autre*, *même*, *tel*, *plusieurs*, *tout*. Ces
mots sont de vrais pronoms quand ils sont employés seuls. *Plusieurs* sont trompés en voulant tromper *les autres*. Ils sont adjectifs, s'ils se rapportent, soit à un substantif, soit à un pronom.
Plusieurs voyageurs rapportent le même fait, mais j'en ai vu *plusieurs* qui le nient. 3° Ceux qui
sont tantôt *pronoms indéfinis* et tantôt *pronoms relatifs*, comme : *qui*, *que*, *quoi*. Ils sont *pronoms indéfinis*, lorsqu'ils n'ont point d'antécédent. *Qui* demandez-vous? *Que* cherchez-vous? A *quoi*
réfléchissez-vous? Et *pronoms relatifs*, quand ils se rapportent, soit à un substantif, soit à un
pronom, *L'enfant*, *qui* s'instruit, se prépare des jouissances. Il n'a rien fait de tout *ce que* je lui
avais dit. Il n'y a *rien* sur *quoi* l'on ait tant disputé. 4° Et enfin, le mot *personne* et le mot *chose*,
dans quelque chose. *Personne*, pronom indéfini, masculin, a un sens vague négatif et s'emploie sans
article ni aucun adjectif déterminatif. *Tout ici parle de sa puissance, et personne n'ose lui montrer,
même de loin, ses faiblesses.* (*Mass.*) *Personne*, substantif féminin, a un sens déterminé et est
accompagné de l'article ou d'un adjectif déterminatif. *Les personnes*, qui ont le cœur bon et les
sentimens de l'âme élevés, sont ordinairement généreuses.

Quelque chose, employé pour *une chose*, est du genre masculin. Voilà *quelque chose* de merveilleux.
Mais si *quelque chose* signifie *quelle que soit la chose*, il est féminin. *Quelque chose qu'il ait dite*, je
n'ai pu le croire. (*Marm.*)

DU PARTICIPE.

Le Participe est ainsi appelé, parce qu'il tient, à la fois, de la nature du verbe et de celle de
l'adjectif. Il tient du verbe, en ce qu'il exprime les notions d'existence, d'action et de temps, qui
constituent le verbe. Il tient de l'adjectif, en ce qu'il donne des qualités aux personnes et aux
choses ou qu'il marque l'état.

On distingue deux sortes de participes : le participe *présent* ou *actif* et le participe *passé* ou *passif*.

— Le participe *présent*, qui se termine toujours en *ant* et qui marque une coïncidence d'époque,
exprime en général une action et est employé sans régime ou avec régime, selon que le verbe,
auquel il appartient, est *actif* ou *neutre*. Quand je suis à la campagne, je me plais à voir les trou-
peaux *errant* dans les prairies.

— Le participe *passé*, qui prend différentes formes, comme : *aimé*, *fini*, *reçu*, *produit*, *soumis*,
exprime, soit l'état passif : dans ce cas, il se joint à l'auxiliaire *être* et ne peut avoir de régime
direct. Je *suis* aimé, vous *serez* reconnu, il *était* poursuivi; soit une idée de temps écoulé; et alors
il prend l'auxiliaire *avoir*, quand le verbe, auquel il appartient, marque l'action. J'*ai* étudié mes
leçons. Il m'a reçu avec bienveillance; ou l'auxiliaire *être*, quand le verbe est pronominal ou indique
un état, on peut lui donner un régime direct, si le verbe lui-même est de nature à en recevoir
un. Je me *suis* reproché mes fautes, elle s'en *est* repentie; je *suis* revenue depuis hier au soir,
elles *sont* parties.

Les expressions, que le participe passé forme ainsi avec l'auxiliaire *être* ou *avoir*, sont ce que l'on
nomme les *temps composés* des verbes.

Les règles des participes sont données à la suite des paradigmes.

DES MOTS INVARIABLES.

DE L'ADVERBE.

L'ADVERBE est un mot *invariable* dont la fonction la plus ordinaire est de modifier le verbe, soit par une idée de degré, comme : *très*, *fort*, *trop*, *plus*, *moins*, *peu*, *beaucoup*; soit par une idée de manière, comme : *lentement*, *doucement*, *aisément*; soit par une idée d'époque ou de temps, comme : *demain*, *aujourd'hui*, *hier* ; soit enfin par une idée de lieu, comme : *ici*, *là*.

L'adverbe peut modifier un adjectif : *peu* sage, *fort* riche, ou un substantif qui exprime une qualité : *vraiment* père ; ou enfin un autre adverbe : *très*-agréablement , *bien* souvent , *assez* rarement.

L'adverbe a toujours un sens complet, il équivaut à une préposition suivie de son complément. En effet, agir *sagement* est mis pour agir *avec sagesse*. Quelques adverbes cependant font exception à ce principe, ce sont : *dépendamment*, *indépendamment* ; *indifféremment*, qui prennent la préposition *de*, et *préférablement*, *primitivement*, *proportionnément*, *convenablement*, *relativement*, *conformément*, *antérieurement*, *conséquemment*, *inférieurement*, *postérieurement*, *supérieurement*, *exclusivement*, qui prennent la préposition *à*. Ces adverbes conservent le même régime que celui de l'adjectif dont ils sont formés.

— Les adverbes simples sont ceux qui , d'eux-mêmes ou par l'effet de l'usage, ne font qu'un seul mot, tels sont : *ailleurs*, *alentour*, *alors* , *assez*, *aujourd'hui*, *auparavant*, *auprès*, *aussi*, *aussitôt*, *autant*, *autrefois*, *autrement*, *beaucoup*, *bien*, *bientôt*, *combien*, *comment*, *davantage*, *dedans*, *dehors*, *déjà*, *demain*, *désormais*, *dessous*, *dessus*, *dorénavant*, *encore*, *enfin*, *ensemble*, *ensuite*, *fort*, *guère* , *hier* , *ici* , *jadis* , *jamais* , *là* , *loin*, *longtemps*, *maintenant* , *même* , *mieux* , *moins* , *ne* , *où* , *partout*, *pas* , *point* , *peu* , *plus* , *plutôt*, *presque*, *quelque*, *souvent* , *tant*, *tantôt*, *tard*, *toujours*, *tout* , *très* , *trop* , *volontiers* , *y* , et un grand nombre d'adverbes en *ment* , formés des adjectifs : *sagement* , *savamment* , *utilement* , etc.

— Les adverbes *à dessein* , *à jamais* , *à la fin* , *à peu près* , *à présent* , *à tort et à travers* , *au hasard* , *de nouveau* , *en général* , *en arrière* , *peu à peu* , *sans cesse* , *sans doute* , *sur le champ* , *tout coup* , *tour à tour* , etc. formés de plusieurs parties , prennent le nom de *locutions adverbiales*, c'est-à-dire , façon de parler.

La clarté , le goût, l'élégance et l'harmonie décident de la place que doivent occuper les adverbes dans le discours.

DE LA PRÉPOSITION.

La PRÉPOSITION est un mot *invariable* qui sert à exprimer ou à désigner les différens rapports qui existent entre les mots ; c'est-à-dire , les circonstances de temps, de lieu, de but, de cause, de moyen , d'ordre, etc.

Les prépositions peuvent se diviser 1° en prépositions *simples*, c'est-à-dire , formées d'un seul mot , comme : *à* , *après* , *attendu* , *avant* , *avec* , *chez* , *contre* , *dans* , *de* , *depuis* , *derrière* , *dès* , *devant* , *durant* , *en* , *entre* , *envers* , *excepté* , *hormi* , *hors* , *malgré* , *moyennant* , *nonobstant* , *outre* , *par* , *parmi*, *pendant* , *pour* , *sans* , *sauf* , *selon* , *sous* , *suivant* , *sur* , *touchant* , *vers* , *voici* , *voilà* , *vu*. 2° En locutions *prépositives* ou prépositions complexes, c'est-à-dire, composées de plusieurs mots, comme : *à l'égard de* , *à la réserve de* , *au dessus de* , *au devant de* , *en faveur de* , *au dehors de* , *eu égard à* , *jusqu'à* , *par rapport à* , *près de* , *quant à* , *vis-à-vis*. 3° En mots pris *accidentellement* , comme prépositions, c'est-à-dire, bien qu'appartenant à d'autres classes de mots , ils s'emploient accidentellement comme prépositions et en font les fonctions , tels que *durant* , *joignant* , *attendu* , *suivant* , etc.

Les prépositions contribuent beaucoup à l'harmonie et à la clarté de la parole.

DE LA CONJONCTION.

La CONJONCTION est un mot *invariable* qui sert à joindre des phrases ou des parties de phrases, les unes aux autres, et qui rend sensibles, par ce moyen, les diverses opérations de l'esprit.

On distingue plusieurs espèces de conjonctions. Sous le rapport de l'expression, elles se divisent en ! *simples* et en *composées*. Les conjonctions pures ou simples sont celles qui sont exprimées en un seul mot, telles sont : *ainsi, aussi, car, cependant, comme, donc, et, enfin, lorsque, mais, néanmoins, ni, or, ou, pourquoi, pourtant, puisque, quoique, savoir, si, sinon, soit, toutefois, quand* ; cette dernière est tantôt conjonction et tantôt adverbe. — Les conjonctions composées sont celles qui se forment de plusieurs mots, comme ; *à cause que, à condition que, afin de, afin que, ainsi que, à la bonne heure que, à la charge que, à la vérité, à moins de, à moins que, à peine, après que, attendu que, au cas que, au moins, aussi bien que, aussi peu que, aussitôt que, au surplus, autant que, avant que, bien entendu que, bien que, c'est-à-dire, c'est-à-dire que, ce n'est pas à dire que, c'est à savoir si, c'est pour cela que, c'est pourquoi, comme par exemple, dans le temps que, de crainte de, de crainte que, de manière que, de même, de peur de, de peur que, de plus, depuis que, de sorte que dès que, d'où vient que, du moins, durant que, en cas que, encore que, en sorte que, ni plus ni moins que, non pas que, non plus, non plus que, non que, ou bien, outre que, parce que, par conséquent, pendant que, pour le moins, pourvu que, quand bien même, quand même, quoi qu'il en soit, savoir si, si ce n'est que, si . . . que, soit que, supposé que, tandis que, tant que, tant . . . que, tellement que, vu que.* Il y a, en outre, des mots qui sont employés accidentellement comme conjonctions.

Les conjonctions et les expressions conjonctives peuvent se placer tantôt au premier membre d'une période, tantôt au second ; néanmoins, la place des conjonctions dépend de celle qu'occupent les propositions qu'elles précèdent. Quand une proposition est composée de deux phrases partielles, unies par une conjonction, l'harmonie et la clarté demandant que la plus courte marche la première.

DE L'INTERJECTION.

L'INTERJECTION est un mot *invariable* qui sert à exprimer l'exclamation, qui peint d'un seul trait les affections subites de l'âme et qui équivaut à une phrase entière.

Il y a autant d'interjections que de passions différentes :

Ah ! hélas ! Aïe ! marquent la douleur. *Ah !* que n'ai-je pas souffert depuis que je ne vous ai vu ! *Aïe !* s'emploie seul et au sentiment d'une douleur subite.

Ah ! marque aussi la joie, l'admiration. *Ah !* que je suis heureux de vous revoir ! -

Ha ! Ho ! marquent la surprise. *Ha !* vous voilà ! *Ho !* je n'y prenais pas garde !

Fi ! Fi donc ! marquent l'aversion. *Fi ! Fi donc !* y pensez-vous ?

Paix ! Chut ! marquent le silence. *Paix* là, Messieurs ! Eh, *paix* donc ! *Chut*, paix !

Holà ! Hé ! Heim ! servent pour appeler. *Holà !* y a-t-il quelqu'un ? *Hé !* écoutez ! *Hé !* l'ami !

Hé bien ! Eh bien ! marquent l'interrogation ou l'exclamation. *Hé bien !* que répondez-vous ? *Eh bien !* partez donc !

Un assemblage de mots : tenant lieu d'une interjection, comme : *Grand Dieu ! Juste Ciel !* se nomme *locution interjective*.

Les expressions interjectives sont, en général, des membres de propositions elliptiques.

Il est une foule de mots qui, prononcés dans certains momens subits de l'âme, ont la force de l'interjection ; c'est le ton et non le mot qui fait alors l'interjection.

Toulon. — Imprimerie d'EUGÈNE AUREL, rue de l'Arsenal, 13.

1

Verbe Auxiliaire *AVOIR*, conjugué.

(Hors des règles.)

* Paradigme du Verbe *Y AVOIR*,

Dans le sens du verbe ÊTRE, conjugué *unipersonnellement.*

Présent de l'Infinitif,	A V oir.
Participe présent,	A Y ant.
Participe passé,	E u.
Présent de l'Indicatif,	A I
Passé défini,	E us.

Radical variable.

Ce verbe n'est *auxiliaire* que lorsqu'il est joint au *participe passé* d'un autre verbe. Il sert à se conjuguer lui-même dans les *temps composés*, à former la plupart des temps passés du verbe être, de tous les verbes actifs, de quelques verbes unipersonnels et de la presque totalité des verbes neutres.

Il est *actif* quand il exprime la possession; il a ou peut avoir un régime direct.

Eu, eue, participe passé (*prononcez* u), ne s'emploie qu'avec le verbe *avoir*; il est soumis aux règles des participes : il s'accorde lorsque le régime direct le précède, et reste invariable toutes les fois que le régime direct est placé après.

Avoir ne se conjugue pas pronominalement, et bien qu'il soit actif, il ne peut avoir de passif.

INDICATIF PRÉSENT.

J'ai
tu as
* il a
elle a
nous avons
vous avez
ils ont
elles ont

IMPARFAIT.

J'avais
tu avais
* il avait
elle avait
nous avions
vous aviez
ils avaient
elles avaient

PASSÉ DÉFINI

J'eus
tu eus
* il eut
elle eut
nous eûmes
vous eûtes
ils eurent
elles eurent

PASSÉ INDÉFINI.

J'ai eu
tu as eu
* il a eu
elle a eu
nous avons eu
vous avez eu
ils ont eu
elles ont eu

PASSÉ ANTÉRIEUR.

J'eus eu
tu eus eu
* il eut eu
elle eut eu
nous eûmes eu
vous eûtes eu
ils eurent eu
elles eurent eu

PLUS – QUE – PARFAIT.

J'avais eu
tu avais eu
* il avait eu
elle avait eu
nous avions eu

vous aviez eu
ils avaient eu
elles avaient eu

FUTUR.

J'aurai
tu auras
* il aura
elle aura
nous aurons
vous aurez
ils auront
elles auront

FUTUR ANTÉRIEUR.

J'aurai eu
tu auras eu
* il aura eu
elle aura eu
nous aurons eu
vous aurez eu
ils auront eu
elles auront eu

CONDITIONNEL PRÉSENT.

J'aurais
tu aurais
* il aurait
elle aurait
nous aurions
vous auriez
ils auraient
elles auraient

PASSÉ.

J'aurais eu
tu aurais eu
* il aurait eu
elle aurait eu
nous aurions eu
vous auriez eu
ils auraient eu
elles auraient eu

On dit aussi :

J'eusse eu
tu eusses eu
il eût eu
elle eût eu
nous eussions eu
vous eussiez eu
ils eussent eu
elles eussent eu

IMPÉRATIF

Point de première personne du singulier ni de troisième pour les deux nombres.

Aie
ayons
ayez

SUBJONCTIF

PRÉSENT OU FUTUR.

Que j'aie
que tu aies
* qu'il ait
qu'elle ait
que nous ayons
que vous ayez
qu'ils aient
qu'elles aient

IMPARFAIT.

Que j'eusse
que tu eusses
* qu'il eût
qu'elle eût
que nous eussions
que vous eussiez
qu'ils eussent
qu'elles eussent

PASSÉ.

Que j'aie eu
que tu aies eu
* qu'il ait eu
qu'elle ait eu
que nous ayons eu
que vous ayez eu
qu'ils aient eu
qu'elles aient eu

PLUS-QUE-PARFAIT.

Que j'eusse eu
que tu eusses eu
* qu'il eût eu
qu'elle eût eu
que nous eussions eu
que vous eussiez eu
qu'ils eussent eu
qu'elles eussent eu

INFINITIF PRÉSENT.

* A V oir

PASSÉ.

avoir eu

PARTICIPE PRÉSENT.

ayant

PARTICIPE PASSÉ

eu
eue
* ayant eu.

Verbe Auxiliaire *ÊTRE*, conjugué.

(Hors des règles.)

Paradigme des Verbes *Passifs*.

* Paradigme du Verbe auxiliaire ÊTRE,

Conjugué unipersonnellement.

Présent de l'Infinitif,	Ê T re.
Participe présent,	É T ant.
Participe passé, (*invariable*).	É T é.
Présent de l'Indicatif,	S U I s.
Passé défini,	F us.

Radical variable.

Ce verbe, dans le sens absolu, signifie *Exister*. Devant un adjectif, il forme le lien de cet adjectif avec le sujet ; il joint les deux significations et prononce sur leur convenance ou sur leur disconvenance. Il est souvent suivi d'un substantif, faisant la fonction d'attribut. (*Dict. nation.*)

Le verbe *Être* n'est auxiliaire que lorsqu'il est accompagné du *participe passé* d'un autre verbe. Il sert à former les verbes *passifs*, à conjuguer tous les temps composés des verbes *actifs*, qu'on emploie unipersonnellement, ceux des verbes *pronominaux* et de quelques verbes *neutres*, dont le participe passé est *variable*. Il est aussi conjugué unipersonnellement.

Le participe passé *été* ne s'emploie qu'avec l'auxiliaire *avoir*, il est *invariable*, quels que soient d'ailleurs les mots qui le précèdent ou qui le suivent.

DU VERBE PASSIF.

Le verbe est *passif* quand il exprime une action reçue ou soufferte par le sujet (1).

L'auxiliaire *Être*, suivi du *participe passé* d'un verbe *actif*, présente le paradigme des verbes *passifs*. Ce participe passé conserve toujours sa terminaison propre et *s'accorde* avec le sujet en genre et en nombre. Il est ordinairement suivi de l'une des prépositions *de* , *par*.

En Grec et en Latin, les verbes *passifs* ont des désinences particulières ; les temps simples sont exprimés par un seul mot.

En français et dans plusieurs langues modernes, ces verbes ne sont que des locutions passives, des périphrases ou tournures de phrases, presque toujours d'un mauvais goût et d'un emploi non recherché.

Les verbes *actifs*, au contraire, dégagent la phrase de petits mots qui gênent la construction et donnent à la pensée plus de rapidité.

(1) Si toutefois notre langue a des verbes passifs, elle n'a que le participe passé pour rendre toutes les modifications du sens passif.

LETTRES FINALES
des **Participes passés**.

Masculin singulier.	Féminin singulier.
é. i. u. t. s.	ée. ie. ue. te. se.
é. i. u. t. s.	ée. ie. ue. te. se.
é. i. u. t. s.	ée. ie. ue. te. se.
Masculin pluriel.	Féminin pluriel.
és. is. us. ts. s.	ées. ies. ues. tes. ses.
és. is. us. ts. s.	ées. ies. ues. tes. ses.
és. is. us. ts. s.	ées. ies. ues. tes. ses.

INDICATIF PRÉSENT.

Masculin.	Féminin.
Je suis	Je suis
tu es	tu es
il est	elle est
nous sommes	nous sommes
vous êtes	vous êtes
ils sont	elles sont

IMPARFAIT.

Masculin.	Féminin.
J'étais	J'étais
tu étais	tu étais
il était	elle était.
nous étions	nous étions
vous étiez	vous étiez
ils étaient	elles étaient

PASSÉ DÉFINI.

Masculin.	Féminin.
Je fus	Je fus
tu fus	tu fus
il fut	elle fut
nous fûmes	nous fûmes
vous fûtes	vous fûtes
ils furent	elles furent

PASSÉ INDÉFINI.

Masculin.	Féminin.
J'ai été	J'ai été
tu as été	tu as été
il a été	elle a été
nous avons été	nous avons été
vous avez été	vous avez été
ils ont été	elles ont été

PASSÉ ANTÉRIEUR.

Masculin.	Féminin.
J'eus été	J'eus été
tu eus été	tu eus été
il eut été	elle eut été
nous eûmes été	nous eûmes été
vous eûtes été	vous eûtes été
ils eurent été	elles eurent été

PLUS-QUE-PARFAIT.

Masculin.	Féminin.
J'avais été	J'avais été
tu avais été	tu avais été
* il avait été	elle avait été
nous avions été	nous avions été
vous aviez été	vous aviez été
ils avaient été	elles avaient été

FUTUR.

Masculin.	Féminin.
Je serai	Je serai
tu seras	tu seras
* il sera	elle sera
nous serons	nous serons
vous serez	vous serez
ils seront	elles seront

FUTUR ANTÉRIEUR.

Masculin.	Féminin.
J'aurai été	J'aurai été
tu auras été	tu auras été
* il aura été	elle aura été
nous aurons été	nous aurons été
vous aurez été	vous aurez été
ils auront été	elles auront été

CONDITIONNEL PRÉSENT.

Masculin.	Féminin.
Je serais	Je serais
tu serais	tu serais
* il serait	elle serait
nous serions	nous serions
vous seriez	vous seriez
ils seraient	elles seraient

PASSÉ.

Masculin.	Féminin.
J'aurais été	J'aurais été
tu aurais été	tu aurais été
* il aurait été	elle aurait été
nous aurions été	nous aurions été
vous auriez été	vous auriez été
ils auraient été	elles auraient été

On dit aussi :

Masculin.	Féminin.
J'eusse été	J'eusse été
tu eusses été	tu eusses été
* il eût été	elle eût été
nous eussions été	nous eussions été
vous eussiez été	vous eussiez été
ils eussent été	elles eussent été

IMPÉRATIF.

Point de première personne du singulier ni de troisième pour les deux nombres.

Masculin.	Féminin.
Sois	Sois
soyons	soyons
soyez	soyez

SUBJONCTIF PRÉSENT OU FUTUR.

Masculin.	Féminin.
Que je sois	Que je sois
que tu sois	que tu sois
* qu'il soit	qu'elle soit
que nous soyons	que nous soyons
que vous soyez	que vous soyez
qu'ils soient	qu'elles soient

IMPARFAIT.

Masculin.	Féminin.
Que je fusse	Que je fusse
que tu fusses	que tu fusses
* qu'il fût	qu'elle fût
que nous fussions	que nous fussions
que vous fussiez	que vous fussiez
qu'ils fussent	qu'elles fussent

PASSÉ.

Masculin.	Féminin.
Que j'aie été	Que j'aie été
que tu aies été	que tu aies été
* qu'il ait été	qu'elle ait été
que nous ayons été	que nous ayons été
que vous ayez été	que vous ayez été
qu'ils aient été	qu'elles aient été

PLUS-QUE-PARFAIT.

Masculin.	Féminin.
Que j'eusse été	Que j'eusse été
que tu eusses été	que tu eusses été
* qu'il eût été	qu'elle eût été
que nous eussions été	que nous eussions été
que vous eussiez été	que vous eussiez été
qu'ils eussent été	qu'elles eussent été

INFINITIF PRÉSENT

Masculin.	Féminin.
* ÊT re	ÊT re

PASSÉ.

avoir été	avoir été

PARTICIPE PRÉSENT.

étant	étant

PARTICIPE PASSÉ. (*invariable*).

été	été
* ayant été	ayant été

Paradigme des Verbes *Pronominaux*,

RÉFLÉCHIS ET RÉCIPROQUES.

Paradigme des Verbes *Neutres*,

avec ÊTRE,

À l'aide de la suppression du second pronom, régime.

* Paradigme des Verbes *Pronominaux*

ET DES VERBES NEUTRES AVEC ÊTRE,

Employés unipersonnellement. (*Participe invariable.*)

Les Verbes *Pronominaux* et les Verbes *Neutres* ne correspondent à ce paradigme, *à deux usages*, que pour l'emploi des *pronoms*, de l'auxiliaire ÊTRE et des *terminaisons* des participes passés.

Les *Variations* de la seconde partie du radical et les *Inflexions* des terminaisons, dans les temps *primitifs* et dans les temps *dérivés*, sont prises dans les paradigmes propres aux verbes à conjuguer.

Présent de l'Infinitif,

Participe présent,

Participe passé,

Présent de l'Indicatif,

Passé défini,

Les Verbes *Pronominaux* se conjuguent avec deux pronoms de la même personne, dont le premier est sujet, et le second régime.

Ces verbes désignent *une action exercée par le sujet sur lui-même*, directement ou indirectement.

On distingue deux sortes de verbes pronominaux : les verbes *essentiellement pronominaux*, qui ne peuvent se conjuguer qu'avec deux pronoms, et les verbes *accidentellement pronominaux*, qui se conjuguent avec un ou deux pronoms.

Le second pronom est tantôt *régime direct*, tantôt *régime indirect*.

Les temps simples des verbes pronominaux suivent toujours les inflexions qu'exige la forme de la conjugaison à laquelle ils appartiennent.

Les *temps composés* se forment, *sans exception*, avec l'auxiliaire ÊTRE.

Le participe passé *s'accorde* avec le second pronom, régime direct, et reste *invariable* quand ce pronom est régime indirect, ou lorsque ce même pronom, régime direct, appartient à l'infinitif, placé après le participe.

Le participe passé des verbes *essentiellement pronominaux* s'accorde toujours avec le second pronom, régime direct.

Le participe passé des verbes pronominaux *formés des verbes neutres*, est toujours *invariable*.

Les verbes *pronominaux réciproques* sont ceux qui expriment l'action de plusieurs sujets qui agissent respectivement les uns sur les autres de la même manière.

Ces verbes sont donc *essentiellement pluriels*.

Les pronoms régimes, *me*, *te*, *se*, subissent l'élision, lorsque le mot suivant commence par une voyelle ou un *h* non aspiré.

DU VERBE NEUTRE.

Les Verbes *Neutres* expriment l'état du sujet; ainsi que les verbes actifs, ils marquent souvent une action faite par le sujet, mais ils diffèrent des verbes actifs en ce qu'ils ne sauraient avoir de régime direct.

Ces verbes s'appellent neutres, de *neuter*, *ra*, *rum*, qui signifie *ni l'un ni l'autre*. Ils sont aussi désignés, par quelques grammairiens, sous le nom de *verbes intransitifs*.

Les *temps simples* des verbes *neutres* suivent la marche du paradigme du verbe à conjuguer.

Les *temps composés* avec ÊTRE sont tracés dans le paradigme des verbes pronominaux. On n'emploie, dans ces temps, que *les pronoms sujets*, qui règlent l'accord du participe.

La voyelle *e*, dans le pronom sujet *Je*, est remplacée par une apostrophe (*J'*) devant *une voyelle* ou *un h muet*.

LETTRES FINALES

des Participes passés.

Masculin singulier.	Féminin singulier,
é. i. u. t. s.	ée. ie. ue. te. se.
é. i. u. t. s.	ée. ie. ue. te. se.
é. i. u. t. s.	ée. ie. ue. te. se.

Masculin pluriel.	Féminin pluriel.
és. is. us. ts. s.	ées. ies. ues. tes. ses.
és. is. us. ts. s.	ées. ies. ues. tes. ses.
és. is. us. ts. s.	ées. ies. ues. tes. ses.

INDICATIF PRÉSENT.

Temps simple.

Je **me**	Je **m'**
tu **te**	tu **t'**
il **se**	il **s'**
elle **se**	elle **s'**
nous **nous**	nous **nous**
vous **vous**	vous **vous**
ils **se**	ils **s'**
elles **se**	elles **s'**

IMPARFAIT.

Temps simple.

Je **me**	Je **m'**
tu **te**	tu **t'**
il **se**	il **s'**
elle **se**	elle **s'**
nous **nous**	nous **nous**

vous **vous**	vous **vous**
ils **se**	ils **s'**
elles **se**	elles **s'**

PASSÉ DÉFINI.
Temps simple.

Je **me**	Je **m'**
tu **te**	tu **t'**
il **se**	il **s'**
elle **se**	elle **s'**
nous **nous**	nous **nous**
vous **vous**	vous **vous**
ils **se**	ils **s'**
elles **se**	elles **s'**

PASSÉ INDÉFINI.
Temps composé.

Masculin. | *Masculin.*

Je **me** suis	Je **me** suis
tu **t'**es	tu **t'**es
il **s'**est	il **s'**est
nous **nous** sommes	nous **nous** sommes
vous **vous** êtes	vous **vous** êtes
ils **se** sont	ils **se** sont

Féminin. | *Féminin.*

Je **me** suis	Je **me** suis
tu **t'**es	tu **t'**es
elle **s'**est	elle **s'**est
nous **nous** sommes	nous **nous** sommes
vous **vous** êtes	vous **vous** êtes
elles **se** sont	elles **se** sont

PASSÉ ANTÉRIEUR.
Temps composé.

Masculin. | *Masculin.*

Je **me** fus	Je **me** fus
tu **te** fus	tu **te** fus
il **se** fut	il **se** fut
nous **nous** fûmes	nous **nous** fûmes
vous **vous** fûtes	vous **vous** fûtes
ils **se** furent	ils **se** furent

Féminin. | *Féminin.*

Je **me** fus	Je **me** fus
tu **te** fus	tu **te** fus
elle **se** fut	elle **se** fut
nous **nous** fûmes	nous **nous** fûmes
vous **vous** fûtes	vous **vous** fûtes
elles **se** furent	elles **se** furent

PLUS - QUE - PARFAIT.
Temps composé.

Masculin. | *Masculin.*

Je **m'**étais	Je **m'**étais
tu **t'**étais	tu **t'**étais
il **s'**était	il **s'**était

nous **nous** étions	nous **nous** étions
vous **vous** étiez	vous **vous** étiez
ils **s'**étaient	ils **s'**étaient

Féminin. | *Féminin.*

Je **m'**étais	Je **m'**étais
tu **t'**étais	tu **t'**étais
elle **s'**était	elle **s'**était
nous **nous** étions	nous **nous** étions
vous **vous** étiez	vous **vous** étiez
elles **s'**étaient	elles **s'**étaient

FUTUR.
Temps simple.

Je **me**	Je **m'**
tu **te**	tu **t'**
il **se**	il **s'**
elle **se**	elle **s'**
nous **nous**	nous **nous**
vous **vous**	vous **vous**
ils **se**	ils **s'**
elles **se**	elles **s'**

FUTUR ANTÉRIEUR.
Temps composé.

Masculin. | *Masculin.*

Je **me** serai	Je **me** serai
tu **te** seras	tu **te** seras
il **se** sera	il **se** sera
nous **nous** serons	nous **nous** serons
vous **vous** serez	vous **vous** serez
ils **se** seront	ils **se** seront

Féminin. | *Féminin.*

Je **me** serai	Je **me** serai
tu **te** seras	tu **te** seras
elle **se** sera	elle **se** sera
nous **nous** serons	nous **nous** serons
vous **vous** serez	vous **vous** serez
elles **se** seront	elles **se** seront

CONDITIONNEL PRÉSENT.
Temps simple.

Je **me**	Je **m'**
tu **te**	tu **t'**
il **se**	il **s'**
elle **se**	elle **s'**
nous **nous**	nous **nous**
vous **vous**	vous **vous**
ils **se**	ils **s'**
elles **se**	elles **s'**

PASSÉ.
Temps composé.

Masculin. | *Masculin.*

Je **me** serais	Je **me** serais
tu **te** serais	tu **te** serais
il **se** serait	il **se** serait

3

nous **nous** serions	nous **nous** serions
vous **vous** seriez	vous **vous** seriez
ils **se** seraient	ils **se** seraient
Féminin.	*Féminin.*
Je **me** serais	Je **me** serais
tu **te** serais	tu **te** serais
elle **se** serait	elle **se** serait
nous **nous** serions	nous **nous** serions
vous **vous** seriez	vous **vous** seriez
elles **se** seraient	elles **se** seraient

On dit aussi:

Temps composé.

Masculin.	*Masculin.*
Je me fusse	*Je me fusse*
tu te fusses	*tu te fusses*
il se fût	*il se fût*
nous nous fussions	*nous nous fussions*
vous vous fussiez	*vous vous fussiez*
ils se fussent	*ils se fussent*
Féminin.	*Féminin.*
Je me fusse	*Je me fusse*
tu te fusses	*tu te fnsses*
elle se fût	*elle se fût*
nous nous fussions	*nous nous fussions*
vous vous fussiez	*vous vous fussiez*
elles se fussent	*elles se fussent*

IMPÉRATIF.

Temps simple.

Point de première personne du singulier ni de troisième pour les deux nombres.

- **toi**.	- **toi**.
- **nous**.	- **nous**.
- **vous**.	- **vous**.

SUBJONCTIF PRÉSENT OU FUTUR.

Temps simple.

Que je **me**	Que je **m'**
que tu **te**	que tu **t'**
qu'il **se**	qu'il **s'**
qu'elle **se**	qu'elle **s'**
que nous **nous**	que nous **nous**
que vous **vous**	que vous **vous**
qu'ils **se**	qu'ils **s'**
qu'elles **se**	qn'elles **s'**

IMPARFAIT.

Temps simple.

Que je **me**	Que je **m'**
que tu **te**	que tu **t'**
qu'il **se**	qu'il **s'**
qu'elle **se**	qu'elle **s'**
que nous **nous**	que nous **nous**
que vous **vous**	que vous **vous**
qu'ils **se**	qu'ils **s'**
qu'elles **se**	qu'elles **s'**

PASSÉ.

Temps composé.

Masculin.	*Masculin.*
que je **me** sois	Qne je **me** sois
que tu **te** sois	que tu **te** sois
qu'il **se** soit	qu'il **se** soit
que nous **nous** soyons	que nous **nous** soyons
que vous **vous** soyez	que vous **vous** soyez
qu'ils **se** soient	qu'ils **se** soient
Féminin.	*Féminin.*
Que je **me** sois	Que je **me** sois
que tu **te** sois	que tu **te** sois
qu'elle **se** soit	qu'elle **se** soit
que nous **nous** soyons	que nous **nous** soyons
que vous **vous** soyez	que vous **vous** soyez
qu'elles **se** soient	qu'elles **se** soient

PLUS-QUE-PARFAIT.

Temps composé.

Masculin.	*Masculin.*
Que je **me** fusse	Que je **me** fusse
que tu **te** fusses	que tu **te** fusses
qu'il **se** fût	qu'il **se** fût
que nous **nous** fussions	que nous **nous** fussions
que vous **vous** fussiez	que vous **vous** fussiez
qu'ils **se** fussent	qu'ils **se** fussent
Féminin.	*Féminin.*
Que je **me** fusse	Que je **me** fusse
que tu **te** fusses	que tu **te** fusses
qu'elle **se** fût	qu'elle **se** fût
que nous **nous** fussions	que nous **nous** fussions
que vous **vous** fussiez	que vous **vous** fussiez
qu'elles **se** fussent	qu'elles **se** fussent

INFINITIF PRÉSENT.

Temps simple.

se	**s'**

PASSÉ

Temps composé.

Masculin.		*Féminin.*	
Singulier.	**s'être**	*Singulier.*	**s'être**
Pluriel.	**s'être**	*Pluriel.*	**s'être**

PARTICIPE PRÉSENT.

Temps simple.

se	**s'**

PARTICIPE PASSÉ.

Temps composé.

Masculin.		*Féminin.*	
Singulier.	**s'étant**	*Singulier.*	**s'étant**
Pluriel.	**s'étant**	*Pluriel.*	**s'étant**

4

4

PREMIÈRE CONJUGAISON EN *er.*

Paradigme des Verbes actifs

ET DES VERBES NEUTRES AVEC L'AUXILIAIRE AVOIR.

* Paradigme des Verbes Unipersonnels.

(PARTICIPE INVARIABLE.)

Présent de l'Infinitif,	. aim	**er.**

Participe présent ,   ant.

Participe passé ,   é.

Présent de l'Indicatif ,   e.

Passé défini ,   ai.

Radical invariable.

Le *Radical* du verbe est sa partie par opposition aux différentes terminaisons ou désinences que ce mot est susceptible de recevoir. Il est *Invariable* ou *Variable.*

Le *Radical invariable* ne change jamais, quelle que soit la terminaison.

Le *Radical variable* éprouve, dans ses dernières lettres , des *permutations*, des *pertes* ou des *accrois-semens.*

Tous ces changemens caractérisent les *temps primitifs*, qui transmettent aux *temps dérivés* leur orthographe , sauf quelques modifications.

L'*Élision* est la suppression d'une voyelle finale ; cette suppression, en usage chez les Grecs et chez les Latins , s'est conservée dans la langue française.

Dans les verbes, l'*Élision* est indiquée dans le pronom personnel *Je* , par une apostrophe , devant une *voyelle* ou un *h* non aspiré.

Les *Temps composés* de tous les verbes actifs, des verbes neutres et des verbes unipersonnels avec *avoir*, se forment en plaçant le participe passé du verbe à conjuguer , à la suite de cet auxiliaire , tracé dans le paradigme.

Dans les verbes en *er*, et dans ceux dont la première personne du présent de l'indicatif est en *e muet*, la seconde singulière de l'impératif prend un *s* euphonique , après l'*e* final , pour éviter l'hiatus, quand cette personne est suivie d'un des pronoms *en* , *y.*

On doit mettre un trait d'union entre l'impératif et le pronom qui suit , mais seulement quand ce pronom est régi par le verbe qui est à ce mode.

D'après le principe général, les terminaisons *ions* , *iez* , devant s'ajouter au radical invariable, dans la conjugaison des verbes terminés en *i-er*, il s'ensuit que la rencontre de deux i a lieu *aux deux premières personnes plurielles de l'imparfait de l'indicatif et du présent du subjonctif.*

1ᵉʳ Mode.   INDICATIF PRÉSENT.

Temps simple. — *Primitif.*

J	e.
tu	es.
il	e.
elle	e.

Pluriel formé du Participe présent.

nous	ons.
vous	ez.
ils	ent.
elles	ent.

IMPARFAIT.

Temps simple. — *Dérivé du Participe présent.*

J	ais.
tu	ais.
il	ait.
elle	ait.
nous	**ions.**
vous	**iez.**
ils	aient.
elles	aient.

PASSÉ DÉFINI

Temps simple. — *Primitif.*

J	ai.
tu	as.
il	a.
elle	a.
nous	âmes.
vous	âtes.
ils	èrent.
elles	èrent

PASSÉ INDÉFINI.

Temps composé,

formé du Participe passé , à l'aide de l'auxiliaire AVOIR.

J'ai	é.
tu as	é.
il a	é.
elle a	é.
nous avons	é.
vous avez	é.
ils ont	é.
elles ont	é.

PASSÉ ANTÉRIEUR.

Temps composé,

formé du Participe passé à l'aide de l'auxiliaire AVOIR.

J'eus	é.
tu eus	é.
il eut	é.
elle eut	é.
nous eûmes	é.
vous eûtes	é.
ils eurent	é.
elles eurent	é.

PLUS – QUE – PARFAIT.

Temps composé,

formé du Participe passé , à l'aide de l'auxiliaire AVOIR.

J'avais	é.
tu avais	é.
il avait	é.
elle avait	é.
nous avions	é.
vous aviez	é.
ils avaient	é.
elles avaient	é.

FUTUR.

Temps simple. — *Dérivé du Présent de l'Infinitif.*

J	erai.
tu	eras.
il	era.
elle	era.
nous	erons.
vous	erez.
ils	eront
elles	eront.

FUTUR ANTÉRIEUR.

Temps composé,

formé du Participe passé à l'aide de l'auxiliaire AVOIR.

J'aurai	é.
tu auras	é.
il aura	é.
elle aura	é.
nous aurons	é.
vous aurez	é.
ils auront	é.
elles auront	é.

2e Mode.   CONDITIONNEL PRÉSENT.

Temps simple. — *Dérivé du Présent de l'Infinitif.*

J	erais.
tu	erais.
il	erait.
elle	erait.
nous	erions.
vous	eriez.
ils	eraient.
elles	eraient.

CONDITIONNEL PASSÉ.

Temps composé,

formé du Participe passé, à l'aide de l'auxiliaire AVOIR.

J'aurais	é.
tu aurais	é.
il aurait	é.
elle aurait	é.
nous aurions	é.
vous auriez	é.
ils auraient	é.
elles auraient	é.

On dit aussi :

Temps composé,

formé du Participe passé, à l'aide de l'auxiliaire AVOIR.

J'eusse	é.
tu eusses	é.
il eût	é.
elle eût	é.
nous eussions	é.
vous eussiez	é.
ils eussent	é.
elles eussent	é.

3e Mode.   IMPÉRATIF.

Temps simple. — *Dérivé du Présent de l'Indicatif.*

Point de première personne du singulier ni de troisième pour les deux nombres.

	e.
	ons.
	ez.

4e Mode.   SUBJONCTIF PRÉSENT OU FUTUR.

Temps simple. — *Dérivé du Participe présent.*

Que j	e.
que tu	es.
qu'il	e.
qu'elle	e.
que nous	ions.
que vous	iez.
qu'ils	ent.
qu'elles	ent.

IMPARFAIT.

Temps simple. — *Dérivé du Passé défini.*

Que j	asse.
que tu	asses.
qu'il	ât.
qu'elle	ât.
que nous	assions.
que vous	assiez.
qu'ils	assent.
qu'elles	assent.

PASSÉ.

Temps composé.

formé du Participe passé, à l'aide de l'auxiliaire AVOIR.

Que j'aie	é.
que tu aies	é.
qu'il ait	é.
qu'elle ait	é.
que nous ayons	é.
que vous ayez	é.
qu'ils aient	é.
qu'elles aient	é.

PLUS – QUE – PARFAIT.

Temps composé,

formé du Participe passé, à l'aide de l'auxiliaire AVOIR.

Que j'eusse	é.
que tu eusses	é.
qu'il eût	é.
qu'elle eût	é.
que nous eussions	é.
que vous eussiez	é.
qu'ils eussent	é.
qu'elles eussent	é.

5e Mode.   INFINITIF PRÉSENT.

Temps simple. — *Primitif.*

er.

PASSÉ

Temps composé,

formé du Participe passé, à l'aide de l'auxiliaire AVOIR.

avoir	é.

PARTICIPE PRÉSENT.

Temps simple. — *Primitif.*

ant.

PARTICIPE PASSÉ.

Temps primitif.

	é.
	ée.

Temps composé,

formé du Participe passé, à l'aide de l'auxiliaire AVOIR.

ayant	é.

Deuxième Conjugaison en *ir*.

Présent de l'Infinitif,	fin i	*r.*

Participe présent,	S S ant.
Participe passé, (fini.)	
Présent de l'Indicatif,	s.
Passé défini,	s.

Radical variable.

Les Verbes de ce paradigme ont une partie additionnelle (S S) : *au participe présent, temps primitif; aux trois personnes plurielles du présent de l'indicatif ; à l'imparfait de l'indicatif, au présent du subjonctif,* temps dérivés et *aux deux personnes plurielles de l'impératif,* formées du présent de l'indicatif.

Le *participe passé* se construit avec *l'auxiliaire* AVOIR, quand il exprime une action, et forme les *temps composés.*

La première personne singulière est la seule qui soit présentée dans ces temps; les autres personnes sont tracées dans le paradigme 4.

On écrit J' devant une voyelle ou un h muet, et **Je** devant une consonne ou un h aspiré.

INDICATIF PRÉSENT.

J	s
tu	s
il *ou* elle	t
nous	S S ons
vous	S S ez
ils *ou* elles	S S ent

IMPARFAIT.

J	S S ais
tu	S S ais
il *ou* elle	S S ait
nous	S S ions
vous	S S iez
ils *ou* elles	S S aient

PASSÉ DÉFINI.

J	s
tu	s
il *ou* elle	t
nous	^ mes
vous	^ tes
ils *ou* elles	rent

PASSÉ INDÉFINI.
J'ai

PASSÉ ANTÉRIEUR.
J'eus

PLUS – QUE – PARFAIT.
J'avais

FUTUR.

J	rai
tu	ras
il *ou* elle	ra
nous	rons
vous	rez
ils *ou* elles	ront

FUTUR ANTÉRIEUR.
J'aurai

CONDITIONNEL PRÉSENT.

J	rais
tu	rais
il *ou* elle	rait
nous	rions
vous	riez
ils *ou* elles	raient

CONDITIONNEL PASSÉ.
J'aurais

On dit aussi :

J'eusse

IMPÉRATIF.

	s
	S S ons
	S S ez

SUBJONCTIF PRÉSENT OU FUTUR.

Que j'	S S e
que tu	S S es
qu'il *ou* qu'elle	S S e
que nous	S S ions
que vous	S S iez
qu'ils *ou* qu'elles	S S ent

IMPARFAIT.

Que j'	sse
que tu	sses
qu'il *ou* qu'elle	^ t
que nous	ssions
que vous	ssiez
qu'ils *ou* qu'elles	ssent

PASSÉ.
Que j'aie

PLUS – QUE – PARFAIT.
Que j'eusse

INFINITIF PRÉSENT.
r.

PASSÉ.
avoir

PARTICIPE PRÉSENT.
S S ant

PARTICIPE PASSÉ.
e

ayant

6

Troisième Conjugaison en *oir*.

Présent de l'Infinitif: **re C E V oir.**

Dérivés du présent de l'Infinitif: C E V (oi) rai, . . s.
Participe présent: C E V ant.
Dérivés du Participe présent: Ç O I V e, es, ent.
Participe passé: Ç u.
Présent de l'Indicatif: Ç O I s.
Passé défini: Ç us.

Radical variable.

Les temps dérivés du présent de l'infinitif éprouvent une contraction due à la rapidité de la prononciation : C E V (oi) rai, . . . s.

Dans les dérivés du participe présent, E V se change en O I V devant un e muet, par raison d'euphonie : à la troisième personne plurielle du présent de l'indicatif, aux trois personnes singulières et à la troisième personne plurielle du présent du subjonctif.

La partie variable E V de l'infinitif est remplacée par O I, aux trois personnes du présent de l'indicatif, et à la seconde singulière de l'impératif ; elle est supprimée au participe passé, au passé défini et à l'imparfait du subjonctif.

On met une cédille sous le Ç, suivi d'un o ou d'un u, pour adoucir la prononciation de cette consonne : au présent de l'indicatif et du subjonctif, excepté les deux premières personnes plurielles ; au passé défini, à l'imparfait du subjonctif ; à la seconde singulière de l'impératif et au participe passé.

INDICATIF PRÉSENT.

J	Ç O I s
tu	Ç O I s
il *ou* elle	Ç O I t
nous	C E V ons
vous	C E V ez
ils *ou* elles	Ç O I V ent

IMPARFAIT.

J	C E V ais
tu	C E V ais
il *ou* elle	C E V ait
nous	C E V ions
vous	C E V iez
ils *ou* elles	C E V aient

PASSÉ DÉFINI.

J	Ç us
tu	Ç us
il *ou* elle	Ç ut
nous	Ç ûmes
vous	Ç ûtes
ils *ou* elles	Ç urent

PASSÉ INDÉFINI.

J'ai — Ç u

PASSÉ ANTÉRIEUR.

J'eus — Ç u

PLUS – QUE – PARFAIT.

J'avais — Ç u

FUTUR.

J	C E V rai
tu	C E V ras
il *ou* elle	C E V ra
nous	C E V rons
vous	C E V rez
ils *ou* elles	C E V ront

FUTUR ANTÉRIEUR.

J'aurai — Ç u

CONDITIONNEL PRÉSENT.

J	C E V rais
tu	C E V rais
il *ou* elle	C E V rait
nous	C E V rions
vous	C E V riez
ils *ou* elles	C E V raient

CONDITIONNEL PASSÉ.

J'aurais — Ç u

On dit aussi :

J'eusse — Ç u

IMPÉRATIF.

	Ç O I s
	C E V ons
	C E V ez

SUBJONCTIF PRÉSENT OU FUTUR.

Que j	Ç O I V e
que tu	Ç O I V es
qu'il *ou* qu'elle	Ç O I V e
que nous	C E V ions
que vous	C E V iez
qu'ils *ou* qu'elles	Ç O I V ent

IMPARFAIT.

Que j	Ç usse
que tu	Ç usses
qu'il *ou* qu'elle	Ç ût
que nous	Ç ussions
que vous	Ç ussiez
qu'ils *ou* qu'elles	Ç ussent

PASSÉ.

Que j'aie — Ç u

PLUS – QUE – PARFAIT.

Que j'eusse — Ç u

INFINITIF PRÉSENT.

C E V oir

PASSÉ.

avoir — Ç u

PARTICIPE PRÉSENT.

C E V ant

PARTICIPE PASSÉ.

Ç u
Ç ue
ayant — Ç u

Troisième Conjugaison en *oir*.

Présent de l'Infinitif, | d E V **oir**.

Dérivés du présent de l'Infinitif	E V (oi) rai, . . s.
Participe présent ,	E V ant.
Dérivés du Participe présent ,	O I V s, es, ent.
Participe passé ,	û.
Présent de l'Indicatif,	O I s.
Passé défini ,	us.

Radical variable.

Ce Verbe éprouve, *aux dérivés du présent de l'infinitif*, une contraction, à cause de la rapidité de la prononciation : E V (oi) rai, . . . s.

Par raison d'euphonie, dans les dérivés du participe présent, EV se change en *OIV* devant une terminaison féminine : *à la troisième personne plurielle du présent de l'indicatif, aux trois personnes singulières et à la troisième plurielle du présent du subjonctif.*

Le passé défini et son dérivé *l'imparfait du subjonctif* se forment avec la première partie du radical, suivie des terminaisons.

EV est remplacé par *OI*, au singulier du présent de l'indicatif et à la seconde personne singulière de l'impératif, formée du présent de l'indicatif,

Le participe passé *dû* perd la partie variable du radical et prend l'accent circonflexe au masculin singulier seulement, pour le distinguer de l'article contracté.

INDICATIF PRÉSENT.

J	O I s
tu	O I s
il *ou* elle	O I t
nous	E V ons
vous	E V ez
ils *ou* elles	O I V ent

IMPARFAIT.

J	E V ais
tu	E V ais
il *ou* elle	E V ait
nous	E V ions
vous	E V iez
ils *ou* elles	E V aient

PASSÉ DÉFINI.

J	us
tu	us
il *ou* elle	ut
nous	ûmes
vous	ûtes
ils *ou* elles	urent

PASSÉ INDÉFINI.

J'ai	û

PASSÉ ANTÉRIEUR.

J'eus	û

PLUS – QUE – PARFAIT.

J'avais	û

FUTUR.

J	E V rai
tu	E V ras
il *ou* elle	E V ra
nous	E V rons
vous	E V rez
ils *ou* elles	E V ront

FUTUR ANTÉRIEUR.

J'aurai	û

CONDITIONNEL PRÉSENT.

J	E V rais
tu	E V rais
il *ou* elle	E V rait
nous	E V rions
vous	E V riez
ils *ou* elles	E V raient

CONDITIONNEL PASSÉ.

J'aurais	û
On dit aussi :	
J'eusse	û

IMPÉRATIF.

	O I s
	E V ons
	E V ez

SUBJONCTIF PRÉSENT OU FUTUR.

Que j	O I V e
que tu	O I V es
qu'il *ou* qu'elle	O I V e
que nous	E V ions
que vous	E V iez
qu'ils *ou* qu'elles	O I V ent

IMPARFAIT.

Que j	usse
que tu	usses
qu'il *ou* qu'elle	ût
que nous	ussions
que vous	ussiez
qu'ils *ou* qu'elles	ussent

PASSÉ.

Que j'aie	û

PLUS – QUE – PARFAIT.

Que j'eusse	û

INFINITIF PRÉSENT.

	E V **oir**

PASSÉ.

avoir	û

PARTICIPE PRÉSENT.

	E V ant

PARTICIPE PASSÉ.

	û
	ue
ayant	û

Quatrième Conjugaison en *re*.

Présent de l'Infinitif,   rend **re**.

Participe présent ,   ant.

Participe passé ,   u.

Présent de l'Indicatif ,   s.

Passé défini ,   is.

Radical invariable.

Les Verbes qui correspondent à ce paradigme perdent la terminaison, *à la troisième personne singulière du présent de l'indicatif.*

INDICATIF PRÉSENT.

J	s
tu	s
il *ou* elle	
nous	ons
vous	ez
ils *ou* elles	ent

IMPARFAIT.

J	ais
tu	ais
il *ou* elle	ait
nous	ions
vous	iez
ils *ou* elles	aient

PASSÉ DÉFINI.

J	is
tu	is
il *ou* elle	it
nous	îmes
vous	îtes
ils *ou* elles	irent

PASSÉ INDÉFINI.

J'ai	u

PASSÉ ANTÉRIEUR.

J'eus	u

PLUS – QUE – PARFAIT.

J'avais	u

FUTUR.

J	rai
tu	ras
il *ou* elle	ra
nous	rons
vous	rez
ils *ou* elles	ront

FUTUR ANTÉRIEUR.

J'aurai	u

CONDITIONNEL PRÉSENT.

J	rais
tu	rais
il *ou* elle	rait
nous	rions
vous	riez
ils *ou* elles	raient

CONDITIONNEL PASSÉ.

J'aurais	u

On dit aussi:

J'eusse	u

IMPÉRATIF.

	s
	ons
	ez

SUBJONCTIF PRÉSENT OU FUTUR.

Que j	e
que tu	es
qu'il *ou* qu'elle	e
que nous	ions
que vous	iez
qu'ils *ou* qu'elles	ent

IMPARFAIT.

Que j	isse
que tu	isses
qu'il *ou* qu'elle	ît
que nous	issions
que vous	issiez
qu'ils *ou* qu'elles	issent

PASSÉ.

Que j'aie	u

PLUS – QUE – PARFAIT.

Que j'eusse	u

INFINITIF PRÉSENT.

	re

PASSÉ.

avoir	u

PARTICIPE PRÉSENT.

	ant

PARTICIPE PASSÉ.

	u
	ue
ayant	u

DIFFICULTÉS SPÉCIALES
dans la Conjugaison des Verbes en *er*.

Présent de l'Infinitif,	remu **er**.
Participe présent,	*ant.*
Dérivés du Participe présent,	*ions, iez*
Participe passé,	*é.*
Présent de l'Indicatif,	*e.*
Passé défini,	*ai.*

Radical invariable.

Les Verbes, dont le participe présent est terminé en *uant*, exigent un tréma ou deux points sur l'*i*, initial des terminaisons *des deux premières personnes plurielles de l'imparfait de l'indicatif et du présent du subjonctif.*

Ce signe orthographique indique que cette voyelle doit être prononcée séparément de la voyelle *u*, dernière lettre du radical.

INDICATIF PRÉSENT.

J	e
tu	es
il *ou* elle	e
nous	ons
vous	ez
ils *ou* elles	ent

IMPARFAIT.

J	ais
tu	ais
il *ou* elle	ait
nous	ïons
vous	ïez
ils *ou* elles	aient

PASSÉ DÉFINI

J	ai
tu	as
il *ou* elle	a
nous	âmes
vous	âtes
ils *ou* elles	èrent

PASSÉ INDÉFINI.

J'ai	é

PASSÉ ANTÉRIEUR.

J'eus	é

PLUS – QUE – PARFAIT.

J'avais	é

FUTUR.

J	erai
tu	eras
il *ou* elle	era
nous	erons
vous	erez
ils *ou* elles	eront

FUTUR ANTÉRIEUR.

J'aurai	é

CONDITIONNEL PRÉSENT.

J	erais
tu	erais
il *ou* elle	erait
nous	erions
vous	eriez
ils *ou* elles	eraient

CONDITIONNEL PASSÉ.

J'aurais	é
On dit aussi :	
J'eusse	é

IMPÉRATIF.

	e
	ons
	ez

SUBJONCTIF PRÉSENT OU FUTUR.

Que j	e
que tu	es
qu'il *ou* qu'elle	e
que nous	ïons
que vous	ïez
qu'ils *ou* qu'elles	ent

IMPARFAIT.

Que j	asse
que tu	asses
qu'il *ou* qu'elle	ât
que nous	assions
que vous	assiez
qu'ils *ou* qu'elles	assent

PASSÉ.

Que j'aie	é

PLUS – QUE – PARFAIT.

Que j'eusse	é

INFINITIF PRÉSENT.

er

PASSÉ.

avoir	é

PARTICIPE PRÉSENT.

	ant

PARTICIPE PASSÉ.

	é
	ée
ayant	é

DIFFICULTÉS SPÉCIALES
dans la Conjugaison des Verbes en *er.*

Présent de l'Infinitif ,   avanC **er.**

Participe présent ,   Ç *ant.*

Dérivés du Participe présent ,   C { *e , es , ez , ions , iez , ent.*

Participe passé ,   C *é.*
Présent de l'Indicatif ,   C *e.*

Passé défini ,   { Ç *ai.* / C *èrent.*

Radical variable.

Les Verbes terminés en C*er* prennent une cédille sous le Ç devant les voyelles *a, o* , pour conserver la prononciation douce de l'infinitif : *au participe présent , au passé défini* , excepté la troisième personne plurielle , temps primitifs ; *à la première personne plurielle du présent de l'indicatif , aux trois personnes singulières et à la troisième plurielle de l'imparfait de l'indicatif , à toutes les personnes de l'imparfait du subjonctif , temps dérivés , et à la première personne plurielle de l'impératif ,* formée du présent de l'indicatif.

INDICATIF PRÉSENT.

J	C *e*
tu	C *es*
il *ou* elle	C *e*
nous	Ç *ons*
vous	C *ez*
ils *ou* elles	C *ent*

IMPARFAIT.

J	Ç *ais*
tu	Ç *ais*
il *ou* elle	Ç *ait*
nous	C *ions*
vous	C *iez*
ils *ou* elles	Ç *aient*

PASSÉ DÉFINI.

J	Ç *ai*
tu	Ç *as*
il *ou* elle	Ç *a*
nous	Ç *âmes*
vous	Ç *âtes*
ils *ou* elles	C *èrent*

PASSÉ INDÉFINI.

J'ai	C *é*

PASSÉ ANTÉRIEUR.

J'eus	C *é*

PLUS-QUE-PARFAIT.

J'avais	C *é*

FUTUR.

J	C *erai*
tu	C *eras*
il *ou* elle	C *era*
nous	C *erons*
vous	C *erez*
ils *ou* elles	C *eront*

FUTUR ANTÉRIEUR.

J'aurai	C *é*

CONDITIONNEL PRÉSENT.

J	C *erais*
tu	C *erais*
il *ou* elle	C *erait*
nous	C *erions*
vous	C *eriez*
ils *ou* elles	C *eraient*

CONDITIONNEL PASSÉ.

J'aurais	C *é*

On dit aussi :

J'eusse	C *é*

IMPÉRATIF.

	C *e*
	Ç *ons*
	C *ez*

SUBJONCTIF PRÉSENT OU FUTUR.

Que j	C *e*
que tu	C *es*
qu'il *ou* qu'elle	C *e*
que nous	C *ions*
que vous	C *iez*
qu'ils *ou* qu'elles	C *ent*

IMPARFAIT.

Que j	Ç *asse*
que tu	Ç *asses*
qu'il *ou* qu'elle	Ç *ât*
que nous	Ç *assions*
que vous	Ç *assiez*
qu'ils *ou* qu'elles	Ç *assent*

PASSÉ.

Que j'aie	C *é*

PLUS-QUE-PARFAIT.

Que j'eusse	C *é*

INFINITIF PRÉSENT.

C **er**

FASSÉ.

avoir	C *é*

PARTICIPE PRÉSENT.

Ç *ant*

PARTICIPE PASSÉ.

	C *é*
	C *éc*
ayant	C *é*

11

DIFFICULTÉS SPÉCIALES
dans la Conjugaison des Verbes en *er*.

Présent de l'Infinitif, m a n G er.

Participe présent, G e ant.

Dérivés du Participe présent, G { e, es, ez, ions, iez, ent.

Participe passé, G é.

Présent de l'Indicatif, G e.

Passé défini, { G e ai. / G èrent.

Radical variable.

Dans les Verbes en *Ger*, le G est suivi d'un *e* euphonique, devant les voyelles *a*, *o*, concession faite à l'harmonie, pour détruire la dureté de la prononciation : *au participe présent, au passé défini*, excepté la troisième personne plurielle et aux dérivés de ces deux temps primitifs : *à la première personne plurielle du présent de l'indicatif, aux trois personnes singulières et à la troisième plurielle de l'imparfait de l'indicatif ; à toutes les personnes de l'imparfait du subjonctif et à la première personne plurielle de l'impératif*, formée du présent de l'indicatif.

INDICATIF PRÉSENT.

J	G e
tu	G es
il *ou* elle	G e
nous	G e ons
vous	G ez
ils *ou* elles	G ent

IMPARFAIT.

J	G e ais
tu	G e ais
il *ou* elle	G e ait
nous	G ions
vous	G iez
ils *ou* elles	G e aient

PASSÉ DÉFINI

J	G e ai
tu	G e as
il *ou* elle	G e a
nous	G e âmes
vous	G e âtes
ils *ou* elles	G èrent

PASSÉ INDÉFINI.
J'ai G é

PASSÉ ANTÉRIEUR.
J'eus G é

PLUS – QUE – PARFAIT.
J'avais G é

FUTUR.

J	G erai
tu	G eras
il *ou* elle	G era
nous	G erons
vous	G erez
ils *ou* elles	G eront

FUTUR ANTÉRIEUR.
J'aurai G é

CONDITIONNEL PRÉSENT.

J	G erais
tu	G erais
il *ou* elle	G erait
nous	G erions
vous	G eriez
ils *ou* elles	G eraient

CONDITIONNEL PASSÉ.
J'aurais G é

On dit aussi :

J'eusse G é

IMPÉRATIF.

	G e
	G e ons
	G ez

SUBJONCTIF PRÉSENT OU FUTUR.

Que j	G e
que tu	G es
qu'il *ou* qu'elle	G e
que nous	G ions
que vous	G iez
qu'ils *ou* qu'elles	G ent

IMPARFAIT.

Que j	G e asse
que tu	G e asses
qu'il *ou* qu'elle	G e ât
que nous	G e assions
que vous	G e assiez
qu'ils *ou* qu'elles	G e assent

PASSÉ.
Que j'aie G é

PLUS – QUE – PARFAIT.
Que j'eusse G é

INFINITIF PRÉSENT.
G *er*

PASSÉ.
avoir G é

PARTICIPE PRÉSENT.
G e ant

PARTICIPE PASSÉ.
G é
G ée

ayant G é

DIFFICULTÉS SPÉCIALES
dans la Conjugaison des Verbes en *er*.

Présent de *l'Infinitif*, | transfÉr | *er.*

Dérivés du Présent de l'Infinitif, È *erai*, . . *s.*
Participe présent , É *ant.*
Dérivés du Participe présent, È *e , es , ent.*
Participe passé , É *é.*
Présent de l'Indicatif , È *e.*
Passé défini , É *ai.*

Radical variable.

Les Verbes , dont la syllabe finale du présent de l'infinitif est précédée d'un É fermé, changent cet É fermé en È ouvert devant une syllabe muette : *aux trois personnes singulières et à la troisième plurielle du présent de l'indicatif et du subjonctif; á la seconde singulière de l'impératif; au futur et au conditionnel.*

L'Académie conserve l'É fermé devant un *e* muet , quand la terminaison a deux syllabes: *au futur et au conditionnel.*

INDICATIF PRÉSENT.
J | È *e*
tu | È *es*
il *ou* elle | È *e*
nous | É *ons*
vous | É *ez*
ils *ou* elles | È *ent*

IMPARFAIT.
J | É *ais*
tu | É *ais*
il *ou* elle | É *ait*
nous | É *ions*
vous | É *iez*
ils *ou* elles | É *aient*

PASSÉ DÉFINI.
J | É *ai*
tu | É *as*
il *ou* elle | É *a*
nous | É *âmes*
vous | É *âtes*
ils *ou* elles | É *èrent*

PASSÉ INDÉFINI.
J'ai | É *é*

PASSÉ ANTÉRIEUR.
J'eus | É *é*

PLUS-QUE-PARFAIT.
J'avais | É *é*

FUTUR.
J | È *erai*
tu | È *eras*
il *ou* elle | È *era*
nous | È *erons*
vous | È *erez*
ils *ou* elles | È *eront*

FUTUR ANTÉRIEUR.
J'aurai | É *é*

CONDITIONNEL PRÉSENT.
J | È *erais*
tu | È *erais*
il *ou* elle | È *erait*
nous | È *erions*
vous | È *eriez*
ils *ou* elles | È *eraient*

CONDITIONNEL PASSÉ.
J'aurais | É *é*
On dit aussi :
J'eusse | É *é*

IMPÉRATIF.
È *e*
É *ons*
É *ez*

SUBJONCTIF PRÉSENT OU FUTUR.
Que j | È *e*
que tu | È *es*
qu'il *ou* qu'elle | È *e*
que nous | É *ions*
que vous | É *iez*
qu'ils *ou* qu'elles | È *ent*

IMPARFAIT.
Que j | É *asse*
que tu | É *asses*
qu'il *ou* qu'elle | É *ât*
que nous | É *assions*
que vous | É *assiez*
qu'ils *ou* qu'elles | É *assent*

PASSÉ.
Que j'aie | É *é*

PLUS-QUE-PARFAIT.
Que j'eusse | É *é*

INFINITIF PRÉSENT.
É ***er***

PASSÉ.
avoir | É *é*

PARTICIPE PRÉSENT.
É *ant*

PARTICIPE PASSÉ.
É *é*
É *ée*
ayant | É *é*

13

DIFFICULTÉS SPÉCIALES
dans la Conjugaison des Verbes en *er*.

Présent de l'Infinitif,	célÉbr **er**.

Participe présent,	É ant.
Dérivés du Participe présent,	È e, es, ent.
Participe passé,	É é.
Présent de l'Indicatif,	È e.
Passé défini,	É ai.

Radical variable.

L'É qui précède la syllabe finale se change en *È* ouvert, seulement *aux trois personnes singulières et à la troisième plurielle du présent de l'indicatif et du subjonctif, et à la seconde singulière de l'impératif.* Partout ailleurs il conserve l'accent aigu.

INDICATIF PRÉSENT.

J	È e
tu	È es
il *ou* elle	È e
nous	É ons
vous	É ez
ils *ou* elles	È ent

IMPARFAIT.

J	É ais
tu	É ais
il *ou* elle	É ait
nous	É ions
vous	É iez
ils *ou* elles	É aient

PASSÉ DÉFINI.

J	É ai
tu	É as
il *ou* elle	É a
nous	É âmes
vous	É âtes
ils *ou* elles	É èrent

PASSÉ INDÉFINI.
| J'ai | É é |

PASSÉ ANTÉRIEUR.
| J'eus | É é |

PLUS – QUE – PARFAIT.
| J'avais | É é |

FUTUR.

J	É erai
tu	É eras
il *ou* elle	É era
nous	É erons
vous	É erez
ils *ou* elles	É eront

FUTUR ANTÉRIEUR.
| J'aurai | É é |

CONDITIONNEL PRÉSENT.

J	É erais
tu	É erais
il *ou* elle	É erait
nous	É erions
vous	É eriez
ils *ou* elles	É eraient

CONDITIONNEL PASSÉ.
| J'aurais | É é |

On dit aussi :

| J'eusse | É é |

IMPÉRATIF.

	È e
	É ons
	É ez

SUBJONCTIF PRÉSENT OU FUTUR.

Que j	È e
que tu	È es
qu'il *ou* qu'elle	È e
que nous	É ions
que vous	É iez
qu'ils *ou* qu'elles	È ent

IMPARFAIT.

Que j	É asse
que tu	É asses
qu'il *ou* qu'elle	É ât
que nous	É assions
que vous	É assiez
qu'ils *ou* qu'elles	É assent

PASSÉ.
| Que j'aie | É é |

PLUS – QUE – PARFAIT.
| Que j'eusse | É é |

INFINITIF PRÉSENT.
| | É **er** |

PASSÉ.
| avoir | É é |

PARTICIPE PRÉSENT.
| | É ant |

PARTICIPE PASSÉ.
	É é
	É ée
ayant	É é

DIFFICULTÉS SPÉCIALES
dans la Conjugaison des Verbes en *er*.

Présent de l'Infinitif, | p a r s E m **er.**

Dérivés du Présent de l'Infinitif,	È erai, .. s.
Participe présent,	E ant.
Dérivés du Participe présent,	È e, es, ent.
Participe passé,	E é.
Présent de l'Indicatif,	È e.
Passé défini,	E ai.

Radical variable.

L'E muet, dans le radical, se change en *È ouvert*, toutes les fois que la syllabe suivante finit par le son d'un *e* muet : *au futur et au conditionnel ; au présent du subjonctif; au présent de l'indicatif* et à l'*impératif*, excepté aux deux premières personnes plurielles de ces trois derniers temps.

INDICATIF PRÉSENT.

J	È	e
tu	È	es
il *ou* elle	È	e
nous	E	ons
vous	E	ez
ils *ou* elles	È	ent

IMPARFAIT.

J	E	ais
tu	E	ais
il *ou* elle	E	ait
nous	E	ions
vous	E	iez
ils *ou* elles	E	aient

PASSÉ DÉFINI.

J	E	ai
tu	E	as
il *ou* elle	E	a
nous	E	âmes
vous	E	âtes
ils *ou* elles	E	érent

PASSÉ INDÉFINI.

J'ai	E	é

PASSÉ ANTÉRIEUR.

J'eus	E	é

PLUS – QUE – PARFAIT.

J'avais	E	é

FUTUR.

J	È	erai
tu	È	eras
il *ou* elle	È	era
nous	È	erons
vous	È	erez
ils *ou* elles	È	eront

FUTUR ANTÉRIEUR.

J'aurai	E	é

CONDITIONNEL PRÉSENT.

J	È	erais
tu	È	erais
il *ou* elle	È	erait
nous	È	erions
vous	È	eriez
ils *ou* elles	È	eraient

CONDITIONNEL PASSÉ.

J'aurais	E	é

On dit aussi:

J'eusse	E	é

IMPÉRATIF.

	È	e
	E	ons
	E	ez

SUBJONCTIF PRÉSENT OU FUTUR.

Que j	È	e
que tu	È	es
qu'il *ou* qu'elle	È	e
que nous	E	ions
que vous	E	iez
qu'ils *ou* qu'elles	È	ent

IMPARFAIT.

Que j	E	asse
que tu	E	asses
qu'il *ou* qu'elle	E	ât
que nous	E	assions
que vous	E	assiez
qu'ils *ou* qu'elles	E	assent

PASSÉ.

Que j'aie	E	é

PLUS – QUE – PARFAIT.

Que j'eusse	E	é

INFINITIF PRÉSENT.

	E	**er**

PASSÉ.

avoir	E	é

PARTICIPE PRÉSENT.

	E	ant

PARTICIPE PASSÉ.

	E	é
	E	ée
ayant	E	é

15

DIFFICULTÉS SPÉCIALES
dans la Conjugaison des Verbes en *er*.

Présent de l'Infinitif, | enlEv **er.**

Participe présent,	E *ant.*
Dérivés du Participe présent,	È *e, es, ent.*
Participe passé,	E *é.*
Présent de l'Indicatif,	È *e.*
Passé défini,	E *ai.*

Radical variable.

Ces Verbes changent l'E muet en È ouvert, devant une syllabe muette, excepté au futur et au conditionnel.

Ce changement a lieu : *aux trois personnes singulières et à la troisième plurielle du présent de l'indicatif et du subjonctif; et à la seconde singulière de l'impératif,* formée du présent de l'indicatif.

INDICATIF PRÉSENT.

J	È	*e*
tu	È	*es*
il *ou* elle	È	*e*
nous	E	*ons*
vous	E	*ez*
ils *ou* elles	È	*ent*

IMPARFAIT.

J	E	*ais*
tu	E	*ais*
il *ou* elle	E	*ait*
nous	E	*ions*
vous	E	*iez*
ils *ou* elles	E	*aient*

PASSÉ DÉFINI.

J	E	*ai*
tu	E	*as*
il *ou* elle	E	*a*
nous	E	*âmes*
vous	E	*âtes*
ils *ou* elles	E	*èrent*

PASSÉ INDÉFINI.
J'ai | E | *é*

PASSÉ ANTÉRIEUR.
J'eus | E | *é*

PLUS-QUE-PARFAIT.
J'avais | E | *é*

FUTUR.

J	E	*erai*
tu	E	*eras*
il *ou* elle	E	*era*
nous	E	*erons*
vous	E	*erez*
ils *ou* elles	E	*eront*

FUTUR ANTÉRIEUR.
J'aurai | E | *é*

CONDITIONNEL PRÉSENT.

J	E	*erais*
tu	E	*erais*
il *ou* elle	E	*erait*
nous	E	*erions*
vous	E	*eriez*
ils *ou* elles	E	*eraient*

CONDITIONNEL PASSÉ.
J'aurais | E | *é*
On dit aussi :
J'eusse | E | *é*

IMPÉRATIF.

	È	*e*
	E	*ons*
	E	*ez*

SUBJONCTIF PRÉSENT OU FUTUR.

Que j	È	*e*
que tu	È	*es*
qu'il *ou* qu'elle	È	*e*
que nous	E	*ions*
que vous	E	*iez*
qu'ils *ou* qu'elles	È	*ent*

IMPARFAIT.

Que j	E	*asse*
que tu	E	*asses*
qu'il *ou* qu'elle	E	*ât*
que nous	E	*assions*
que vous	E	*assiez*
qu'ils *ou* qu'elles	E	*assent*

PASSÉ.
Que j'aie | E | *é*

PLUS-QUE-PARFAIT.
Que j'eusse | E | *é*

INFINITIF PRÉSENT.
| E | **er** |

PASSÉ.
avoir | E | *é*

PARTICIPE PRÉSENT.
| E | *ant*

PARTICIPE PASSÉ.
	E	*é*
	E	*ée*
ayant	E	*é*

DIFFICULTÉS SPÉCIALES
dans la Conjugaison des Verbes en *er*.

Présent de l'Infinitif,	appeL **er**.

Dérivés du Présent de l'Infinitif,	L *L erai; . . s.*
Participe présent,	L *ant.*
Dérivés du Participe présent,	L *L e, es, ent.*
Participe passé,	L *é.*
Présent de l'Indicatif,	L *L e.*
Passé défini,	L *ai.*

Radical variable.

Les Verbes terminés à l'infinitif par eL *er*, doublent la lettre L, quand la conjugaison amène un e muet, immédiatement après cette consonne : *au présent de l'indicatif et du subjonctif,* excepté les deux premières personnes plurielles; à la *seconde singulière de l'impératif; au futur et au conditionnel.*

INDICATIF PRÉSENT.

J	L *L e*
tu	L *L es*
il *ou* elle	L *L e*
nous	L *ons*
vous	L *ez*
ils *ou* elles	L *L ent*

IMPARFAIT.

J	L *ais*
tu	L *ais*
il *ou* elle	L *ait*
nous	L *ions*
vous	L *iez*
ils *ou* elles	L *aient*

PASSÉ DÉFINI.

J	L *ai*
tu	L *as*
il *ou* elle	L *a*
nous	L *âmes*
vous	L *âtes*
ils *ou* elles	L *èrent*

PASSÉ INDÉFINI.

J'ai	L *é*

PASSÉ ANTÉRIEUR.

J'eus	L *é*

PLUS – QUE – PARFAIT.

J'avais	L *é*

FUTUR.

J	L *L erai*
tu	L *L eras*
il *ou* elle	L *L era*
nous	L *L erons*
vous	L *L erez*
ils *ou* elles	L *L eront*

FUTUR ANTÉRIEUR.

J'aurai	L *é*

CONDITIONNEL PRÉSENT.

J	L *L erais*
tu	L *L erais*
il *ou* elle	L *L erait*
nous	L *L erions*
vous	L *L eriez*
ils *ou* elles	L *L eraient*

CONDITIONNEL PASSÉ.

J'aurais	L *é*
On dit aussi:	
J'eusse	L *é*

IMPÉRATIF.

	L *L c*
	L *ons*
	L *ez*

SUBJONCTIF PRÉSENT OU FUTUR.

Que j	L *L e*
que tu	L *L es*
qu'il *ou* qu'elle	L *L e*
que nous	L *ions*
que vous	L *iez*
qu'ils *ou* qu'elles	L *L ent*

IMPARFAIT.

Que j	L *asse*
que tu	L *asses*
qu'il *ou* qu'elle	L *ât*
que nous	L *assions*
que vous	L *assiez*
qu'ils *ou* qu'elles	L *assent*

PASSÉ.

Que j'aie	L *é*

PLUS – QUE – PARFAIT.

Que j'eusse	L *é*

INFINITIF PEÉSENT.

	L ***er***

PASSÉ.

avoir	L *é*

PARTICIPE PRÉSENT.

	L *ant*

PARTICIPE PASSÉ.

	L *é*
	L *ée*
ayant	L *é*

DIFFICULTÉS SPÉCIALES
dans la Conjugaison des Verbes en **er**.

Présent de l'Infinitif,	projeT **er**.

Dérivés du présent de l'Infinitif,	T T erai, . s.
Participe présent ,	T ant.
Dérivés du Participe présent,	T T e , es , ent.
Participe passé ,	T é.
Présent de l'Indicatif ,	T T e.
Passé défini ,	T ai.

Radical variable.

La consonne T , dans les Verbes terminés à l'infinitif par eT er , se double quand elle est suivie d'une syllabe muette : *aux trois personnes singulières et à la troisième plurielle du présent de l'indicatif et du subjonctif, à la seconde singulière de l'impératif; au futur et au conditionnel.*

INDICATIF PRÉSENT.

J	T T e
tu	T T es
il *ou* elle	T T e
nous	T ons
vous	T ez
ils *ou* elles	T T ent

IMPARFAIT.

J	T ais
tu	T ais
il *ou* elle	T ait
nous	T ions
vous	T iez
ils *ou* elles	T aient

PASSÉ DÉFINI

J	T ai
tu	T as
il *ou* elle	T a
nous	T âmes
vous	T âtes
ils *ou* elles	T èrent

PASSÉ INDÉFINI.

J'ai	T é

PASSÉ ANTÉRIEUR.

J'eus	T é

PLUS – QUE – PARFAIT.

J'avais	

FUTUR.

J	T T erai
tu	T T eras
il *ou* elle	T T era
nous	T T erons
vous	T T erez
ils *ou* elles	T T eront

FUTUR ANTÉRIEUR.

J'aurai	T é

CONDITIONNEL PRÉSENT.

J	T T erais
tu	T T erais
il *ou* elle	T T erait
nous	T T erions
vous	T T eriez
ils *ou* elles	T T eraient

CONDITIONNEL PASSÉ.

J'aurais	T é

On dit aussi :

J'eusse	T é

IMPÉRATIF.

	T T e
	T ons
	T ez

SUBJONCTIF PRÉSENT OU FUTUR.

Que j	T T e
que tu	T T es
qu'il *ou* qu'elle	T T e
que nous	T ions
que vous	T iez
qu'ils *ou* qu'elles	T T ent

IMPARFAIT.

Que j	T asse
que tu	T asses
qu'il *ou* qu'elle	T ât
que nous	T assions
que vous	T assiez
qu'ils *ou* qu'elles	T assent

PASSÉ.

Que j'aie	T é

PLUS – QUE – PARFAIT.

Que j'eusse	T é

INFINITIF PRÉSENT.

	T **er**

PASSÉ.

avoir	T é

PARTICIPE PRÉSENT.

	T ant

PARTICIPE PASSÉ.

	T é
	T ée
ayant	T é

DIFFICULTÉS SPÉCIALES
dans la Conjugaison des Verbes en **er**.

Présent de l'Infinitif, | emploY **er**

Dérivés du Présent de l'Infinitif,   I erai, .. s.
Participe présent ,   Y ant.
Dérivés du Participe présent ,   I e, es, ent.
Participe passé ,   Y é.
Présent de l'Indicatif ,   I e.
Passé défini ,   Y ai.

Radical variable.

La plupart des Verbes terminés en Y *er* perdent, devant un e muet, l'Y, qu'on remplace par un *I* : *au présent de l'indicatif et du subjonctif*, excepté les deux premières personnes plurielles ; *à la seconde singulière de l'impératif; au futur et au conditionnel.*

L'orthographe *des deux premières personnes plurielles de l'imparfait de l'indicatif et du présent du subjonctif* paraît bizarre et sortir des règles ordinaires, par l'emploi des deux voyelles Y *i*... Cette façon d'orthographier est la conséquence rigoureuse de l'invariabilité des terminaisons dans leur classification.

INDICATIF PRÉSENT.

J	I e
tu	I es
il *ou* elle	I e
nous	Y ons
vous	Y ez
ils *ou* elles	I ent

IMPARFAIT.

J	Y ais
tu	Y ais
il *ou* elle	Y ait
nous	Y ions
vous	Y iez
ils *ou* elles	Y aient

PASSÉ DÉFINI.

J	Y ai
tu	Y as
il *ou* elle	Y a
nous	Y âmes
vous	Y âtes
ils *ou* elles	Y èrent

PASSÉ INDÉFINI.

J'ai	Y é

PASSÉ ANTÉRIEUR.

J'eus	Y é

PLUS-QUE-PARFAIT.

J'avais	Y é

FUTUR.

J	I erai
,tu	I eras
il *ou* elle	I era
nous	I erons
vous	I erez
ils *ou* elles	I eront

FUTUR ANTÉRIEUR.

J'aurai	Y é

CONDITIONNEL PRÉSENT.

J	I erais
tu	I erais
il *ou* elle	I erait
nous	I erions
vous	I eriez
ils *ou* elles	I eraient

CONDITIONNEL PASSÉ.

J'aurais	Y é.

On dit aussi :

J'eusse	Y é

IMPÉRATIF.

	I e
	Y ons
	Y ez

SUBJONCTIF PRÉSENT OU FUTUR.

Que j	I e
que tu	I es
qu'il *ou* qu'elle	I e
que nous	Y ions
que vous	Y iez
qu'ils *ou* qu'elles	I ent

IMPARFAIT.

Que j	Y asse
que tu	Y asses
qu'il *ou* qu'elle	Y ât
que nous	Y assions
que vous	Y assiez
qu'ils *ou* qu'elles	Y assent

PASSÉ.

Que j'aie	Y é

PLUS-QUE-PARFAIT.

Que j'eusse	Y é

INFINITIF PRÉSENT.

	Y **er**

PASSÉ.

avoir	Y é

PARTICIPE PRÉSENT.

	Y ant

PARTICIPE PASSÉ.

	Y é
	Y ée
ayant	Y é

19

DIFFICULTÉS SPÉCIALES
dans la Conjugaison des Verbes en *er*.

Présent de l'Infinitif,   [planch**ÉI** er.]

Dérivés du présent de l'Infinitif,   E Y erai, . s.
Participe présent ,   É I ant.
Dérivés du Participe présent,   E Y s, es, ent.
Présent de l'Indicatif,   E Y e.
Passé défini ,   É I ai.

Radical variable.

Dans ces verbes, ÉI est remplacé par *EY* devant une syllabe muette : *aux trois personnes singulières et à la troisième plurielle du présent de l'indicatif et du subjonctif ; à la seconde singulière de l'impératif et à toutes les personnes du futur et du conditionnel.*

Le Radical du participe présent, *temps primitif ,* invariable devant les terminaisons *ions , iez ,* donne lieu à l'emploi de deux *i ,* dans la formation *des deux premières personnes plurielles de l'imparfait de l'indicatif et du présent du subjonctif.*

INDICATIF PRÉSENT.

J	E Y e
tu	E Y es
il *ou* elle	E Y e
nous	É I ons
vous	É I ez
ils *ou* elles	E Y ent

IMPARFAIT.

J	É I ais
tu	É I ais
il *ou* elle	É I ait
nous	É I ions
vous	É I iez
ils *ou* elles	É I aient

PASSÉ DÉFINI

J	É I ai
tu	É I as
il *ou* elle	É I a
nous	É I âmes
vous	É I âtes
ils *ou* elles	É I èrent

PASSÉ INDÉFINI.

J'ai   É I é

PASSÉ ANTÉRIEUR.

J'eus   É I é

PLUS – QUE – PARFAIT.

J'avais   É I é

FUTUR.

J	E Y erai
tu	E Y eras
il *ou* elle	E Y era
nous	E Y erons
vous	E Y erez
ils *ou* elles	E Y eront

FUTUR ANTÉRIEUR.

J'aurai   É I é

CONDITIONNEL PRÉSENT.

J	E Y erais
tu	E Y erais
il *ou* elle	E Y erait
nous	E Y erions
vous	E Y eriez
ils *ou* elles	E Y eraient

CONDITIONNEL PASSÉ.

J'aurais   É I é

On dit aussi :

J'eusse   É I é

IMPÉRATIF.

	E Y e
	É I ons
	É I ez

SUBJONCTIF PRÉSENT OU FUTUR.

Que j	E Y e
que tu	E Y es
qu'il *ou* qu'elle	E Y e
que nous	É I ions
que vous	É I iez
qu'ils *ou* qu'elles	E Y ent

IMPARFAIT.

Que j	É I asse
que tu	É I asses
qu'il *ou* qu'elle	É I ât
que nous	É I assions
que vous	É I assiez
qu'ils *ou* qu'elles	É I assent

PASSÉ.

Que j'aie   É I é

PLUS – QUE – PARFAIT.

Que j'eusse   É I é

INFINITIF PRÉSENT.

É I **er**

PASSÉ.

PARTICIPE PRÉSENT.

É I ant

PARTICIPE PASSÉ.

	É I é
	É I ée
ayant	É I é

Deuxième Conjugaison.

Présent de l'Infinitif, | bouILL **ir.**

Participe présent, ILL *ant.*
Participe passé, ILL *i.*
Présent de l'Indicatif, s.
Passé défini, ILL *is.*

Radical variable.

RÉGULIER D'APRÈS SES **TEMPS PRIMITIFS.**

Il suit les inflexions du paradigme senT *ir. Les trois personnes singulières du présent de l'indicatif et la seconde singulière de l'impératif* perdent la partie variable du radical.

C'est à tort que quelques grammairiens prétendent que ce verbe fait au futur, *je bouillerai* ou *je bouillirai*, et au conditionnel, *je bouillerais* ou *je bouillirais*.

INDICATIF PRÉSENT.

J | s
tu | s
il *ou* elle | t
nous | ILL *ons*
vous | ILL *ez*
ils *ou* elles | ILL *ent*

IMPARFAIT.

J | ILL *ais*
tu | ILL *ais*
il *ou* elle | ILL *ait*
nous | ILL *ions*
vous | ILL *iez*
ils *ou* elles | ILL *aient*

PASSÉ DÉFINI.

J | ILL *is*
tu | ILL *is*
il *ou* elle | ILL *it*
nous | ILL *îmes*
vous | ILL *îtes*
ils *ou* elles | ILL *irent*

PASSÉ INDÉFINI.

J'ai | ILL *i*

PASSÉ ANTÉRIEUR.

J'eus | ILL *i*

PLUS-QUE-PARFAIT.

J'avais | ILL *i*

FUTUR.

J | ILL *irai*
tu | ILL *iras*
il *ou* elle | ILL *ira*
nous | ILL *irons*
vous | ILL *irez*
ils *ou* elles | ILL *iront*

FUTUR ANTÉRIEUR.

J'aurai | ILL *i*

CONDITIONNEL PRÉSENT.

J | ILL *irais*
tu | ILL *irais*
il *ou* elle | ILL *irait*
nous | ILL *irions*
vous | ILL *iriez*
ils *ou* elles | ILL *iraient*

CONDITIONNEL PASSÉ.

J'aurais | ILL *i*
On dit aussi :
J'eusse | ILL *i*

IMPÉRATIF.

| s
ILL *ons*
ILL *ez*

SUBJONCTIF PRÉSENT OU FUTUR.

Que j | ILL *e*
que tu | ILL *es*
qu'il *ou* qu'elle | ILL *e*
que nous | ILL *ions*
que vous | ILL *iez*
qu'ils *ou* qu'elles | ILL *ent*

IMPARFAIT.

Que j | ILL *isse*
que tu | ILL *isses*
qu'il *ou* qu'elle | ILL *ît*
que nous | ILL *issions*
que vous | ILL *issiez*
qu'ils *ou* qu'elles | ILL *issent*

PASSÉ.

Que j'aie | ILL *i*

PLUS-QUE-PARFAIT.

Que j'eusse | ILL *i*

INFINITIF PRÉSENT.

ILL **ir**

PASSÉ.

avoir | ILL *i*

PARTICIPE PRÉSENT.

ILL *ant*

PARTICIPE PASSÉ.

ILL *i*
ILL *ie*
ayant | ILL *i*

Deuxième Conjugaison.

Présent de l'Infinitif, | d o r M *ir.*

Participe présent, M *ant.*

Participe passé, (invariable). M *i.*

Présent de l'Indicatif, *s.*

Passé défini, M *is.*

Radical variable.

RÉGULIER D'APRÈS SES TEMPS PRIMITIFS.

Il suit les inflexions du paradigme senT *ir.* La consonne M, dans le radical, est supprimée *à tout le singulier du présent de l'indicatif*, et à la seconde personne singulière de l'impératif.

INDICATIF PRÉSENT.

J	*s*
tu	*s*
il *ou* elle	*t*
nous	M *ons*
vous	M *ez*
ils *ou* elles	M *ent*

IMPARFAIT.

J	M *ais*
tu	M *ais*
il *ou* elle	M *ait*
nous	M *ions*
vous	M *iez*
ils *ou* elles	M *aient*

PASSÉ DÉFINI.

J	M *is*
tu	M *is.*
il *ou* elle	M *it*
nous	M *îmes*
vous	M *îtes*
ils *ou* elles	M *irent*

PASSÉ INDÉFINI.
J'ai M *i*

PASSÉ ANTÉRIEUR.
J'eus M *i*

PLUS – QUE – PARFAIT.
J'avais M *i*

FUTUR.

J	M *irai*
tu	M *iras*
il *ou* elle	M *ira*
nous	M *irons*
vous	M *irez*
ils *ou* elles	M *iront*

FUTUR ANTÉRIEUR.
J'aurai M *i*

CONDITIONNEL PRÉSENT.

J	M *irais*
tu	M *irais*
il *ou* elle	M *irait*
nous	M *irions*
vous	M *iriez*
ils *ou* elles	M *iraient*

CONDITIONNEL PASSÉ.
J'aurais M *i*

On dit aussi:
J'eusse M *i*

IMPÉRATIF.
	s
	M *ons*
	M *ez*

SUBJONCTIF PRÉSENT OU FUTUR.

Que j	M *e*
que tu	M *es*
qu'il *ou* qu'elle	M *e*
que nous	M *ions*
que vous	M *iez*
qu'ils *ou* qu'elles	M *ent*

IMPARFAIT.

Que j	M *isse*
que tu	M *isses*
qu'il *ou* qu'elle	M *ît*
que nous	M *issions*
que vous	M *issiez*
qu'ils *ou* qu'elles	M *issent*

PASSÉ.
Que j'aie M *i*

PLUS – QUE – PARFAIT.
Que j'eusse M *i*

INFINITIF PRÉSENT.
M *ir*

PASSÉ.
avoir M *i*

PARTICIPE PRÉSENT.
M *ant*

PARTICIPE PASSÉ.
M *i*

ayant M *i*

Deuxième Conjugaison.

Présent de l'Infinitif,	fu I **r.**
Participe présent ,	Y *ant.*
Dérivé du Participe présent ,	I *e , es , ent.*
Participe passé ,	I
Présent de l'Indicatif ,	I *s*
Passé défini ,	I *s*

Radical variable.

RÉGULIER D'APRÈS SES TEMPS PRIMITIFS.

Les terminaisons *du futur* et *du conditionnel* ; du passé défini et de son dérivé , *l'imparfait du subjonctif*, rejettent l'i du paradigme senT *ir.*

Dans les temps formés du participe présent , l'Y se change en I, devant une terminaison féminine : *à la troisième personne plurielle du présent de l'indicatif ; aux trois personnes singulières et à la troisième plurielle du présent du subjonctif.*

La partie variable , dans le radical de l'infinitif , est employée dans toutes les personnes des autres temps.

Devant les terminaisons *ions , iez* , l'Y est suivi d'un i , *à la première et à la deuxième personne du pluriel de l'imparfait de l'indicatif et du présent du subjonctif.*

Le participe passé féminin est peu usité , il est remplacé avantageusement par le participe évitée.

Quelques grammairiens prétendent que ce verbe ne saurait être classé.

INDICATIF PRÉSENT.

J	I *s*
tu	I *s*
il *ou* elle	I *t*
nous	Y *ons*
vous	Y *ez*
ils *ou* elles	I *ent*

IMPARFAIT.

J	Y *ais*
tu	Y *ais*
il *ou* elle	Y *ait*
nous	Y *ions*
vous	Y *iez*
ils *ou* elles	Y *aient*

PASSÉ DÉFINI.

J	I *s*
tu	I *s*
il *ou* elle	I *t*
nous	Î *mes*
vous	Î *tes*
ils *ou* elles	I *rent*

PASSÉ INDÉFINI.

J'ai — I

PASSÉ ANTÉRIEUR.

J'eus — I

PLUS – QUE – PARFAIT.

J'avais — I

FUTUR.

J	I *rai*
tu	I *ras*
il *ou* elle	I *ra*
nous	I *rons*
vous	I *rez*
ils *ou* elles	I *ront*

FUTUR ANTÉRIEUR.

J'aurai — I

CONDITIONNEL PRÉSENT.

J	I *rais*
tu	I *rais*
il *ou* elle	I *rait*
nous	I *rions*
vous	I *riez*
ils *ou* elles	I *raient*

CONDITIONNEL PASSÉ.

J'aurais — I

On dit aussi:

J'eusse — I

IMPÉRATIF.

	I *s*
	Y *ons*
	Y *ez*

SUBJONCTIF PRÉSENT OU FUTUR.

Que j	I *e*
que tu	I *es*
qu'il *ou* qu'elle	I *e*
que nous	Y *ions*
que vous	Y *iez*
qu'ils *ou* qu'elles	I *ent*

IMPARFAIT.

Que j	I *sse*
que tu	I *sses*
qu'il *ou* qu'elle	Î I *t*
que nous	I *ssions*
que vous	I *ssiez*
qu'ils *ou* qu'elles	I *ssent*

PASSÉ.

Que j'aie — I

PLUS – QUE – PARFAIT.

Que j'eusse — I

INFINITIF PRÉSENT.

I **r**

PASSÉ.

avoir — I

PARTICIPE PRÉSENT.

Y *ant*

PARTICIPE PASSÉ.

I

I *e*

ayant — I

Deuxième Conjugaison.

Présent de l'Infinitif,	o u v R **ir.**

Participe présent,	R ant.
Participe passé,	E R t.
Présent de l'Indicatif,	R e.
Passé défini,	R is.

Radical variable.

RÉGULIER D'APRÈS SES TEMPS PRIMITIFS.

La consonne R, dans le radical, se change en *E*R
au participe passé.

On conjugue comme ouvR *ir*, les verbes dont le
présent de l'infinitif est en vR *ir* et en ffR *ir*.

INDICATIF PRÉSENT.

J	R e
tu	R es
il *ou* elle	R e
nous	R ons
vous	R ez
ils *ou* elles	R ent

IMPARFAIT.

J	R ais
tu	R ais
il *ou* elle	R ait
nous	R ions
vous	R iez
ils *ou* elles	R aient

PASSÉ DÉFINI.

J	R is
tu	R is.
il *ou* elle	R it
nous	R îmes
vous	R îtes
ils *ou* elles	R irent

PASSÉ INDÉFINI.

J'ai	E R t

PASSÉ ANTÉRIEUR.

J'eus	E R t

PLUS – QUE – PARFAIT.

J'avais	E R t

FUTUR.

J	R irai
tu	R iras
il *ou* elle	R ira
nous	R irons
vous	R irez
ils *ou* elles	R iront

FUTUR ANTÉRIEUR.

J'aurai	E R t

CONDITIONNEL PRÉSENT.

J	R irais
tu	R irais
il *ou* elle	R irait
nous	R irions
vous	R iriez
ils *ou* elles	R iraient

CONDITIONNEL PASSÉ.

J'aurais	E R t

On dit aussi :

J'eusse	E R t

IMPÉRATIF.

	R e
	R ons
	R ez

SUBJONCTIF PRÉSENT OU FUTUR.

Que j	R e
que tu	R es
qu'il *ou* qu'elle	R e
que nous	R ions
que vous	R iez
qu'ils *ou* qu'elles	R ent

IMPARFAIT.

Que j	R isse
que tu	R isses
qu'il *ou* qu'elle	R ît
que nous	R issions
que vous	R issiez
qu'ils *ou* qu'elles	R issent

PASSÉ.

Que j'aie	E R t

PLUS – QUE – PARFAIT.

Quo j'eusse	E R t

INFINITIF PRÉSENT.

	R **ir**

PASSÉ.

avoir	E R t

PARTICIPE PRÉSENT.

	R ant

PARTICIPE PASSÉ.

	E R t
	E R te
ayant	E R t

24

Deuxième Conjugaison.

Présent de l'Infinitif,	senT *ir.*
Participe présent,	T *ant.*
Participe passé,	T *i.*
Présent de l'Indicatif,	*s.*
Passé défini,	T *is.*

Radical variable.

RÉGULIER D'APRÈS SES TEMPS PRIMITIFS.

Les Verbes terminés en T *ir*, perdent la consonne T, dernière lettre du radical, *aux trois personnes singulières du présent de l'indicatif* et *à la seconde singulière de l'impératif.*

On conjugue comme senT *ir*, les verbes dont le présent de l'infinitif a une des désinences suivantes : arT *ir*, enT *ir* et orT *ir.*

INDICATIF PRÉSENT.

J	*s*
tu	*s*
il *ou* elle	*t*
nous	T *ons*
vous	T *ez*
ils *ou* elles	T *ent*

IMPARFAIT.

J	T *ais*
tu	T *ais*
il *ou* elle	T *ait*
nous	T *ions*
vous	T *iez*
ils *ou* elles	T *aient*

PASSÉ DÉFINI.

J	T *is*
tu	T *is*
il *ou* elle	T *it*
nous	T *îmes*
vous	T *îtes*
ils *ou* elles	T *irent*

PASSÉ INDÉFINI.
J'ai	T *i*

PASSÉ ANTÉRIEUR.
J'eus	T *i*

PLUS – QUE – PARFAIT.
J'avais	T *i*

FUTUR.

J	T *irai*
tu	T *iras*
il *ou* elle	T *ira*
nous	T *irons*
vous	T *irez*
ils *ou* elles	T *iront*

FUTUR ANTÉRIEUR.
J'aurai	T *i*

CONDITIONNEL PRÉSENT.
J	T *irais*
tu	T *irais*
il *ou* elle	T *irait*
nous	T *irions*
vous	T *iriez*
ils *ou* elles	T *iraient*

CONDITIONNEL PASSÉ.
J'aurais	T *i*
On dit aussi :	
J'eusse	T *i*

IMPÉRATIF.
	s
	T *ons*
	T *ez*

SUBJONCTIF PRÉSENT OU FUTUR.
Que j	T *e*
que tu	T *es*
qu'il *ou* qu'elle	T *e*
que nous	T *ions*
que vous	T *iez*
qu'ils *ou* qu'elles	T *ent*

IMPARFAIT.
Que j	T *isse*
que tu	T *isses*
qu'il *ou* qu'elle	T *ît*
que nous	T *issions*
que vous	T *issiez*
qu'ils *ou* qu'elles	T *issent*

PASSÉ.
Que j'aie	T *i*

PLUS – QUE – PARFAIT.
Que j'eusse	T *i*

INFINITIF PRÉSENT.
	T *ir*

PASSÉ.
avoir	T *i*

PARTICIPE PRÉSENT.
	T *ant*

PARTICIPE PASSÉ.
	T *i*
	T *ie*
ayant	T *i*

Deuxième Conjugaison.		FUTUR.	
		J	V *irai*
Présent de l'Infinitif,	serV **ir.**	tu	V *iras*
		il *ou* elle	V *ira*
		nous	V *irons*
Participe présent ,	V *ant.*	vous	V *irez*
		ils *ou* elles	V *iront*
Participe passé ,	V *i.*	FUTUR ANTÉRIEUR.	
		J'aurai	V *i*
Présent de l'Indicatif,	s.	CONDITIONNEL PRÉSENT.	
		J	V *irais*
Passé défini ,	V *is.*	tu	V *irais*
		il *ou* elle	V *irait*

Radical variable.

		nous	V *irions*
		vous	V *iriez*
		ils *ou* elles	V *iraient*

RÉGULIER D'APRÈS SES TEMPS PRIMITIFS.

	CONDITIONNEL PASSÉ.	
	J'aurais	V *i*

Il suit les inflexions du paradigme senT *ir.* La consonne V, dans le radical, est employée dans tous les temps, excepté *aux trois personnes singulières du présent de l'indicatif* et *à la deuxième singulière de l'impératif.*

	On dit aussi :	
	J'eusse	V *i*
	IMPÉRATIF.	
		s
		V *ons*
		V *ez*

INDICATIF PRÉSENT.		SUBJONCTIF PRÉSENT OU FUTUR.	
J	s	Que j	V *e*
tu	s	que tu	V *es*
il *ou* elle	t	qu'il *ou* qu'elle	V *e*
nous	V *ons*	que nous	V *ions*
vous	V *ez*	que vous	V *iez*
ils *ou* elles	V *ent*	qu'ils *ou* qu'elles	V *ent*
IMPARFAIT.		IMPARFAIT.	
J	V *ais*	Que j	V *isse*
tu	V *ais*	que tu	V *isses*
il *ou* elle	V *ait*	qu'il *ou* qu'elle	V *ît*
nous	V *ions*	que nous	V *issions*
vous	V *iez*	que vous	V *issiez*
ils *ou* elles	V *aient*	qu'ils *ou* qu'elles	V *issent*
PASSÉ DÉFINI		PASSÉ.	
J	V *is*	Que j'aie	V *i*
tu	V *is*	PLUS – QUE – PARFAIT.	
il *ou* elle	V *it*	Que j'eusse	V *i*
nous	V *îmes*	INFINITIF PRÉSENT.	
vous	V *îtes*		V **ir**
ils *ou* elles	V *irent*	PASSÉ.	
PASSÉ INDÉFINI.		avoir	V *i*
J'ai	V *i*	PARTICIPE PRÉSENT.	
PASSÉ ANTÉRIEUR.			V *ant*
J'eus	V *i*	PARTICIPE PASSÉ.	
PLUS – QUE – PARFAIT.			V *i*
J'avais	V *i*		V *ie*
		ayant	V *i*

Deuxième Conjugaison.

Présent de l'Infinitif,	tressaill **ir**.
Participe présent ,	ant.
Participe passé ,	i.
Présent de l'Indicatif,	e.
Passé défini ,	is.

Radical invariable.

RÉGULIER D'APRÈS SES TEMPS PRIMITIFS.

Il suit les inflexions du paradigme ouvR *ir*, excepté *au participe passé*, dont la terminaison est en *i*.
Tressaill *ir* est plus communément employé à l'infinitif et au participe passé qu'aux autres formes.
Quelques prosateurs célèbres ont dit , par euphonie : *il tressaillit,* au présent de l'indicatif. On trouve , dans quelques écrivains , pour futur et pour conditionnel : *je tressaillerai , je tressaillerais.*

INDICATIF PRÉSENT.

J	e
tu	es
il *ou* elle	e
nous	ons
vous	ez
ils *ou* elles	ent

IMPARFAIT.

J	ais
tu	ais
il *ou* elle	ait
nous	ions
vous	iez
ils *ou* elles	aient

PASSÉ DÉFINI.

J	is
tu	is
il *ou* elle	it
nous	îmes
vous	îtes
ils *ou* elles	irent

PASSÉ INDÉFINI.

J'ai	i

PASSÉ ANTÉRIEUR.

J'eus	i

PLUS-QUE-PARFAIT.

J'avais	i

FUTUR.

J	irai
tu	iras
il *ou* elle	ira
nous	irons
vous	irez
ils *ou* elles	iront

FUTUR ANTÉRIEUR.

J'aurai	i

CONDITIONNEL PRÉSENT.

J	irais
tu	irais
il *ou* elle	irait
nous	irions
vous	iriez
ils *ou* elles	iraient

CONDITIONNEL PASSÉ.

J'aurais	i

On dit aussi :

J'eusse	i

IMPÉRATIF.

	e
	ons
	ez

SUBJONCTIF PRÉSENT OU FUTUR.

Que j	e
que tu	es
qu'il *ou* qu'elle	e
que nous	ions
que vous	iez
qu'ils *ou* qu'elles	ent

IMPARFAIT.

Que j	isse
que tu	isses
qu'il *ou* qu'elle	ît
que nous	issions
que vous	issiez
qu'ils *ou* qu'elles	issent

PASSÉ.

Que j'aie	i

PLUS-QUE-PARFAIT.

Que j'eusse	i

INFINITIF PRÉSENT.

	ir

FASSÉ.

avoir	i

PARTICIPE PRÉSENT.

	ant

PARTICIPE PASSÉ.

	i
	ie
ayant	i

Deuxième Conjugaison.

Présent de l'Infinitif,	vêt	**ir.**

Participe présent ,	ant.
Participe passé ,	u.
Présent de l'Indicatif ,	s.
Passé défini ,	is.

Radical invariable.

RÉGULIER D'APRÈS SES TEMPS PRIMITIFS.

Il suit les inflexions du paradigme senT *ir* , excepté *au participe passé* , dont la terminaison est en *u* ; *aux trois personnes singulières du présent de l'indicatif et à la seconde singulière de l'impératif*, dans lesquelles la consonne t, dernière lettre du radical , est conservée.

L'impératif de ce verbe n'est pas usité ; le présent de l'indicatif l'est fort peu ; si l'on s'en sert, il faut se rappeler que l'on dit : il *vêt*, *à la troisième personne du singulier, et ils vêtent, à la même personne du pluriel.* C'est donc à tort que des écrivains , d'ailleurs recommandables , ont employé vê*tit*, vê*tissent.*

INDICATIF PRÉSENT.

J	s
tu	s
il *ou* elle	
nous	ons
vous	ez
ils *ou* elles	ent

IMPARFAIT.

J	ais
tu	ais
il *ou* elle	ait
nous	ions
vous	iez
ils *ou* elles	aient

PASSÉ DÉFINI

J	is
tu	is
il *ou* elle	it
nous	îmes
vous	îtes
ils *ou* elles	irent

PASSÉ INDÉFINI.

J'ai	u

PASSÉ ANTÉRIEUR.

J'eus	u

PLUS – QUE – PARFAIT.

J'avais	u

FUTUR.

J	irai
tu	iras
il *ou* elle	ira
nous	irons
vous	irez
ils *ou* elles	iront

FUTUR ANTÉRIEUR.

J'aurai	u

CONDITIONNEL PRÉSENT.

J	irais
tu	irais
il *ou* elle	irait
nous	irions
vous	iriez
ils *ou* elles	iraient

CONDITIONNEL PASSÉ.

J'aurais	u

On dit aussi :

J'eusse	u

IMPÉRATIF.

	s
	ons
	ez

SUBJONCTIF PRÉSENT OU FUTUR.

Que j	e
que tu	es
qu'il *ou* qu'elle	e
que nous	ions
que vous	iez
qu'ils *ou* qu'elles	ent

IMPARFAIT.

Que j	isse
que tu	isses
qu'il *ou* qu'elle	ît
que nous	issions
que vous	issiez
qu'ils *ou* qu'elles	issent

PASSÉ.

Que j'aie	u

PLUS – QUE – PARFAIT.

Que j'eusse	u

INFINITIF PRÉSENT.

	ir

PASSÉ.

avoir	u

PARTICIPE PRÉSENT.

	ant

PARTICIPE PASSÉ.

	u
	ue
ayant	u

Troisième Conjugaison.

Présent de l'Infinitif,	pourvOI **r.**

Participe présent ,	O Y ant.
Dérivés du Participe présent ,	O I e, es, ent.
Participe passé ,	u.
Présent de l'Indicatif,	O I s.
Passé défini ,	us.

Radical variable.

RÉGULIER D'APRÈS SES TEMPS PRIMITIFS.

Il suit les inflexions du paradigme vOI r , excepté *au futur et au conditionnel ; au passé défini et à l'imparfait du subjonctif.*

Les deux premiers temps conservent la seconde partie du radical ; les deux derniers rejettent cette même partie et empruntent les terminaisons du paradigme reCEV *oir*.

Le participe passé est aussi formé de la partie invariable du radical et des terminaisons.

Dans les dérivés du participe présent , l'Y se change en I devant une terminaison féminine : *à la troisième personne plurielle du présent de l'indicatif; au présent du subjonctif*, excepté aux deux premières personnes plurielles.

A la première et à la deuxième personne du pluriel de l'imparfait de l'indicatif et du présent du subjonctif, l'Y est suivi d'un *i*, devant les terminaisons *ions* , *iez*.

INDICATIF PRÉSENT.

J	O I s
tu	O I s
il *ou* elle	O I t
nous	O Y ons
vous	O Y ez
ils *ou* elles	O I ent

IMPARFAIT.

J	O Y ais
tu	O Y ais
il *ou* elle	O Y ait
nous	O Y ions
vous	O Y iez
ils *ou* elles	O Y aient

PASSÉ DÉFINI.

J	us
tu	us
il *ou* elle	ut
nous	ûmes
vous	ûtes
ils *ou* elles	urent

PASSÉ INDÉFINI.

J'ai	u

PASSÉ ANTÉRIEUR.

J'eus	u

PLUS-QUE-PARFAIT.

J'avais	u

FUTUR.

J	O I rai
tu	O I ras
il *ou* elle	O I ra
nous	O I rons
vous	O I rez
ils *ou* elles	O I ront

FUTUR ANTÉRIEUR.

J'aurai	u

CONDITIONNEL PRÉSENT.

J	O I rais
tu	O I rais
il *ou* elle	O I rait
nous	O I rions
vous	O I riez
ils *ou* elles	O I raient

CONDITIONNEL PASSÉ.

J'aurais	u

On dit aussi :

J'eusse	u

IMPÉRATIF.

	O I s
	O Y ons
	O Y ez

SUBJONCTIF PRÉSENT OU FUTUR.

Que j	O I e
que tu	O I es
qu'il *ou* qu'elle	O I e
que nous	O Y ions
que vous	O Y iez
qu'ils *ou* qu'elles	O I ent

IMPARFAIT.

Que j	usse
que tu	usses
qu'il *ou* qu'elle	ût
que nous	ussions
que vous	ussiez
qu'ils *ou* qu'elles	ussent

PASSÉ.

Que j'aie	u

PLUS - QUE - PARFAIT.

Que j'eusse	u

INFINITIF PRÉSENT.

	O I **r**

PASSÉ.

avoir	u

PARTICIPE PRÉSENT.

	O Y ant

PARTICIPE PASSÉ.

	u
	ue
ayant	u

29

Troisième Conjugaison.

Présent de l'Infinitif,	**prévOI r.**

Participe présent,	O Y ant.
Dérivés du Participe présent,	O I e, es, ent.
Participe passé,	u.
Présent de l'Indicatif,	O I s.
Passé défini,	is.

Radical variable.

RÉGULIER D'APRÈS SES TEMPS PRIMITIFS.

Il suit les inflexions du paradigme vOI r, excepté *au futur* et *au conditionnel.* Ces deux temps conservent la partie variable du radical; cette même partie est supprimée *au passé défini*, temps primitif; à *l'imparfait du subjonctif*, temps dérivé, et *au participe passé.*

Aux dérivés du participe présent, devant une terminaison féminine, l'Y se change en I: à la troisième personne plurielle du présent de l'indicatif; aux trois personnes singulières et à la troisième plurielle du présent du subjonctif.

Devant les terminaisons *ions, iez,* l'Y est suivi d'un *i*, à la première et à la deuxième personne du pluriel de l'imparfait de l'indicatif et du présent du subjonctif.

INDICATIF PRÉSENT.

J	O I s
tu	O I s
il *ou* elle	O I t
nous	O Y ons
vous	O Y ez
ils *ou* elles	O I ent

IMPARFAIT.

J	O Y ais
tu	O Y ais
il *ou* elle	O Y ait
nous	O Y ions
vous	O Y iez
ils *ou* elles	O Y aient

PASSÉ DÉFINI.

J	is
tu	is.
il *ou* elle	it
nous	îmes
vous	îtes
ils *ou* elles	irent

PASSÉ INDÉFINI.

J'ai	u

PASSÉ ANTÉRIEUR.

J'eus	u

PLUS – QUE – PARFAIT.

J'avais	u

FUTUR.

J	O I rai
tu	O I ras
il *ou* elle	O I ra
nous	O I rons
vous	O I rez
ils *ou* elles	O I ront

FUTUR ANTÉRIEUR.

J'aurai	u

CONDITIONNEL PRÉSENT.

J	O I rais
tu	O I rais
il *ou* elle	O I rait
nous	O I rions
vous	O I riez
ils *ou* elles	O I raient

CONDITIONNEL PASSÉ.

J'aurais	u
On dit aussi :	
J'eusse	u

IMPÉRATIF.

	O I s
	O Y ons
	O Y ez

SUBJONCTIF PRÉSENT OU FUTUR.

Que j	O I e
que tu	O I es
qu'il *ou* qu'elle	O I e
que nous	O Y ions
que vous	O Y iez
qu'ils *ou* qu'elles	O I ent

IMPARFAIT.

Que j	isse
que tu	isses
qu'il *ou* qu'elle	ît
que nous	issions
que vous	issiez
qu'ils *ou* qu'elles	issent

PASSÉ.

Que j'aie	u

PLUS – QUE – PARFAIT.

Que j'eusse	u

INFINITIF PRÉSENT.

	O I r

PASSÉ.

avoir	u

PARTICIPE PRÉSENT.

	O Y ant

PARTICIPE PASSÉ.

	u
	ue
ayant	u

Troisième Conjugaison.

Présent de l'Infinitif, | s u r s E O I r.

Participe présent ,	O Y ant.
Dérivés du Participe présent ,	o I e , es, ent.
Participe passé ,	I S.
Présent de l'Indicatif ,	O I s.
Passé défini ,	is.

Radical variable.

RÉGULIER D'APRÈS SES TEMPS PRIMITIFS.

Il suit les inflexions du paradigme vOIr, excepté *au futur, au conditionnel et au participe passé*. Ces deux premiers temps conservent la partie variable du radical ; le participe passé change cette partie en IS.

Le passé défini et son dérivé, l'imparfait du subjonctif, ne se construisent qu'avec la partie invariable du radical et les terminaisons.

Aux dérivés du participe présent, l'Y se change en I devant une terminaison féminine : *à la troisième personne plurielle du présent de l'indicatif ; au présent du subjonctif* excepté aux deux premières personnes plurielles.

Dans la formation *des deux premières personnes plurielles de l'imparfait de l'indicatif et du présent du subjonctif*, l'Y est suivi d'un i, devant les terminaisons ions , iez.

INDICATIF PRÉSENT.

J	O I s
tu	O I s
il *ou* elle	O I t
nous	O Y ons
vous	O Y ez
ils *ou* elles	O I ent

IMPARFAIT.

J	O Y ais
tu	O Y ais
il *ou* elle	O Y ait
nous	O Y ions
vous	O Y iez
ils *ou* elles	O Y aient

PASSÉ DÉFINI.

J	is
tu	is
il *ou* elle	it
nous	îmes
vous	îtes
ils *ou* elles	irent

PASSÉ INDÉFINI.

J'ai	I S

PASSÉ ANTÉRIEUR.

J'eus	I S

PLUS – QUE – PARFAIT.

J'avais	I S

FUTUR.

J	E O I rai
tu	E O I ras
il *ou* elle	E O I ra
nous	E O I rons
vous	E O I rez
ils *ou* elles	E O I ront

FUTUR ANTÉRIEUR.

J'aurai	I S

CONDITIONNEL PRÉSENT.

J	E O I rais
tu	E O I rais
il *ou* elle	E O I rait
nous	E O I rions
vous	E O I riez
ils *ou* elles	E O I raient

CONDITIONNEL PASSÉ.

J'aurais	I S
On dit aussi :	
J'eusse	I S

IMPÉRATIF.

	O I s
	O Y ons
	O Y ez

SUBJONCTIF PRÉSENT OU FUTUR.

Que j	O I e
que tu	O I es
qu'il *ou* qu'elle	O I e
que nous	O Y ions
que vous	O Y iez
qu'ils *ou* qu'elles	O I ent

IMPARFAIT.

Que j	isse
que tu	isses
qu'il *ou* qu'elle	ît
que nous	issions
que vous	issiez
qu'ils *ou* qu'elles	issent

PASSÉ.

Que j'aie	I S

PLUS – QUE – PARFAIT.

Que j'eusse	I S

INFINITIF PRÉSENT.

	E O I r

PASSÉ.

avoir	I S

PARTICIPE PRÉSENT.

	O Y ant

PARTICIPE PASSÉ.

	I S
	I S e
ayant	I S

Quatrième Conjugaison.

Présent de l'Infinitif,	accrOÎT *re.*

Participe présent,	O I S S ant.
Participe passé,	*u.*
Présent de l'Indicatif,	O I s.
Passé défini,	*us.*

Radical variable.

RÉGULIER D'APRÈS SES TEMPS PRIMITIFS.

Il suit les inflexions du paradigme parAÎT re. La partie variable du radical est supprimée *au participe passé; au passé défini, temps primitifs et à l'imparfait du subjonctif, temps dérivé.*

La consonne T, dans le radical, est supprimée au *singulier du présent de l'indicatif et de l'impératif;* elle est remplacée par *SS au participe présent et aux dérivés de ce temps primitif: au pluriel du présent de l'indicatif, à l'imparfait de l'indicatif, au présent du subjonctif et au pluriel de l'impératif,* formé du présent de l'indicatif.

Dans la partie variable du radical, l'Î prend l'accent circonflexe dans les temps où cette voyelle est suivie de la consonne T: *au présent de l'infinitif, au futur, au conditionnel et à la troisième personne singulière du présent de l'indicatif.*

INDICATIF PRÉSENT.

J	O I s
tu	O I s
il *ou* elle	O Î t
nous	O I S S ons
vous	O I S S ez
ils *ou* elles	O I S S ent

IMPARFAIT.

J	O I S S ais
tu	O I S S ais
il *ou* elle	O I S S ait
nous	O I S S ions
vous	O I S S iez
ils *ou* elles	O I S S aient

PASSÉ DÉFINI.

J	us
tu	us
il *ou* elle	ut
nous	ûmes
vous	ûtes
ils *ou* elles	urent

PASSÉ INDÉFINI.
J'ai	u

PASSÉ ANTÉRIEUR.
J'eus	u

PLUS – QUE – PARFAIT.
J'avais	u

FUTUR.

J	O Î T rai
tu	O Î T ras
il *ou* elle	O Î T ra
nous	O Î T rons
vous	O Î T rez
ils *ou* elles	O Î T ront

FUTUR ANTÉRIEUR.
J'aurai	u

CONDITIONNEL PRÉSENT.

J	O Î T rais
tu	O Î T rais
il *ou* elle	O Î T rait
nous	O Î T rions
vous	O Î T riez
ils *ou* elles	O Î T raient

CONDITIONNEL PASSÉ.
J'aurais	u

On dit aussi:

J'eusse	u

IMPÉRATIF.

	O I s
	O I S S ons
	O I S S ez

SUBJONCTIF PRÉSENT OU FUTUR.

Que j	O I S S e
que tu	O I S S es
qu'il *ou* qu'elle	O I S S e
que nous	O I S S ions
que vous	O I S S iez
qu'ils *ou* qu'elles	O I S S ent

IMPARFAIT.

Que j	usse
que tu	usses
qu'il *ou* qu'elle	ût
que nous	ussions
que vous	ussiez
qu'ils *ou* qu'elles	ussent

PASSÉ.
Que j'aie	u

PLUS – QUE – PARFAIT.
Que j'eusse	u

INFINITIF PRÉSENT.
	O Î T *re*

PASSÉ.
avoir	u

PARTICIPE PRÉSENT.
	O I S S ant

PARTICIPE PASSÉ.

	u
	ue
ayant	u

Quatrième Conjugaison.

Présent de l'Infinitif,	b a t T *re.*
Participe présent,	T *ant.*
Participe passé,	T *u.*
Présent de l'Indicatif,	*s.*
Passé défini,	T *is.*

Radical variable.

RÉGULIER D'APRÈS SES TEMPS PRIMITIFS.

Il suit les inflexions du paradigme rend *re*, excepté *aux trois personnes singulières du présent de l'indicatif* et *à la seconde singulière de l'impératif,* dans lesquelles la consonne T, dernière lettre du radical, est supprimée.

INDICATIF PRÉSENT.

J	*s*
tu	*s*
il *ou* elle	
nous	T *ons*
vous	T *ez*
ils *ou* elles	T *ent*

IMPARFAIT.

J	T *ais*
tu	T *ais*
il *ou* elle	T *ait*
nous	T *ions*
vous	T *iez*
ils *ou* elles	T *aient*

PASSÉ DÉFINI.

J	T *is*
tu	T *is*
il *ou* elle	T *it*
nous	T *îmes*
vous	T *îtes*
ils *ou* elles	T *irent*

PASSÉ INDÉFINI.

J'ai	T *u*

PASSÉ ANTÉRIEUR.

J'eus	T *u*

PLUS – QUE – PARFAIT.

J'avais	T *u*

FUTUR.

J	T *rai*
tu	T *ras*
il *ou* elle	T *ra*
nous	T *rons*
vous	T *rez*
ils *ou* elles	T *ront*

FUTUR ANTÉRIEUR.

J'aurai	T *u*

CONDITIONNEL PRÉSENT.

J	T *rais*
tu	T *rais*
il *ou* elle	T *rait*
nous	T *rions*
vous	T *riez*
ils *ou* elles	T *raient*

CONDITIONNEL PASSÉ.

J'aurais	T *u*
On dit aussi :	
J'eusse	T *u*

IMPÉRATIF.

	s
	T *ons*
	T *ez*

SUBJONCTIF PRÉSENT OU FUTUR.

Que j	T *e*
que tu	T *es*
qu'il *ou* qu'elle	T *e*
que nous	T *ions*
que vous	T *iez*
qu'ils *ou* qu'elles	T *ent*

IMPARFAIT.

Que j	T *isse*
que tu	T *isses*
qu'il *ou* qu'elle	T *ît*
que nous	T *issions*
que vous	T *issiez*
qu'ils *ou* qu'elles	T *issent*

PASSÉ.

Que j'aie	T *u*

PLUS – QUE – PARFAIT.

Que j'eusse	T *u*

INFINITIF PRÉSENT.

	T *re*

PASSÉ.

avoir	T *u*

PARTICIPE PRÉSENT.

	T *ant*

PARTICIPE PASSÉ.

	T *u*
	T *ue*
ayant	T *u*

Quatrième Conjugaison.

Présent de l'Infinitif,	conclu **re.**
Participe présent ,	ant.
Dérivés du Participe présent,	*ïons , ïez.*
Participe passé , (conclu.)	
Présent de l'Indicatif,	s.
Passé défini ,	s.

Radical invariable.

RÉGULIER D'APRÈS SES TEMPS PRIMITIFS.

Il suit les inflexions du paradigme rédui *re*, excepté *au participe passé*, (sans terminaison); *au participe présent* , *au passé défini et aux dérivés de ces deux temps primitifs* , (sans lettre additionnelle).

Les terminaisons *du passé défini et de l'imparfait du subjonctif* sont prises dans le paradigme di *re*.

La voyelle *ï*, initiale des terminaisons *des deux premières personnes plurielles de l'imparfait de l'indicatif et du présent du subjonctif*, prend un tréma ou deux points , pour avertir qu'on doit prononcer séparément l'u final du radical , avec lequel cette voyelle ne forme pas une diphthongue.

Le participe passé masculin singulier est le radical employé sans terminaison qui , combiné avec l'auxiliaire *avoir* forme tous les temps composés.

INDICATIF PRÉSENT.

J	s
tu	s
il *ou* elle	t
nous	ons
vous	ez
ils *ou* elles	ent

IMPARFAIT.

J	ais
tu	ais
il *ou* elle	ait
nous	ïons
vous	ïez
ils *ou* elles	aient

PASSÉ DÉFINI

J	s
tu	s
il *ou* elle	t
nous	^ mes
vous	^ tes
ils *ou* elles	rent

PASSÉ INDÉFINI.

J'ai

PASSÉ ANTÉRIEUR.

J'eus

PLUS – QUE – PARFAIT.

J'avais

FUTUR.

J	rai
tu	ras
il *ou* elle	ra
nous	rons
vous	rez
ils *ou* elles	, ront

FUTUR ANTÉRIEUR.

J'aurai

CONDITIONNEL PRÉSENT.

J	rais
tu	rais
il *ou* elle	rait
nous	rions
vous	riez
ils *ou* elles	raient

CONDITIONNEL PASSÉ.

J'aurais

On dit aussi :

J'eusse

IMPÉRATIF.

	s
	ons
	ez

SUBJONCTIF PRÉSENT OU FUTUR.

Que j	e
que tu	es
qu'il *ou* qu'elle	e
que nous	ïons
que vous	ïez
qu'ils *ou* qu'elles	ent

IMPARFAIT.

Que j	sse
que tu	sses
qu'il *ou* qu'elle	^ t
que nous	ssions
que vous	ssiez
qu'ils *ou* qu'elles	ssent

PASSÉ.

Que j'aie

PLUS – QUE – PARFAIT.

Que j'eusse

INFINITIF PRÉSENT.

re

PASSÉ.

avoir

PARTICIPE PRÉSENT.

ant

PARTICIPE PASSÉ.

e

ayant

34

Quatrième Conjugaison.

Présent de l'Infinitif,	**contredi** *re*.	
Participe présent ,	*S* ant.	
Participe passé ,	*t*.	
Présent de l'Indicatif ,	*s*.	
Passé défini,	*s*.	

Radical variable.

RÉGULIER D'APRÈS SES TEMPS PRIMITIFS.

Il suit les inflexions du paradigme di *re* , excepté à la *deuxième personne plurielle du présent de l'indicatif* et à la *même personne de l'impératif.*

Le *participe présent* , temps primitif , le *pluriel du présent de l'indicatif, l'imparfait de l'indicatif, le présent du subjonctif*, temps dérivés , et le *pluriel de l'impératif*, formé du présent de l'indicatif, prennent au radical la consonne *S* , partie additionnelle.

INDICATIF PRÉSENT.

J	s
tu	s
il *ou* elle	t
nous	*S* ons
vous	*S* ez
ils *ou* elles	*S* ent

IMPARFAIT.

J	*S* ais
tu	*S* ais
il *ou* elle	*S* ait
nous	*S* ions
vous	*S* iez
ils *ou* elles	*S* aient

PASSÉ DÉFINI.

J	s
tu	s
il *ou* elle	t
nous	mes
vous	tes
ils *ou* elles	rent

PASSÉ INDÉFINI.
J'ai — t

PASSÉ ANTÉRIEUR.
J'eus — t

PLUS—QUE—PARFAIT.
J'avais — t

FUTUR.

J	rai
tu	ras
il *ou* elle	ra
nous	rons
vous	rez
ils *ou* elles	ront

FUTUR ANTÉRIEUR.
J'aurai — t

CONDITIONNEL PRÉSENT.

J	rais
tu	rais
il *ou* elle	rait
nous	rions
vous	riez
ils *ou* elles	raient

CONDITIONNEL PASSÉ.
J'aurais — t

On dit aussi :

J'eusse — t

IMPÉRATIF.

	s
	S ons
	S ez

SUBJONCTIF PRÉSENT OU FUTUR.

Que j	*S* e
que tu	*S* es
qu'il *ou* qu'elle	*S* e
que nous	*S* ions
que vous	*S* iez
qu'ils *ou* qu'elles	*S* ent

IMPARFAIT.

Que j	sse
que tu	sses
qu'il *ou* qu'elle	t
que nous	ssions
que vous	ssiez
qu'ils *ou* qu'elles	ssent

PASSÉ.
Que j'aie — t

PLUS – QUE – PARFAIT.
Que j'eusse — t

INFINITIF PRÉSENT.
re

FASSÉ.
avoir — t

PARTICIPE PRÉSENT.
S ant

PARTICIPE PASSÉ.
t
te
ayant — t

Quatrième Coujugaison.

Présent de l'Infinitif, | couD re.

Participe présent , — S ant.

Participe passé , — S u.

Présent de l'Indicatif, — D s.

Passé défini , — S is.

Radical variable.

RÉGULIER D'APRÈS SES TEMPS PRIMITIFS.

Il suit les inflexions du paradigme rend *re*, excepté au *participe passé*, au *participe présent*, au *passé défini*, temps primitifs ; à *tout le pluriel du présent de l'indicatif*, à *l'imparfait de l'indicatif*, au *présent et à l'imparfait du subjonctif*, temps dérivés, et *aux deux personnes plurielles de l'impératif*, formées du présent de l'indicatif. Dans ces temps et dans ces personnes, la consonne D, partie variable du radical, est remplacée par un S.

INDICATIF PRÉSENT.

J	D s
tu	D s
il *ou* elle	D
nous	S ons
vous	S ez
ils *ou* elles	S ent

IMPARFAIT.

J	S ais
tu	S ais
il *ou* elle	S ait
nous	S ions
vous	S iez
ils *ou* elles	S aient

PASSÉ DÉFINI

J	S is
tu	S is
il *ou* elle	S it
nous	S îmes
vous	S îtes
ils *ou* elles	S irent

PASSÉ INDÉFINI.

J'ai — S u

PASSÉ ANTÉRIEUR.

J'eus — S u

PLUS – QUE – PARFAIT.

J'avais — S u

FUTUR.

J	D rai
tu	D ras
il *ou* elle	D ra
nous	D rons
vous	D rez
ils *ou* elles	D ront

FUTUR ANTÉRIEUR.

J'aurai — S u

CONDITIONNEL PRÉSENT.

J	D rais
tu	D rais
il *ou* elle	D rait
nous	D rions
vous	D riez
ils *ou* elles	D raient

CONDITIONNEL PASSÉ.

J'aurais — S u

On dit aussi :

J'eusse — S u

IMPÉRATIF.

	D s
	S ons
	S ez

SUBJONCTIF PRÉSENT OU FUTUR.

Que j	S e
que tu	S es
qu'il *ou* qu'elle	S e
que nous	S ions
que vous	S iez
qu'ils *ou* qu'elles	S ent

IMPARFAIT.

Que j	S isse
que tu	S isses
qu'il *ou* qu'elle	S it
que nous	S issions
que vous	S issiez
qu'ils *ou* qu'elles	S issent

PASSÉ.

Que j'aie — S u

PLUS – QUE – PARFAIT.

Que j'eusse — S u

INFINITIF PRÉSENT.

D *re*

PASSÉ.

avoir — S u

PARTICIPE PRÉSENT.

S ant

PARTICIPE PASSÉ.

	S u
	S ue
ayant	S u

Quatrième Conjugaison.

Présent de l'Infinitif, cr O I re.

Participe présent , O Y ant.
Dérivés du Participe présent, O I e , es , ent.
Participe passé , u.
Présent de l'Indicatif , O I s.
Passé défini , us.

Radical variable.

RÉGULIER D'APRÈS SES TEMPS PRIMITIFS.

Ce verbe appartient à la quatrième conjugaison par la terminaison de l'infinitif ; il vaut mieux, avec Wailly, l'attribuer à la conjugaison en *oir* ; il suit exactement les inflexions du paradigme pourvOI r.

Le participe passé ; le passé défini et son dérivé l'imparfait du subjonctif perdent la partie variable du radical.

Dans les temps formés du participe présent, l'Y se change en I, devant une terminaison féminine : *à la troisième personne du présent de l'indicatif, au présent du subjonctif,* excepté les deux premières personnes plurielles.

Aux deux premières personnes plurielles de l'imparfait de l'indicatif et du présent du subjonctif, l'Y est suivi d'un i, voyelle initiale des terminaisons ions, iez.

INDICATIF PRÉSENT.

J	O I s
tu	O I s
il *ou* elle	O I t
nous	O Y ons
vous	O Y ez
ils *ou* elles	O I ent

IMPARFAIT.

J	O Y ais
tu	O Y ais
il *ou* elle	O Y ait
nous	O Y ions
vous	O Y iez
ils *ou* elles	O Y aient

PASSÉ DÉFINI.

J	us
tu	us
il *ou* elle	ut
nous	ûmes
vous	ûtes
ils *ou* elles	urent

PASSÉ INDÉFINI.

J'ai	u

PASSÉ ANTÉRIEUR.

J'eus	u

PLUS-QUE-PARFAIT.

J'avais	u

FUTUR.

J	O I rai
tu	O I ras
il *ou* elle	O I ra
nous	O I rons
vous	O I rez
ils *ou* elles	O I ront

FUTUR ANTÉRIEUR.

J'aurai	u

CONDITIONNEL PRÉSENT.

J	O I rais
tu	O I rais
il *ou* elle	O I rait
nous	O I rions
vous	O I riez
ils *ou* elles	O I raient

CONDITIONNEL PASSÉ.

J'aurais	u

On dit aussi :

J'eusse	u

IMPÉRATIF.

	O I s
	O Y ons
	O Y ez

SUBJONCTIF PRÉSENT OU FUTUR.

Que j	O I e
que tu	O I es
qu'il *ou* qu'elle	O I e
que nous	O Y ions
que vous	O Y iez
qu'ils *ou* qu'elles	O I ent

IMPARFAIT.

Que j	usse
que tu	usses
qu'il *ou* qu'elle	ût
que nous	ussions
que vous	ussiez
qu'ils *ou* qu'elles	ussent

PASSÉ.

Que j'aie	u

PLUS-QUE-PARFAIT.

Que j'eusse	u

INFINITIF PRÉSENT.

	O I re

PASSÉ.

avoir	u

PARTICIPE PRÉSENT.

	O Y ant

PARTICIPE PASSÉ.

	u
	ue
ayant	u

Quatrième Conjugaison.

Présent de l'Infinitif,	cr O Î T *re.*

Participe présent,	O I S S *ant.*
Participe passé,	û.
Présent de l'Indicatif,	O Î s.
Passé défini,	ûs.

Radical variable.

RÉGULIER D'APRÈS SES TEMPS PRIMITIFS.

Il suit les inflexions du paradigme parAÎT re. La consonne T, dans le radical, est remplacée par SS au participe présent et aux dérivés de ce temps primitif : au pluriel du présent de l'indicatif, à l'imparfait de l'indicatif, au présent du subjonctif, et aux deux personnes plurielles de l'impératif, formées du présent de l'indicatif ; elle est supprimée au singulier du présent de l'indicatif et de l'impératif.

Le participe passé, le passé défini et l'imparfait du subjonctif ne sont formés que de la première partie du radical et des terminaisons.

La voyelle *û*, initiale des terminaisons *du passé défini, de l'imparfait du subjonctif* et *du participe passé*, est surmontée d'un accent circonflexe, ainsi que la voyelle I, dans la seconde partie du radical, *aux trois personnes singulières du présent de l'indicatif et à la seconde singulière de l'impératif.* Ce signe orthographique sur ces deux voyelles fait distinguer ces temps et ces personnes de ceux du verbe crOÎ re.

INDICATIF PRÉSENT.

J	O Î s
tu	O Î s
il *ou* elle	O Î t
nous	O I S S ons
vous	O I S S ez
ils *ou* elles	O I S S ent

IMPARFAIT.

J	O I S S ais
tu	O I S S ais
il *ou* elle	O I S S ait
nous	O I S S ions
vous	O I S S iez
ils *ou* elles	O I S S aient

PASSÉ DÉFINI.

J	ûs
tu	ûs
il *ou* elle	ût
nous	ûmes
vous	ûtes
ils *ou* elles	ûrent

PASSÉ INDÉFINI.

J'ai	û

PASSÉ ANTÉRIEUR.

J'eus	û

PLUS – QUE – PARFAIT.

J'avais	û

FUTUR.

J	O Î T rai
tu	O Î T ras
il *ou* elle	O Î T ra
nous	O Î T rons
vous	O Î T rez
ils *ou* elles	O Î T ront

FUTUR ANTÉRIEUR.

J'aurai	û

CONDITIONNEL PRÉSENT.

J	O Î T rais
tu	O Î T rais
il *ou* elle	O Î T rait
nous	O Î T rions
vous	O Î T riez
ils *ou* elles	O Î T raient

CONDITIONNEL PASSÉ.

J'aurais	û

On dit aussi :

J'eusse	û

IMPÉRATIF.

	O Î s
	O I S S ons
	O I S S ez

SUBJONCTIF PRÉSENT OU FUTUR.

Que j	O I S S e
que tu	O I S S es
qu'il *ou* qu'elle	O I S S e
que nous	O I S S ions
que vous	O I S S iez
qu'ils *ou* qu'elles	O I S S ent

IMPARFAIT.

Que j	ûsse
que tu	ûsses
qu'il *ou* qu'elle	ût
que nous	ûssions
que vous	ûssiez
qu'ils *ou* qu'elles	ûssent

PASSÉ.

Que j'aie	û

PLUS – QUE – PARFAIT.

Que j'eusse	û

INFINITIF PRÉSENT.

O Î T *re*

PASSÉ.

avoir	û

PARTICIPE PRÉSENT.

O I S S ant

PARTICIPE PASSÉ.

	û
	ûe
ayant	û

Quatrième Conjugaison.

Présent de l'Infinitif,	di	**re.**

Participe présent ,	S *ant.*
Participe passé ,	*t.*
Présent de l'Indicatif ,	*s.*
Passé défini ,	*s.*

Radical variable.

RÉGULIER D'APRÈS SES TEMPS PRIMITIFS.

Il suit les inflexions du paradigme réduit *re*, excepté à la *deuxième personne plurielle du présent de l'indicatif et à la seconde plurielle de l'impératif; au passé défini et à l'imparfait du subjonctif.*

Ces deux personnes s'écartent de l'identité des verbes dans les syllabes finales, et ces deux temps rejettent la partie additionnelle et l'initiale des terminaisons.

La première et la troisième personne plurielle du présent de l'indicatif, l'imparfait de l'indicatif, le présent du subjonctif, temps dérivés du participe présent, et la première personne plurielle de l'impératif, formée du présent de l'indicatif, prennent au radical, la consonne S, partie additionnelle.

INDICATIF PRÉSENT.

J	*s*
tu	*s*
il *ou* elle	*t*
nous	S *ons*
vous	*tes*
ils *ou* elles	S *ent*

IMPARFAIT.

J	S *ais*
tu	S *ais*
il *ou* elle	S *ait*
nous	S *ions*
vous	S *iez*
ils *ou* elles	S *aient*

PASSÉ DÉFINI.

J	*s*
tu	*s*
il *ou* elle	*t*
nous	*mes*
vous	*tes*
ils *ou* elles	*rent*

PASSÉ INDÉFINI.

J'ai *t*

PASSÉ ANTÉRIEUR.

J'eus *t*

PLUS – QUE – PARFAIT.

J'avais *t*

FUTUR.

J	*rai*
tu	*ras*
il *ou* elle	*ra*
nous	*rons*
vous	*rez*
ils *ou* elles	*ront*

FUTUR ANTÉRIEUR.

J'aurai *t*

CONDITIONNEL PRÉSENT.

J	*rais*
tu	*rais*
il *ou* elle	*rait*
nous	*rions*
vous	*riez*
ils *ou* elles	*raient*

CONDITIONNEL PASSÉ.

J'aurais *t*

On dit aussi :

J'eusse *t*

IMPÉRATIF.

	s
	S *ons*
	tes

SUBJONCTIF PRÉSENT OU FUTUR.

Que j	S *e*
que tu	S *es*
qu'il *ou* qu'elle	S *e*
que nous	S *ions*
que vous	S *iez*
qu'ils *ou* qu'elles	S *ent*

IMPARFAIT.

Que j	*sse*
que tu	*sses*
qu'il *ou* qu'elle	*t*
que nous	*ssions*
que vous	*ssiez*
qu'ils *ou* qu'elles	*ssent*

PASSÉ.

Que j'aie *t*

PLUS – QUE – PARFAIT.

Que j'eusse *t*

INFINITIF PRÉSENT.

re

PASSÉ.

avoir *t*

PARTICIPE PRÉSENT.

S *ant*

PARTICIPE PASSÉ.

	t
	te
ayant	*t*

39

Quatrième Conjugaison.

Présent de l'Infinitif, écri **re.**

Participe présent, V ant.
Participe passé, t.
Présent de l'Indicatif, s.
Passé défini, V is.

Radical variable.

RÉGULIER D'APRÈS SES TEMPS PRIMITIFS.

Il suit les inflexions du paradigme rédui re, excepté *au participe présent, au passé défini,* temps primitifs; *aux trois personnes plurielles du présent de l'indicatif, à l'imparfait de l'indicatif, au présent du subjonctif, à l'imparfait du subjonctif,* temps dérivés, et *aux deux personnes plurielles de l'impératif,* formées du présent de l'indicatif.

La formation de ces temps et de ces personnes se fait en ajoutant, au radical, la consonne *V.*

INDICATIF PRÉSENT.

J	s
tu	s
il *ou* elle	t
nous	V ons
vous	V ez
ils *ou* elles	V ent

IMPARFAIT.

J	V ais
tu	V ais
il *ou* elle	V ait
nous	V ions
vous	V iez
ils *ou* elles	V aient

PASSÉ DÉFINI.

J	V is
tu	V is
il *ou* elle	V it
nous	V îmes
vous	V îtes
ils *ou* elles	V irent

PASSÉ INDÉFINI.
J'ai t

PASSÉ ANTÉRIEUR.
J'eus t

PLUS – QUE – PARFAIT.
J'avais t

FUTUR.

J	rai
tu	ras
il *ou* elle	ra
nous	rons
vous	rez
ils *ou* elles	ront

FUTUR ANTÉRIEUR.
J'aurai t

CONDITIONNEL PRÉSENT.

J	rais
tu	rais
il *ou* elle	rait
nous	rions
vous	riez
ils *ou* elles	raient

CONDITIONNEL PASSÉ.
J'aurais t

On dit aussi :
J'eusse t

IMPÉRATIF.

	s
	V ons
	V ez

SUBJONCTIF PRÉSENT OU FUTUR.

Que j	V e
que tu	V es
qu'il *ou* qu'elle	V e
que nous	V ions
que vous	V iez
qu'ils *ou* qu'elles	V ent

IMPARFAIT.

Que j	V isse
que tu	V isses
qu'il *ou* qu'elle	V ît
que nous	V issions
que vous	V issiez
qu'ils *ou* qu'elles	V issent

PASSÉ.
Que j'aie t

PLUS – QUE – PARFAIT.
Que j'eusse t

INFINITIF PRÉSENT.
re

PASSÉ.
avoir t

PARTICIPE PRÉSENT.
V ant

PARTICIPE PASSÉ.
t
t e
ayant t

Quatrième Conjugaison.

Présent de l'Infinitif,	**(li re.)** **l I re.**
Participe présent,	I S ant.
Participe passé,	u.
Présent de l'Indicatif,	I s.
Passé défini,	us.

Radical variable.

RÉGULIER D'APRÈS SES TEMPS PRIMITIFS.

Il suit les inflexions du paradigme rédui *re*, excepté *au participe passé, au passé défini*, temps primitifs, et à *l'imparfait du subjonctif*, temps dérivé.

Ces temps perdent la voyelle **i**, partie variable du radical et empruntent les terminaisons du paradigme reCEV oir.

Le participe présent, temps primitif, règle la formation de *tout le pluriel du présent de l'indicatif*, de *l'imparfait de l'indicatif, du présent du subjonctif*, temps dérivés, et *des deux premières personnes plurielles de l'impératif*, formées du présent de l'indicatif.

INDICATIF PRÉSENT.

J	I s
tu	I s
il *ou* elle	I t
nous	I S ons
vous	I S ez
ils *ou* elles	I S ent

IMPARFAIT.

J	I S ais
tu	I S ais
il *ou* elle	I S ait
nous	I S ions
vous	I S iez
ils *ou* elles	I S aient

PASSÉ DÉFINI.

J	us
tu	us
il *ou* elle	ut
nous	ûmes
vous	ûtes
ils *ou* elles	urent

PASSÉ INDÉFINI.

J'ai	u

PASSÉ ANTÉRIEUR.

J'eus	u

PLUS − QUE − PARFAIT.

J'avais	u

FUTUR.

J	l rai
tu	l ras
il *ou* elle	l ra
nous	l rons
vous	l rez
ils *ou* elles	l ront

FUTUR ANTÉRIEUR.

J'aurai	u

CONDITIONNEL PRÉSENT.

J	l rais
tu	l rais
il *ou* elle	l rait
nous	l rions
vous	l riez
ils *ou* elles	l raient

CONDITIONNEL PASSÉ.

J'aurais	u

On dit aussi:

J'eusse	u

IMPÉRATIF.

	I s
	I S ons
	I S ez

SUBJONCTIF PRÉSENT OU FUTUR.

Que j	I S e
que tu	I S es
qu'il *ou* qu'elle	I S e
que nous	I S ions
que vous	I S iez
qu'ils *ou* qu'elles	I S ent

IMPARFAIT.

Que j	usse
que tu	usses
qu'il *ou* qu'elle	ût
que nous	ussions
que vous	ussiez
qu'ils *ou* qu'elles	ussent

PASSÉ.

Que j'aie	u

PLUS − QUE − PARFAIT.

Que j'eusse	u

INFINITIF PRÉSENT.

	l re

PASSÉ.

avoir	u

PARTICIPE PRÉSENT.

	I S ant

PARTICIPE PASSÉ.

	u
	ue
ayant	u

Quatrième Conjugaison.

Présent de l'Infinitif,	maudi **re**.
Participe présent ,	S S ant.
Participe passé ,	t.
Présent de l'Indicatif,	s.
Passé défini ,	s.

Radical variable.

RÉGULIER D'APRÈS SES TEMPS PRIMITIFS.

Quoique composé du verbe di re , il suit les inflexions du paradigme fin ir , excepté *au participe passé*. Ce temps primitif est composé *du radical* et de la terminaison t.

Ce verbe n'est irrégulier que parce qu'il appartient à la quatrième conjugaison, par la terminaison en re , du présent de l'infinitif.

Le participe présent, temps primitif; *tout le pluriel du présent de l'indicatif*, *l'imparfait de l'indicatif*, *le présent du subjonctif*, temps dérivés, et *les deux personnes plurielles de l'impératif*, formées du présent de l'indicatif, prennent, au radical, la partie additionnelle SS.

INDICATIF PRÉSENT.

J	s
tu	s
il *ou* elle	t
nous	S S ons
vous	S S ez
ils *ou* elles	S S ent

IMPARFAIT.

J	S S ais
tu	S S ais
il *ou* elle	S S ait
nous	S S ions
vous	S S iez
ils *ou* elles	S S aient

PASSÉ DÉFINI

J	s
tu	s
il *ou* elle	t
nous	mes
vous	tes
ils *ou* elles	rent

PASSÉ INDÉFINI.

J'ai	t

PASSÉ ANTÉRIEUR.

J'eus	t

PLUS - QUE - PARFAIT.

J'avais	t

FUTUR.

J	rai
tu	ras
il *ou* elle	ra
nous	rons
vous	rez
ils *ou* elles	ront

FUTUR ANTÉRIEUR.

J'aurai	t

CONDITIONNEL PRÉSENT.

J	rais
tu	rais
il *ou* elle	rait
nous	rions
vous	riez
ils *ou* elles	raient

CONDITIONNEL PASSÉ.

J'aurais	t

On dit aussi :

J'eusse	t

IMPÉRATIF.

	s
	S S ons
	S S ez

SUBJONCTIF PRÉSENT OU FUTUR.

Que j	S S e
que tu	S S es
qu'il *ou* qu'elle	S S e
que nous	S S ions
que vous	S S iez
qu'ils *ou* qu'elles	S S ent

IMPARFAIT.

Que j	sse
que tu	sses
qu'il *ou* qu'elle	t
que nous	ssions
que vous	ssiez
qu'ils *ou* qu'elles	ssent

PASSÉ.

Que j'aie	t

PLUS - QUE - PARFAIT.

Que j'eusse	t

INFINITIF PRÉSENT.

	re

PASSÉ.

avoir	t

PARTICIPE PRÉSENT.

	S S ant

PARTICIPE PASSÉ.

	t
	te
ayant	t

Quatrième Conjugaison.

Présent de l'Infinitif,	mETT **re**.	
Participe présent,	E T T *ant.*	
Participe passé,	I S	
Présent de l'Indicatif,	E T *s.*	
Passé défini,	*is.*	

Radical variable.

RÉGULIER D'APRÈS SES TEMPS PRIMITIFS.

Il suit les inflexions du paradigme rend *re*, excepté *au participe passé, au passé défini*, temps primitifs, et à *l'imparfait du subjonctif*, temps dérivé.

Ces deux derniers temps se forment en supprimant la partie variable du radical, et le participe passé en changeant cette même partie en *IS*.

Les trois personnes singulières du présent de l'indicatif et la seconde singulière de l'impératif perdent un T au radical.

INDICATIF PRÉSENT.

J	E T *s*
tu	E T *s*
il *ou* elle	E T
nous	E T T *ons*
vous	E T T *ez*
ils *ou* elles	E T T *ent*

IMPARFAIT.

J	E T T *ais*
tu	E T T *ais*
il *ou* elle	E T T *ait*
nous	E T T *ions*
vous	E T T *iez*
ils *ou* elles	E T T *aient*

PASSÉ DÉFINI.

J	*is*
tu	*is*
il *ou* elle	*it*
nous	*îmes*
vous	*îtes*
ils *ou* elles	*irent*

PASSÉ INDÉFINI.

J'ai	I S

PASSÉ ANTÉRIEUR.

J'eus	I S

PLUS-QUE-PARFAIT.

J'avais	I S

FUTUR.

J	E T T *rai*
tu	E T T *ras*
il *ou* elle	E T T *ra*
nous	E T T *rons*
vous	E T T *rez*
ils *ou* elles	E T T *ront*

FUTUR ANTÉRIEUR.

J'aurai	I S

CONDITIONNEL PRÉSENT.

J	E T T *rais*
tu	E T T *rais*
il *ou* elle	E T T *rait*
nous	E T T *rions*
vous	E T T *riez*
ils *ou* elles	E T T *raient*

CONDITIONNEL PASSÉ.

J'aurais	I S

On dit aussi :

J'eusse	I S

IMPÉRATIF.

	E T *s*
	E T T *ons*
	E T T *ez*

SUBJONCTIF PRÉSENT OU FUTUR.

Que j	E T T *e*
que tu	E T T *es*
qu'il *ou* qu'elle	E T T *e*
que nous	E T T *ions*
que vous	E T T *iez*
qu'ils *ou* qu'elles	E T T *ent*

IMPARFAIT.

Que j	*isse*
que tu	*isses*
qu'il *ou* qu'elle	*ît*
que nous	*issions*
que vous	*issiez*
qu'ils *ou* qu'elles	*issent*

PASSÉ.

Que j'aie	I S

PLUS-QUE-PARFAIT.

Que j'eusse	I S

INFINITIF PRÉSENT.

	E T T **re**

PASSÉ.

avoir	I S

PARTICIPE PRÉSENT.

	E T T *ant*

PARTICIPE PASSÉ.

	I S
	I S *e*
ayant	I S

Quatrième Coujugaison.

Présent de l'Infinitif,	mouD **re.**

Participe présent ,	L *ant.*
Participe passé ,	L *u.*
Présent de l'Indicatif,	D *s.*
Passé défini ,	L *us.*

Radical variable.

RÉGULIER D'APRÈS SES TEMPS PRIMITIFS.

Il suit les inflexions du paradigme rend re , excepté *au participe présent, au participe passé , au passé défini ,* temps primitifs ; *à tout le pluriel du présent de l'indicatif, à l'imparfait de l'indicatif, au présent et à l'imparfait du subjonctif,* temps dérivés , *et au pluriel de l'impératif,* formé du présent de l'indicatif.

Dans ces temps et dans ces personnes , la partie variable du radical est remplacée par la consonne *L.*

Les terminaisons *du passé défini* et *de l'imparfait du subjonctif* sont prises dans le paradigme reCEV oir.

INDICATIF PRÉSENT.

J	D *s*
tu	D *s*
il *ou* elle	D
nous	L *ons*
vous	L *ez*
ils *ou* elles	L *ent*

IMPARFAIT.

J	L *ais*
tu	L *ais*
il *ou* elle	L *ait*
nous	L *ions*
vous	L *iez*
ils *ou* elles	L *aient*

PASSÉ DÉFINI

J	L *us*
tu	L *us*
il *ou* elle	L *ut*
nous	L *ûmes*
vous	L *ûtes*
ils *ou* elles	L *urent*

PASSÉ INDÉFINI.

J'ai	L *u*

PASSÉ ANTÉRIEUR.

J'eus	L *u*

PLUS – QUE – PARFAIT.

J'avais	L *u*

FUTUR.

J	D *rai*
tu	D *ras*
il *ou* elle	D *ra*
nous	D *rons*
vous	D *rez*
ils *ou* elles	D *ront*

FUTUR ANTÉRIEUR.

J'aurai	L *u*

CONDITIONNEL PRÉSENT.

J	D *rais*
tu	D *rais*
il *ou* elle	D *rait*
nous	D *rions*
vous	D *riez*
ils *ou* elles	D *raient*

CONDITIONNEL PASSÉ.

J'aurais	L *u*

On dit aussi :

J'eusse	L *u*

IMPÉRATIF.

	D *s*
	L *ons*
	L *ez*

SUBJONCTIF PRÉSENT OU FUTUR.

Que j	L *e*
que tu	L *es*
qu'il *ou* qu'elle	L *e*
que nous	L *ions*
que vous	L *iez*
qu'ils *ou* qu'elles	L *ent*

IMPARFAIT.

Que j	L *usse*
que tu	L *usses*
qu'il *ou* qu'elle	L *ût*
que nous	L *ussions*
que vous	L *ussiez*
qu'ils *ou* qu'elles	L *ussent*

PASSÉ.

Que j'aie	L *u*

PLUS – QUE – PARFAIT.

Que j'eusse	L *u*

INFINITIF PRÉSENT.

	D **re**

PASSÉ

avoir	L *u*

PARTICIPE PRÉSENT.

	L *ant*

PARTICIPE PASSÉ.

	L *u*
	L *ue*
ayant	L *u*

Quatrième Conjugaison.

Présent de l'Infinitif,	n A Î T re.

Participe présent ,	A I S S ant.
Participe passé ,	é.
Présent de l'Indicatif ,	A I s.
Passé défini ,	A Q U is.

Radical variable.

RÉGULIER D'APRÈS SES TEMPS PRIMITIFS.

Il suit les inflexions du paradigme parAÎT re, excepté *au participe passé*, *au passé défini*, temps primitifs, et *à l'imparfait du subjonctif*, temps dérivé.

Le participe passé perd la partie variable du radical et se termine en *é* fermé ; les deux derniers temps changent cette même partie en *AQU* et prennent les terminaisons du paradigme senT *ir*.

La consonne T est supprimée *au singulier du présent de l'indicatif et de l'impératif* ; cette consonne est remplacée par *SS au participe présent*, temps primitif, *à tout le pluriel du présent de l'indicatif*, *à l'imparfait de l'indicatif*, *au présent du subjonctif*, temps dérivés, et *aux deux premières personnes plurielles de l'impératif*, formées du présent de l'indicatif.

La voyelle 1, dans le radical, n'est surmontée d'un accent circonflexe que quand elle est suivie de la consonne T : *au présent de l'infinitif*, *au futur*, *au conditionnel* et *à la troisième personne singulière du présent de l'indicatif*.

INDICATIF PRÉSENT.

J	A I s
tu	A I s
il *ou* elle	A Î t
nous	A I S S ons
vous	A I S S ez
ils *ou* elles	A I S S ent

IMPARFAIT.

J	A I S S ais
tu	A I S S ais
il *ou* elle	A·I S S ait
nous	A I S S ions
vous	A I S S iez
ils *ou* elles	A I S S aient

PASSÉ DÉFINI.

J	A Q U is
tu	A Q U is
il *ou* elle	A Q U it
nous	A Q U îmes
vous	A Q U îtes
ils *ou* elles	A Q U irent

PASSÉ INDÉFINI.

Je suis	é

PASSÉ ANTÉRIEUR.

Je fus	é

PLUS-QUE-PARFAIT.

J'étais	é

FUTUR.

J	A Î T rai
tu	A Î T ras
il *ou* elle	A Î T ra
nous	A Î T rons
vous	A Î T rez
ils *ou* elles	A Î T ront

FUTUR ANTÉRIEUR.

Je serai	é

CONDITIONNEL PRÉSENT.

J	A Î T rais
tu	A Î T rais
il *ou* elle	A Î T rait
nous	A Î T rions
vous	A Î T riez
ils *ou* elles	A Î T raient

CONDITIONNEL PASSÉ.

Je serais	é

On dit aussi :

Je fusse	é

IMPÉRATIF.

	A Î s
	A I S S ons
	A I S S ez

SUBJONCTIF PRÉSENT OU FUTUR.

Que j	A I S S e
que tu	A I S S es
qu'il *ou* qu'elle	A I S S e
que nous	A I S S ions
que vous	A I S S iez
qu'ils *ou* qu'elles	A I S S ent

IMPARFAIT.

Que j	A Q U isse
que tu	A Q U isses
qu'il *ou* qu'elle	A Q U ît
que nous	A Q U issions
que vous	A Q U issiez
qu'ils *ou* qu'elles	A Q U issent

PASSÉ.

Que je sois	é

PLUS-QUE-PARFAIT.

Que je fusse	é

INFINITIF PRÉSENT.

A Î T re

FASSÉ.

être	é

PARTICIPE PRÉSENT.

A I S S ant

PARTICIPE PASSÉ.

	é
	ée
étant	é

Quatrième Conjugaison.

Présent de l'Infinitif,	n u i	*re.*

Participe présent ,		S ant.
Participe passé , (nui.) *invariable.*		
Présent de l'Indicatif,		s.
Passé défini ,		S is.

Radical variable.

RÉGULIER D'APRÈS SES TEMPS PRIMITIFS.

Il suit les inflexions du paradigme rédui *re,* excepté *au participe passé.* Ce temps primitif a la même orthographe du radical employé sans terminaison. Il est toujours INVARIABLE.

Du participe passé on forme tous les temps composés à l'aide de l'auxiliaire *avoir.*

Ce verbe prend la consonne S , partie additionnelle ; *au participe présent , au passé défini,* temps primitifs ; *à tout le pluriel du présent de l'indicatif, à l'imparfait de l'indicatif, au présent et à l'imparfait du subjonctif,* temps dérivés , et *aux deux personnes plurielles de l'impératif,* formées du présent de l'indicatif.

Les deux premières personnes plurielles de l'imparfait du subjonctif sont peu usitées , à cause de la dureté de la prononciation.

INDICATIF PRÉSENT.

J	s
tu	s
il *ou* elle	t
nous	S ons
vous	S ez
ils *ou* elles	S ent

IMPARFAIT.

J	S ais
tu	S ais
il *ou* elle	S ait
nous	S ions
vous	S iez
ils *ou* elles	S aient

PASSÉ DÉFINI.

J	S is
tu	S is
il *ou* elle	S it
nous	S îmes
vous	S îtes
ils *ou* elles	S irent

PASSÉ INDÉFINI.
J'ai

PASSÉ ANTÉRIEUR.
J'eus

PLUS – QUE – PARFAIT.
J'avais

FUTUR.

J	rai
tu	ras
il *ou* elle	ra
nous	rons
vous	rez
ils *ou* elles	ront

FUTUR ANTÉRIEUR.
J'aurai

CONDITIONNEL PRÉSENT.

J	rais
tu	rais
il *ou* elle	rait
nous	rions
vous	riez
ils *ou* elles	raient

CONDITIONNEL · PASSÉ.
J'aurais

On dit aussi :

J'eusse

IMPÉRATIF.

	s
	S ons
	S ez

SUBJONCTIF PRÉSENT OU FUTUR.

Que j	S e
que tu	S es
qu'il *ou* qu'elle	S e
que nous	S ions
que vous	S iez
qu'ils *ou* qu'elles	S ent

IMPARFAIT.

Que j	S isse
que tu	S isses
qu'il *ou* qu'elle	S ît
que nous	S issions
que vous	S issiez
qu'ils *ou* qu'elles	S issent

PASSÉ.
Que j'aie

PLUS – QUE – PARFAIT.
Que j'eusse

INFINITIF PRÉSENT.
re

PASSÉ.
avoir

PARTICIPE PRÉSENT.
S ant

PARTICIPE PASSÉ, *(invariable.)*

ayant

Quatrième Conjugaison.

Présent de l'Infinitif, | parAÎT **re.**

Participe présent ,   A I S S ant.
Participe passé ,   u.
Présent de l'Indicatif ,   A I   s.
Passé défini ,   us.

Radical variable.

RÉGULIER D'APRÈS SES TEMPS PRIMITIFS.

Ce paradigme comprend les verbes, dont le présent de l'infinitif est terminé en AÎT re.

La partie variable du radical est supprimée *au participe passé, au passé défini, temps primitifs, et à l'imparfait du subjonctif, temps dérivé.*

La consonne T, dans le radical, est seule retranchée *aux trois personnes singulières du présent de l'indicatif et à la seconde singulière de l'impératif :* elle est remplacée par *SS au participe présent, temps primitif; au pluriel du présent de l'indicatif, à l'imparfait de l'indicatif; au présent du subjonctif, temps dérivés, et à tout le pluriel de l'impératif,* formé du présent de l'indicatif.

L'accent circonflexe n'est employé sur l'Î que dans les temps où cette voyelle est suivie de la consonne T : *au présent de l'infinitif; au futur, au conditionnel et à la troisième personne singulière du présent de l'indicatif.*

INDICATIF PRÉSENT.

J	A I s
tu	A I s
il *ou* elle	A Î t
nous	A I S S ons
vous	A I S S ez
ils *ou* elles	A I S S ent

IMPARFAIT.

J	A I S S ais
tu	A I S S ais
il *ou* elle	A I S S ait
nous	A I S S ions
vous	A I S S iez
ils *ou* elles	A I S S aient

PASSÉ DÉFINI.

J	us
tu	us
il *ou* elle	ut
nous	úmes
vous	útes
ils *ou* elles	urent

PASSÉ INDÉFINI.

J'ai	u

PASSÉ ANTÉRIEUR.

J'eus	u

PLUS – QUE – PARFAIT.

J'avais	u

FUTUR.

J	A Î T rai
tu	A Î T ras
il *ou* elle	A Î T ra
nous	A Î T rons
vous	A Î T rez
ils *ou* elles	A Î T ront

FUTUR ANTÉRIEUR.

J'aurai	u

CONDITIONNEL PRÉSENT.

J	A Î T rais
tu	A Î T rais
il *ou* elle	A Î T rait
nous	A Î T rions
vous	A Î T riez
ils *ou* elles	A Î T raient

CONDITIONNEL PASSÉ.

J'aurais	u

On dit aussi :

J'eusse.	u

IMPÉRATIF.

	A I s
	A I S S ons
	A I S S ez

SUBJONCTIF PRÉSENT OU FUTUR.

Que j	A I S S e
que tu	A I S S es
qu'il *ou* qu'elle	A I S S e
que nous	A I S S ions
que vous	A I S S iez
qu'ils *ou* qu'elles	A I S S ent

IMPARFAIT.

Que j	usse
que tu	usses
qu'il *ou* qu'elle	út
que nous	ussions
que vous	ussiez
qu'ils *ou* qu'elles	ussent

PASSÉ.

Que j'aie	u

PLUS – QUE – PARFAIT.

Que j'eusse	u

INFINITIF PRÉSENT.

A Î T **re**

PASSÉ.

avoir	u

PARTICIPE PRÉSENT.

A I S S ant

PARTICIPE PASSÉ.

	u
ayant	u

Quatrième Conjugaison.

Présent de l'Infinitif, | plaiND | re.

Participe présent,   G N ant.
Participe passé,   N t.
Présent de l'Indicatif,   N s.
Passé défini,   G N is.

Radical variable.

RÉGULIER D'APRÈS SES TEMPS PRIMITIFS.

Ce paradigme règle la conjugaison des verbes en aiND re ainsi que ceux en eiND re et en oiND re.

Le participe passé, les trois personnes singulières du présent de l'indicatif et la seconde singulière de l'impératif, formée du présent de l'indicatif, perdent, dans la partie variable du radical, la consonne D.

Dans les deux autres temps primitifs : le participe présent, le passé défini et leurs dérivés : le pluriel du présent de l'indicatif, l'imparfait de l'indicatif, le présent du subjonctif, l'imparfait du subjonctif et le pluriel de l'impératif, formé du présent de l'indicatif, la partie variable ND est remplacée par GN.

Le participe passé n'est pas usité au féminin avec l'auxiliaire avoir; on donne un autre tour à la phrase.

Cette conjugaison n'a point de verbes irréguliers.

INDICATIF PRÉSENT.

J	N s
tu	N s
il *ou* elle	N t
nous	G N ons
vous	G N ez
ils *ou* elles	G N ent

IMPARFAIT.

J	G N ais
tu	G N ais
il *ou* elle	G N ait
nous	G N ions
vous	G N iez
ils *ou* elles	G N aient

PASSÉ DÉFINI.

J	G N is
tu	G N is
il *ou* elle	G N it
nous	G N îmes
vous	G N îtes
ils *ou* elles	G N irent

PASSÉ INDÉFINI.

J'ai   N t

PASSÉ ANTÉRIEUR.

J'eus   N t

PLUS - QUE - PARFAIT.

J'avais   N t

FUTUR.

J	N D rai
tu	N D ras
il *ou* elle	N D ra
nous	N D rons
vous	N D rez
ils *ou* elles	N D ront

FUTUR ANTÉRIEUR.

J'aurai   N t

CONDITIONNEL PRÉSENT.

J	N D rais
tu	N D rais
il *ou* elle	N D rait
nous	N D rions
vous	N D riez
ils *ou* elles	N D raient

CONDITIONNEL PASSÉ.

J'aurais   N t

On dit aussi

J'eusse   N t

IMPÉRATIF

	N s
	G N ons
	G N ez

SUBJONCTIF PRÉSENT OU FUTUR.

Que j	G N e
que tu	G N es
qu'il *ou* qu'elle	G N e
que nous	G N ions
que vous	G N iez
qu'ils *ou* qu'elles	G N ent

IMPARFAIT.

Que j	G N isse
que tu	G N isses
qu'il *ou* qu'elle	G N ît
que nous	G N issions
que vous	G N issiez
qu'ils *ou* qu'elles	G N issent

PASSÉ.

Que j'aie   N t

PLUS - QUE - PARFAIT.

Que j'eusse   N t

INFINITIF PRÉSENT.

                    N D re

PASSÉ.

avoir   N t

PARTICIPE PRÉSENT.

                    G N ant

PARTICIPE PASSÉ.

                    N t
                    N te

ayant   N t

Quatrième Conjugaison.

Présent de l'Infinitif,	pl A I **re.**

Participe présent ,	A I S	ant.
Participe passé , (invariable.)		u.
Présent de l'Indicatif,	A I	s.
Passé défini ,		us.

Radical variable.

RÉGULIER D'APRÈS SES TEMPS PRIMITIFS.

Ce paradigme ne comprend que les verbes réguliers en AI *re.*

Le participe passé, le passé défini, temps primitifs, et *l'imparfait du subjonctif*, temps dérivé, perdent la partie variable du radical.

Le participe présent, temps primitif, *le pluriel du présent de l'indicatif, l'imparfait de l'indicatif, le présent du subjonctif*, temps dérivés, et *le pluriel de l'impératif*, formé du présent de l'indicatif, conservent cette même partie variable, à laquelle la consonne S est ajoutée.

La voyelle composée AÌ, suivie de la consonne t, prend l'accent circonflexe sur l'ì : *à la troisième personne singulière du présent de l'indicatif.*

INDICATIF PRÉSENT.

J	A Ì s
tu	A Ì s
il *ou* elle	A Î t
nous	A I S ons
vous	A I S ez
ils *ou* elles	A I S ent

IMPARFAIT.

J	A I S ais
tu	A I S ais
il *ou* elle	A I S ait
nous	A I S ions
vous	A I S iez
ils *ou* elles	A I S aient

PASSÉ DÉFINI.

J	us
tu	us
il *ou* elle	ut
nous	ûmes
vous	ûtes
ils *ou* elles	urent

PASSÉ INDÉFINI.

J'ai	u

PASSÉ ANTÉRIEUR.

J'eus	u

PLUS - QUE - PARFAIT.

J'avais	u

FUTUR.

J	A I rai
tu	A I ras
il *on* elle	A I ra
nous	A I rons
vous	A I rez
ils *ou* elles	A I ront

FUTUR ANTÉRIEUR.

J'aurai	u

CONDITIONNEL PRÉSENT.

J	A I rais
tu	A I rais
il *ou* elle	A I rait
nous	A I rions
vous	A I riez
ils *ou* elles	A I raient

CONDITIONNEL PASSÉ.

J'aurais	u

On dit aussi :

J'eusse	u

IMPÉRATIF.

	A I s
	A I S ons
	A I S ez

SUBJONCTIF PRÉSENT OU FUTUR.

Que j	A I S e
que tu	A I S es
qu'il *ou* qu'elle	A I S e
que nous	A I S ions
que vous	A I S iez
qu'ils *ou* qu'elles	A I S ent

IMPARFAIT.

Que j	usse
que tu	usses
qu'il *ou* qu'elle	ût
que nous	ussions
que vous	ussiez
qu'ils *ou* qu'elles	ussent

PASSÉ.

Que j'aie	u

PLUS - QUE - PARFAIT.

Que j'eusse	u

INFINITIF PRÉSENT.

	A I **re**

PASSÉ.

avoir	u

PARTICIPE PRÉSENT.

	A I S ant

PARTICIPE PASSÉ, (invariable.)

	u
ayant	u

Quatrième Conjugaison.

Présent de l'Infinitif, | prEND re.

Participe présent, | E N ant.
Dérivés du Participe présent, | E N N e, es, ent.
Participe passé, | I S.
Présent de l'Indicatif, | E N D s.
Passé défini, | is.

Radical variable.

RÉGULIER D'APRÈS SES TEMPS PRIMITIFS.

Il suit les inflexions du paradigme rend re, excepté au participe passé, au participe présent, au passé défini et aux dérivés de ces temps primitifs.

La partie variable du radical perd la dernière lettre au participe présent, temps primitif, aux trois personnes plurielles du présent de l'indicatif, à l'imparfait de l'indicatif, au présent du subjonctif, temps dérivés, et au pluriel de l'impératif, formé du présent de l'indicatif.

Dans ces dérivés, le redoublement de la consonne N a lieu, lorsque la terminaison est féminine : à la troisième personne plurielle du présent de l'indicatif et au subjonctif, excepté les deux premières personnes plurielles.

Cette partie variable se change en IS au participe passé ; elle est supprimée au passé défini, temps primitif, et à son dérivé, l'imparfait du subjonctif.

INDICATIF PRÉSENT.

J | E N D s
tu | E N D s
il ou elle | E N D
nous | E N ons
vous | E N ez
ils ou elles | E N N ent

IMPARFAIT.

J | E N ais
tu | E N ais
il ou elle | E N ait
nous | E N ions
vous | E N iez
ils ou elles | E N aient

PASSÉ DÉFINI

J | is
tu | is
il ou elle | it
nous | îmes
vous | îtes
ils ou elles | irent

PASSÉ INDÉFINI.

J'ai | I S

PASSÉ ANTÉRIEUR.

J'eus | I S

PLUS - QUE - PARFAIT.

J'avais | I S

FUTUR.

J | E N D rai
tu | E N D ras
il ou elle | E N D ra
nous | E N D rons
vous | E N D rez
ils ou elles | E N D ront

FUTUR ANTÉRIEUR.

J'aurai | I S

CONDITIONNEL PRÉSENT.

J | E N D rais
tu | E N D rais
il ou elle | E N D rait
nous | E N D rions
vous | E N D riez
ils ou elles | E N D raient

CONDITIONNEL PASSÉ.

J'aurais | I S

On dit aussi :

J'eusse | I S

IMPÉRATIF.

| E N D s
| E N ons
| E N ez

SUBJONCTIF PRÉSENT OU FUTUR.

Que j | E N N e
que tu | E N N es
qu'il ou qu'elle | E N N e
que nous | E N ions
que vous | E N iez
qu'ils ou qu'elles | E N N ent

IMPARFAIT.

Que j | isse
que tu | isses
qu'il ou qu'elle | it
que nous | issions
que vous | issiez
qu'ils ou qu'elles | issent

PASSÉ.

Que j'aie | I S

PLUS - QUE - PARFAIT.

Que j'eusse | I S

INFINITIF PRÉSENT.

| E N D re

PASSÉ.

avoir | I S

PARTICIPE PRÉSENT.

| E N ant

PARTICIPE PASSÉ.

| I S
| I S e
ayant | I S

Quatrième Conjugaison.

Présent de l'Infinitif,	rédui **re**.
Participe présent,	S ant.
Participe passé,	t.
Présent de l'Indicatif,	s.
Passé défini,	S is.

Radical variable.

RÉGULIER D'APRÈS SES TEMPS PRIMITIFS.

Les verbes réguliers en *uire* se conjuguent suivant ce paradigme, excepté nui *re*, lui *re*, relui *re*.

Le participe présent, le passé défini, temps primitifs, *les trois personnes plurielles du présent de l'indicatif, l'imparfait de l'indicatif, le présent du subjonctif, l'imparfait du subjonctif*, temps dérivés, *et les deux personnes plurielles de l'impératif*, formées du présent de l'indicatif, prennent, au radical, la consonne *S*, partie additionnelle.

INDICATIF PRÉSENT.

J	s
tu	s
il *ou* elle	t
nous	S ons
vous	S ez
ils *ou* elles	S ent

IMPARFAIT.

J	S ais
tu	S ais
il *ou* elle	S ait
nous	S ions
vous	S iez
ils *ou* elles	S aient

PASSÉ DÉFINI.

J	S is
tu	S is
il *ou* elle	S it
nous	S îmes
vous	S îtes
ils *ou* elles	S irent

PASSÉ INDÉFINI.

J'ai	t

PASSÉ ANTÉRIEUR.

J'eus	t

PLUS-QUE-PARFAIT.

J'avais	t

FUTUR.

J	rai
tu	ras
il *ou* elle	ra
nous	rons
vous	rez
ils *ou* elles	ront

FUTUR ANTÉRIEUR.

J'aurai	t

CONDITIONNEL PRÉSENT.

J	rais
tu	rais
il *ou* elle	rait
nous	rions
vous	riez
ils *ou* elles	raient

CONDITIONNEL PASSÉ.

J'aurais	t

On dit aussi :

J'eusse	t

IMPÉRATIF.

	s
	S ons
	S ez

SUBJONCTIF PRÉSENT OU FUTUR.

Que j	S e
que tu	S es
qu'il *ou* qu'elle	S e
que nous	S ions
que vous	S iez
qu'ils *ou* qu'elles	S ent

IMPARFAIT.

Que j	S isse
que tu	S isses
qu'il *ou* qu'elle	S ît
que nous	S issions
que vous	S issiez
qu'ils *ou* qu'elles	S issent

PASSÉ.

Que j'aie	t

PLUS-QUE-PARFAIT.

Que j'eusse	t

INFINITIF PRÉSENT.

	re

PASSÉ.

avoir	t

PARTICIPE PRÉSENT.

	S ant

PARTICIPE PASSÉ.

	t
	le
ayant	t

Quatrième Coujugaison.

Présent de l'Infinitif, résoUD re.

Participe présent ,   L V ant.
Participes passés ,   { L   u.
               { U S.
Présent de l'Indicatif,   U   s.
Passé défini ,   L   us.

Radical variable.

RÉGULIER D'APRÈS SES TEMPS PRIMITIFS.

Il suit les inflexions du paradigme rend re, excepté *au passé défini* et à son dérivé *l'imparfait du subjonctif*. Ces deux temps et la troisième personne singulière du présent de l'indicatif empruntent les terminaisons du paradigme reCEV *oir*.

La seconde partie du radical se change en *LV* au *participe présent*, temps primitif, *au pluriel du présent de l'indicatif*, *à l'imparfait de l'indicatif*, *au présent du subjonctif*, temps dérivés, et *aux deux personnes plurielles de l'impératif*, formées du présent de l'indicatif.

Cette même partie est remplacée par la consonne *L au participe passé*, *au passé défini*, temps primitifs, et à *l'imparfait du subjonctif*, temps dérivé; et par la voyelle *U*, *au singulier du présent de l'indicatif et de l'impératif*.

RésoUD re se conjugue comme absoUD re, avec cette différence qu'il a tous les temps et deux participes passés : résoL u, quand il signifie *décidé*, et résoU s, quand il signifie *réduit*. Dans ce dernier sens, ce participe n'a pas de féminin.

INDICATIF PRÉSENT.

J	U s
tu	U s
il *ou* elle	U t
nous	L V ons
vous	L V ez
ils *ou* elles	L V ent

IMPARFAIT.

J	L V ais
tu	L V ais
il *ou* elle	L V ait
nous	L V ions
vous	L V iez
ils *ou* elles	L V aient

PASSÉ DÉFINI

J	L us
tu	L us
il *ou* elle	L ut
nous	L ûmes
vous	L ûtes
ils *ou* elles	L urent

PASSÉ INDÉFINI.

J'ai   L u

PASSÉ ANTÉRIEUR.

J'eus   L u

PLUS – QUE – PARFAIT.

J'avais   L u

FUTUR.

J	U D rai
tu	U D ras
il *ou* elle	U D ra
nous	U D rons
vous	U D rez
ils *ou* elles	U D ront

FUTUR ANTÉRIEUR.

J'aurai   L u

CONDITIONNEL PRÉSENT.

J	U D rais
tu	U D rais
il *ou* elle	U D rait
nous	U D rions
vous	U D riez
ils *ou* elles	U D raient

CONDITIONNEL PASSÉ.

J'aurais   L u

On dit aussi :

J'eusse   L u

IMPÉRATIF.

	U s
	L V ons
	L V ez

SUBJONCTIF PRÉSENT OU FUTUR.

Que j	L V e
que tu	L V es
qu'il *ou* qu'elle	L V e
que nous	L V ions
que vous	L V iez
qu'ils *ou* qu'elles	L V ent

IMPARFAIT.

Que j	L usse
que tu	L usses
qu'il *ou* qu'elle	L ût
que nous	L ussions
que vous	L ussiez
qu'ils *ou* qu'elles	L ussent

PASSÉ.

Que j'aie   L u

PLUS – QUE – PARFAIT.

Que j'eusse   L u

INFINITIF PRÉSENT.

U D **re**

PASSÉ.

avoir   L u

PARTICIPE PRÉSENT.

L V ant

PARTICIPE PASSÉ.

L u, e
U S
ayant   L u

Quatrième Conjugaison.

| Présent de l'Infinitif, | ri | **re**. |

Participe présent ,		ant.
Participe passé , (ri.) invariable.		
Présent de l'Indicatif,		s.
Passé défini ,		s.

Radical invariable.

RÉGULIER D'APRÈS SES TEMPS PRIMITIFS.

Il suit les inflexions du paradigme rédui *re*, excepté *au participe passé* (sans terminaison), *au participe présent*, temps primitifs; *au pluriel du présent de l'indicatif, à l'imparfait de l'indicatif, au présent du subjonctif*, temps dérivés, et *aux deux personnes plurielles de l'impératif*, formées du présent de l'indicatif; *au passé défini et à l'imparfait du subjonctif*, (sans lettre additionnelle au radical).

Le passé défini et son dérivé *l'imparfait du subjonctif* rejettent la voyelle *i*, initiale des terminaisons.

Le participe passé est semblable au *radical*, employé sans terminaison. Il est toujours INVARIABLE.

Ce primitif, combiné avec les temps simples de l'auxiliaire *avoir*, forme tous les temps composés.

La rencontre de deux *i* a lieu : *aux deux premières personnes plurielles de l'imparfait de l'indicatif et du présent du subjonctif.*

INDICATIF PRÉSENT.

J	s
tu	s
il *ou* elle	t
nous	ons
vous	ez
ils *ou* elles	ent

IMPARFAIT.

J	ais
tu	ais
il *ou* elle	ait
nous	**i**ons
vous	**i**ez
ils *ou* elles	aient

PASSÉ DÉFINI.

J	s
tu	s
il *ou* elle	t
nous	^mes
vous	^tes
ils *ou* elles	rent

PASSÉ INDÉFINI.

J'ai

PASSÉ ANTÉRIEUR.

J'eus

PLUS-QUE-PARFAIT.

J'avais

FUTUR.

J	rai
tu	ras
il *ou* elle	ra
nous	rous
vous	rez
ils *ou* elles	ront

FUTUR ANTÉRIEUR.

J'aurai

CONDITIONNEL PRÉSENT.

J	rais
tu	rais
il *ou* elle	rait
nous	rions
vous	riez
ils *ou* elles	raient

CONDITIONNEL PASSÉ.

J'aurais

On dit aussi :

J'eusse

IMPÉRATIF.

	s
	ons
	ez

SUBJONCTIF PRÉSENT OU FUTUR.

Que j	e
que tu	es
qu'il *ou* qu'elle	e
que nous	**i**ons
que vous	**i**ez
qu'ils *ou* qu'elles	ent

IMPARFAIT.

Que j	sse
que tu	sses
qu'il *ou* qu'elle	^t
que nous	ssions
que vous	ssiez
qu'ils *ou* qu'elles	ssent

PASSÉ.

Que j'aie

PLUS-QUE-PARFAIT.

Que j'eusse

INFINITIF PRÉSENT.

re

PASSÉ.

avoir

PARTICIPE PRÉSENT.

ant

PARTICIPE PASSÉ, (*invariable.*)

ayant

Quatrième Conjugaison.

Présent de l'Infinitif,	romp **re.**
Participe présent,	ant.
Participe passé,	u.
Présent de l'Indicatif,	s.
Passé défini,	is.

Radical invariable.

RÉGULIER D'APRÈS SES TEMPS PRIMITIFS.

Il suit les inflexions du paradigme rend *re*, excepté à *la troisième personne singulière du présent de l'indicatif.*
Cette personne prend, pour terminaison, la consonne *t.*
Les composés de romp *re* ont aussi cette légère irrégularité.

INDICATIF PRÉSENT.

J	s
tu	s
il *ou* elle	t
nous	ons
vous	ez
ils *ou* elles	ent

IMPARFAIT.

J	ais
tu	ais
il *ou* elle	ait
nous	ions
vous	iez
ils *ou* elles	aient

PASSÉ DÉFINI.

J	is
tu	is
il *ou* elle	it
nous	îmes
vous	îtes
ils *ou* elles	irent

PASSÉ INDÉFINI.
J'ai	u

PASSÉ ANTÉRIEUR.
J'eus	u

PLUS – QUE – PARFAIT.
J'avais	u

FUTUR.

J	rai
tu	ras
il *ou* elle	ra
nous	rons
vous	rez
ils *ou* elles	ront

FUTUR ANTÉRIEUR.
J'aurai	u

CONDITIONNEL PRÉSENT.

J	rais
tu	rais
il *ou* elle	rait
nous	rions
vous	riez
ils *ou* elles	raient

CONDITIONNEL PASSÉ.
J'aurais	u

On dit aussi :
J'eusse	u

IMPÉRATIF.
	s
	ons
	ez

SUBJONCTIF PRÉSENT OU FUTUR.

Que j	e
que tu	es
qu'il *ou* qu'elle	e
que nous	ions
que vous	iez
qu'ils *ou* qu'elles	ent

IMPARFAIT.

Que j	isse
que tu	isses
qu'il *ou* qu'elle	it
que nous	issions
que vous	issiez
qu'ils *ou* qu'elles	issent

PASSÉ.
Que j'aie	u

PLUS – QUE – PARFAIT.
Que j'eusse	u

INFINITIF PRÉSENT.
	re

PASSÉ.
avoir	u

PARTICIPE PRÉSENT.
	ant

PARTICIPE PASSÉ.
	u
	ue
ayant	u

Quatrième Conjugaison.

Présent de l'Infinitif,   suffi **re.**

Participe présent ,   S ant.
Participe passé , (suffi.) invariable.
Présent de l'Indicatif ,   s.
Passé défini ,   s.

Radical variable.

RÉGULIER D'APRÈS SES TEMPS PRIMITIFS.

Il suit les inflexions du paradigme rédui re, excepté au participe passé (sans terminaison), au passé défini et à son dérivé l'imparfait du subjonctif.

Ces deux derniers temps empruntent les terminaisons du paradigme di re.

Le participe passé a la même orthographe du radical, employé sans terminaison. Il est INVARIABLE.

La partie additionnelle S s'emploie au participe présent, temps primitif; aux trois personnes plurielles du présent de l'indicatif; à l'imparfait de l'indicatif, au présent du subjonctif, temps dérivés, et aux deux personnes plurielles de l'impératif. formées du présent de l'indicatif.

INDICATIF PRÉSENT.
J   s
tu   s
il ou elle   t
nous   S ons
vous   S ez
ils ou elles   S ent

IMPARFAIT.
J   S ais
tu   S ais
il ou elle   S ait
nous   S ions
vous   S iez
ils ou elles   S aient

PASSÉ DÉFINI.
J   s
tu   s
il ou elle   t
nous   ^ mes
vous   ^ tes
ils ou elles   rent

PASSÉ INDÉFINI.
J'ai

PASSÉ ANTÉRIEUR.
J'eus

PLUS – QUE – PARFAIT.
J'avais

FUTUR.
J   rai
tu   ras
il ou elle   ra
nous   rons
vous   rez
ils ou elles   ront

FUTUR ANTÉRIEUR.
J'aurai

CONDITIONNEL PRÉSENT.
J   rais
tu   rais
il ou elle   rait
nous   rions
vous   riez
ils ou elles   raient

CONDITIONNEL PASSÉ.
J'aurais

On dit aussi :

J'eusse

IMPÉRATIF.
    s
    S ons
    S ez

SUBJONCTIF PRÉSENT OU FUTUR.
Que j   S e
que tu   S es
qu'il ou qu'elle   S e
que nous   S ions
que vous   S iez
qu'ils ou qu'elles   S ent

IMPARFAIT.
Que j   sse
que tu   sses
qu'il ou qu'elle   ^ t
que nous   ssions
que vous   ssiez
qu'ils ou qu'elles   ssent

PASSÉ.
Que j'aie

PLUS – QUE – PARFAIT.
Que j'eusse

INFINITIF PRÉSENT.
    re

PASSÉ.
avoir

PARTICIPE PRÉSENT.
    S ant

PARTICIPE PASSÉ, (invariable.)
ayant

Quatrième Conjugaison.

Présent de l'Infinitif,	suiV re.
Participe présent,	V ant.
Participe passé,	V i.
Présent de l'Indicatif ,	s.
Passé défini,	V is.

Radical variable.

RÉGULIER D'APRÈS SES TEMPS PRIMITIFS.

Il suit les inflexions du paradigme rend re , excepté au *participe passé* et *à la troisième personne singulière du présent de l'indicatif.*
Le *participe passé* change la terminaison en *i*, et la troisième personne singulière du présent de l'indicatif prend la terminaison *t*.
La partie variable du radical est signalée à toutes les personnes des différens temps, excepté *aux trois personnes singulières du présent de l'indicatif et à la seconde singulière de l'impératif.*

INDICATIF PRÉSENT.

J	s
tu	s
il *ou* elle	t
nous	V ons
vous	V ez
ils *ou* elles	V ent

IMPARFAIT.

J	V ais
tu	V ais
il *ou* elle	V ait
nous	V ions
vous	V iez
ils *ou* elles	V aient

PASSÉ DEFINI.

J	V is
tu	V is
il *ou* elle	V it
nous	V imes
vous	V ites
ils *ou* elles	V irent

PASSÉ INDÉFINI.

J'ai	V i

PASSÉ ANTÉRIEUR.

J'eus	V i

PLUS – QUE – PARFAIT.

J'avais	V i

FUTUR.

J	V rai
tu	V ras
il *ou* elle	V ra
nous	V rons
vous	V rez
ils *ou* elles	V ront

FUTUR ANTÉRIEUR.

J'aurai	V i

CONDITIONNEL PRÉSENT.

J	V rais
tu	V rais
il *ou* elle	V rait
nous	V rions
vous	V riez
ils *ou* elles	V raient

CONDITIONNEL PASSÉ.

J'aurais	V i

On dit aussi :

J'eusse	V i

IMPÉRATIF.

	s
	V ons
	V ez

SUBJONCTIF PRÉSENT OU FUTUR.

Que j	V e
que tu	V es
qu'il *ou* qu'elle	V e
que nous	V ions
que vous	V iez
qu'ils *ou* qu'elles	V ent

IMPARFAIT.

Que j	V isse
que tu	V isses
qu'il *ou* qu'elle	V it
que nous	V issions
que vous	V issiez
qu'ils *ou* qu'elles	V issent

PASSÉ.

Que j'aie	V i

PLUS – QUE – PARFAIT.

Que j'eusse	V i

INFINITIF PRÉSENT.

	V re

PASSÉ.

avoir	V

PARTICIPE PRÉSENT.

	V ant

PARTICIPE PASSÉ.

	V i
	V ie
ayant	V i

Quatrième Conjugaison.

Présent de l'Infinitif, | vainC **re.** |

Participe présent ,   Q U *ant.*
Participe passé ,   C *u.*
Présent de l'Indicatif ,   C *s.*
Passé défini ,   Q U *is.*

Radical variable.

RÉGULIER D'APRÈS SES TEMPS PRIMITIFS.

Il suit les inflexions du paradigme rend *re.* Il est régulier quant aux terminaisons, et irrégulier en ce que la consonne C, dans le radical, se change en *QU*, devant les terminaisons commençant par une des voyelles *a* , *e* , *i* , *o* : *au participe présent , au passé défini, temps primitifs ; aux trois personnes plurielles du présent de l'indicatif, à l'imparfait de l'indicatif, au présent du subjonctif, à l'imparfait du subjonctif, temps dérivés , et aux deux personnes plurielles de l'impératif,* formées du présent de l'indicatif.

Le présent de l'indicatif, surtout les trois personnes du singulier, l'imparfait de l'indicatif, l'impératif et le participe présent sont peu usités.

INDICATIF PRÉSENT.

J	C *s*
tu	C *s*
il *ou* elle	C
nous	Q U *ons*
vous	Q U *ez*
ils *ou* elles	Q U *ent*

IMPARFAIT.

J	Q U *ais*
tu	Q U *ais*
il *ou* elle	Q U *ait*
nous	Q U *ions*
vous	Q U *iez*
ils *ou* elles	Q U *aient*

PASSÉ DÉFINI.

J	Q U *is*
tu	Q U *is*
il *ou* elle	Q U *it*
nous	Q U *îmes*
vous	Q U *îtes*
ils *ou* elles	Q U *irent*

PASSÉ INDÉFINI.
J'ai   C *u*

PASSÉ ANTÉRIEUR.
J'eus   C *u*

PLUS – QUE – PARFAIT.
J'avais   C *u*

FUTUR.

J	C *rai*
tu	C *ras*
il *ou* elle	C *ra*
nous	C *rons*
vous	C *rez*
ils *ou* elles	C *ront*

FUTUR ANTÉRIEUR.
J'aurai   C *u*

CONDITIONNEL PRÉSENT.

J	C *rais*
tu	C *rais*
il *ou* elle	C *rait*
nous	C *rions*
vous	C *riez*
ils *ou* elles	C *raient*

CONDITIONNEL PASSÉ.
J'aurais   C *u*

On dit aussi :

J'eusse   C *u*

IMPÉRATIF.

	C *s*
	Q U *ons*
	Q U *ez*

SUBJONCTIF PRÉSENT OU FUTUR.

Que j	Q U *e*
que tu	Q U *es*
qu'il *ou* qu'elle	Q U *e*
que nous	Q U *ions*
que vous	Q U *iez*
qu'ils *ou* qu'elles	Q U *ent*

IMPARFAIT.

Que j	Q U *isse*
que tu	Q U *sises*
qu'il *ou* qu'elle	Q U *it*
que nous	Q U *issions*
que vous	Q U *issiez*
qu'ils *ou* qu'elles	Q U *issent*

PASSÉ.
Que j'aie   C *u*

PLUS – QUE – PARFAIT.
Que j'eusse   C *u*

INFINITIF PRÉSENT.
C *re*

PASSÉ.
avoir   C *u*

PARTICIPE PRÉSENT.
Q U *ant*

PARTICIPE PASSÉ.

	C *u*
	C *ue*
ayant	C *u*

Quatrième Conjugaison.

Présent de l'Infinitif,	(viv re.) vIV **re**.

Participe présent ,	I V ant.
Participe passé, (invariable.)	É C u.
Présent de l'Indicatif,	I s.
Passé défini,	É C us.

Radical variable.

RÉGULIER D'APRÈS SES TEMPS PRIMITIFS.

Il suit les inflexions du paradigme rend re, excepté *au passé défini, à l'imparfait du subjonctif, et à la troisième personne singulière du présent de l'indicatif.* Ces deux temps et cette personne empruntent les terminaisons du paradigme reCEV oir. La partie variable du radical se change en *ÉC,* au *participe passé, au passé défini, temps primitifs, et à l'imparfait du subjonctif, temps dérivé.* Dans la formation *des trois personnes singulières du présent de l'indicatif et de la seconde singulière de l'impératif,* la consonne V est seule supprimée.

INDICATIF PRÉSENT.

J	I s
tu	I s
il *ou* elle	I t
nous	I V ons
vous	I V ez
ils *ou* elles	I V ent

IMPARFAIT.

J	I V ais
tu	I V ais
il *ou* elle	I V ait
nous	I V ions
vous	I V iez
ils *ou* elles	I V aient

PASSÉ DÉFINI.

J	É C us
tu	É C us
il *ou* elle	É C ut
nous	É C ûmes
vous	É C ûtes
ils *ou* elles	É C urent

PASSÉ INDÉFINI.

J'ai	É C u

PASSÉ ANTÉRIEUR.

J'eus	É C u

PLUS – QUE – PARFAIT.

J'avais	É C u

FUTUR.

J	I V rai
tu	I V ras
il *ou* elle	I V ra
nous	I V rons
vous	I V rez
ils *ou* elles	I V ront

FUTUR ANTÉRIEUR.

J'aurai	É C u

CONDITIONNEL PRÉSENT.

J	I V rais
tu	I V rais
il *ou* elle	I V rait
nous	I V rions
vous	I V riez
ils *ou* elles	I V raient

CONDITIONNEL PASSÉ.

J'aurais	É C u

On dit aussi :

J'eusse	É C u

IMPÉRATIF.

	I s
	I V ons
	I V ez

SUBJONCTIF PRÉSENT OU FUTUR.

Que j	I V e
que tu	I V es
qu'il *ou* qu'elle	I V e
que nous	I V ions
que vous	I V iez
qu'ils *ou* qu'elles	I V ent

IMPARFAIT.

Que j	É C usse
que tu	É C usses
qu'il *ou* qu'elle	É C ût
que nous	É C ussions
que vous	É C ussiez
qu'ils *ou* qu'elles	É C ussent

PASSÉ.

Que j'aie	É C u

PLUS – QUE – PARFAIT.

Que j'eusse	É C u

INFINITIF PRÉSENT.

	I V **re**

PASSÉ.

avoir	É C u

PARTICIPE PRÉSENT.

	I V ant

PARTICIPE PASSÉ, *(invariable.)*

	É C u
ayant	É C u

Première Conjugaison.

Présent de l'Infinitif, **ALL er.**

Dérivés du Présent de l'Infinitif, *I rai,.. s.*

Participe présent, **A L L** ant.

Dérivés du Participe présent,
{ V o nt.
A I L L e , es , ent.

Participes passés,
{ A L L é , ée ,
A L L és , ées.
É T é. (inv.)

Présent de l'Indicatif, V A I s.

Passé défini, A L L ai.

(Hors des règles.) **Conjugué.**

Radical variable.

IRRÉGULIER *au futur et au conditionnel ; au présent du subjonctif ; au présent de l'indicatif et à l'impératif* , excepté aux deux premières personnes plurielles des trois derniers temps. Le reste est régulier.

Les temps composés se forment avec **ÊTRE** et le participe passé **ALL**é, pour marquer l'action d'*aller* seulement, et avec **AVOIR** et le participe passé *ÉT*é, *invariable*, pour faire entendre le retour.

Le participe passé ALLé ne s'emploie qu'avec l'auxiliaire **ÊTRE**, et s'accorde toujours avec le sujet.

« Aujourd'hui , l'usage général est d'écrire *va* sans *s*, cependant cet impératif reprend , par euphonie , son ancienne orthographe, quand il a pour régime indirect un des pronoms *en*, *y*. Si tu sais où est le jardin, *vas-y*. Mais quand l'impératif *va* est suivi d'un infinitif, il faut, suivant les grammairiens et l'Académie elle-même, dire: *Va y cueillir des fruits ; va en porter à ta mère* , parce qu'alors les pronoms *en* , *y* , ne sont pas régimes de l'impératif *va*, mais des infinitifs *cueillir*, *porter*, et qu'il y a un léger repos entre cet impératif et le verbe suivant.

Employé à l'impératif, *aller* fait l'office d'une interjection, et donne plus de force à la phrase. Il sert à exprimer des souhaits , des encouragemens , des reproches , des imprécations , des menaces.

— *Je vais* ou *je vas*. On ne dit plus guère aujourd'hui que le premier , malgré les raisons d'analogie qui semblaient devoir faire préférer le second.

— Il faut remarquer que *je fus* signifie quelquefois *j'allai*, mais l'usage ne l'a admis que dans la conversation. » *Dict. nation.*

INDICATIF PRÉSENT.

Je vai s
tu va s
il ou elle va
nous all ons
vous all ez
ils ou elles vo nt

IMPARFAIT.

J'all ais
tu all ais
il ou elle all ait
nous all ions
vous all iez
ils ou elles all aient

PASSÉ DÉFINI.

J'all ai
tu all as
il ou elle all a
nous all âmes
vous all âtes
ils ou elles all èrent

PASSÉ INDÉFINI.

Je suis all é , ée
tu es all é , ée
il est all é
elle est all ée
nous sommes all és , ées
vous êtes all és , ées
ils sont all és
elles sont all ées

ou

J'ai été
tu as été
il ou elle a été
nous avons été
vous avez été
ils ou elles ont été

PASSÉ ANTÉRIEUR.

Je fus all é , ée
tu fus all é , ée
il fut all é
elle fut all ée
nous fûmes all és , ées
vous fûtes all és , ées

ils furent all és
elles furent all ées

ou

J'eus été
tu eus été
il ou elle eut été
nous eûmes été
vous eûtes été
ils ou elles eurent été

PLUS-QUE-PARFAIT.

J'étais all é , ée
tu étais all é , ée
il était all é
elle était all ée
nous étions all és , ées
vous étiez all és , ées
ils étaient all és
elles étaient all ées

ou

J'avais été
tu avais été
il ou elle avait été
nous avions été
vous aviez été
ils ou elles avaient été.

FUTUR.

J'i rai
tu i ras
il ou elle i ra
nous i rons
vous i rez
ils ou elles i ront

FUTUR ANTÉRIEUR.

Je serai all é , ée
tu seras all é , ée
il sera all é
elle sera all ée
nous serons all és , ées
vous serez all és , ées
ils seront all és
elles seront all ées

ou

J'aurai été
tu auras été
il ou elle aura été
nous aurons été
vous aurez été
ils ou elles auront été

CONDITIONNEL PRÉSENT.

J'i rais
tu i rais
il ou elle i rait
nous i rions
vous i riez
ils ou elles i raient

CONDITIONNEL PASSÉ.

Je serais all é , ée
tu serais all é , ée
il serait all é
elle serait all ée
nous serions all és , ées
vous seriez all és , ées
ils seraient all és
elles seraient all ées

ou

J'aurais été
tu aurais été
il ou elle aurait été
nous aurions été
vous auriez été
ils ou elles auraient été

SECOND PASSÉ.

Je fusse all é , ée
tu fusses all é , ée
il fût all é
elle fût all ée
nous fussions all és , ées
vous fussiez all és ées

ils fussent all és
elles fussent all ées

ou

J'eusse été
tu eusses été
il ou elle eût été
nous eussions été
vous eussiez été
ils ou elles eussent été

IMPÉRATIF.

Va
all ons
all ez

SUBJONCTIF présent ou futur.

Que j'aill e
que tu aill es
qu'il ou qu'elle aill e
que nous all ions
que vous all iez
qu'ils ou qu'elles aill ent

IMPARFAIT.

Que j'all asse
que tu all asses
qu'il ou qu'elle all ât
que nous all assions
que vous all assiez
qu'ils ou qu'elles all assent

PASSÉ.

Que je sois all é , ée
que tu sois all é , ée
qu'il soit all é
qu'elle soit all ée
que nous soyons all és , ées
que vous soyez all és , ées
qu'ils soient all és
qu'elles soient all ées

ou

Que j'aie été
qu'il ou qu'elle ait été
que nous ayons été
que vous ayez été
qu'ils ou qu'elles aient été

PLUS-QUE-PARFAIT.

Que je fusse all é , ée
que tu fusses all é , ée
qu'il fût all é
qu'elle fût all ée
que nous fussions all és , ées
que vous fussiez all és , ées
qu'ils fussent all és
qu'elles fussent all ées

ou

Que j'eusse été
que tu eusses été
qu'il ou qu'elle eût été
que nous eussions été
que vous eussiez été
qu'ils ou qu'elles eussent été

INFINITIF PRÉSENT.

ALL er

PASSÉ.

Être all é , ée
être all és , ées

ou

avoir été

PARTICIPE PRÉSENT.

All ant

PARTICIPES PASSÉS.

All é , ée
all és , ées
(invariable.) été
étant all é , ée
étant all és , ées

ou

ayant été

Première Conjugaison.

Présent de l'Infinitif,	s'en ALL *er.*

Dérivés du Présent de l'Infinitif,   I   *rai, .. s.*

Participe présent,   A L L *ant.*

Dérivés du Participe présent,   V O *nt.* / A I L L *e, es, ent.*

Participe passé,   A L L *é, és,* / A L L *és, ées.*

Présent de l'Indicatif,   V A I *s.*

Passé défini ,   A L L *ai.*

(Hors des règles.) **Conjugué.**

Radical variable.

IRRÉGULIER *au futur et au conditionnel; au présent du subjonctif, au présent de l'indicatif et à l'impératif,* excepté aux deux premières personnes plurielles des trois derniers temps. Le reste est régulier.

Le participe passé ALL *é* s'accorde en genre et en nombre avec son sujet.

Le pronom *en*, dans les temps simples et dans les temps composés se place toujours après les pronoms personnels , *me, te, se, nous, vous.*

— *Va - t' - en.* Dans cette expression, le *t* n'est point une simple lettre euphonique ; c'est le pronom *te, toi,* qui répond à *vous,* de l'expression analogue, *allez-vous - en.*

INDICATIF PRÉSENT.
Je m'en vai *s*
tu t'en va *s*
il *ou* elle s'en va
nous nous en all *ons*
vous vous en all *ez*
ils *ou* elles s'en vo *nt*

IMPARFAIT.
Je m'en all *ais*
tu t'en all *ais*
il *ou* elle s'en all *ait*
nous nous en all *ions*
vous vous en all *iez*
ils *ou* elles s'en all *aient*

PASSÉ DÉFINI.
Je m'en all *ai*
tu t'en all *as*
il *ou* elle s'en all *a*
nous nous en all *âmes*
vous vous en all *âtes*
ils *ou* elles s'en all *èrent*

PASSÉ INDÉFINI.
Je m'en suis all *é, ée*
nous nous en sommes all *és, ées*

PASSÉ ANTÉRIEUR.
Je m'en fus all *é, ée*
nous nous en fûmes all *és, ées*

PLUS - QUE - PARFAIT.
Je m'en étais all *é, ée*
nous nous en étions all *és, ées*

FUTUR.
Je m'en i *rai*
tu t'en i *ras*
il *ou* elle s'en i *ra*
nous nous en i *rons*
vous vous en i *rez*
ils *ou* elles s'en i *ront*

FUTUR ANTÉRIEUR.
Je m'en serai all *é, ée*
nous nous en serons all *és, ées*

CONDITIONNEL PRÉSENT.
Je m'en i *rais*
tu t'en i *rais*
il *ou* elle s'en i *rait*
nous nous en i *rions*
vous vous en i *riez*
ils *ou* elles s'en i *raient*

CONDITIONNEL PASSÉ.
Je m'en serais all *é, ée*
nous nous en serions all *és, ées*

On dit aussi :
Je m'en fusse all *é, ée*
nous nous en fussions all *és, ées*

IMPÉRATIF.	va - t'en / all *ons* - nous - en / all *ez* - vous - en

SUBJONCTIF PRÉSENT OU FUTUR.
Que je m'en aill *e*
que tu t'en aill *es*
qu'il *ou* qu'elle s'en aill *e*
que nous nous en all *ions*
que vous vous en all *iez*
qu'ils *ou* qu'elles s'en aill *ent*

IMPARFAIT.
Que je m'en all *asse*
que tu t'en all *asses*
qu'il *ou* qu'elle s'en all *ât*
que nous nous en all *assions*
que vous vous en all *assiez*
qu'ils ou qu'elles s'en all *assent*

PASSÉ.
Que je m'en sois all *é, ée*
que nous nous en soyons all *és, ées*

PLUS - QUE - PARFAIT.
Que je m'en fusse all *é, ée*
que nous nous en fussions all *és, ées*

INFINITIF PRÉSENT.	PARTICIPE PRÉSENT.
S'en all *er*	S'en all *ant*
PASSÉ.	**PARTICIPE PASSÉ.**
S'en être all *é, ée*	S'en étant all *é, ée*
s'en être all *és, ées*	s'en étant all *és, ées*

Première Conjugaison.

Présent de l'Infinitif, | envOYer. |

Dérivés du présent de l'infinitif,	E R (e) rai, s.
Participe présent ,	O Y ant.
Dérivés du Participe présent ,	O I e , es , ent.
Participe passé ,	O Y é.
Présent de l'Indicatif,	O I e.
Passé défini ,	O Y ai.

Radical variable.

IRRÉGULIER *au futur* et *au conditionnel.* La formation de ces deux temps se fait en substituant *ER* à OY, et en supprimant la voyelle *e*, initiale des terminaisons. Dans ces temps, on ne prononce qu'un *r*.

Devant les terminaisons féminines, l'Y se change en *I*: *au présent du subjonctif, au présent de l'indicatif et à l'impératif,* excepté aux deux premières personnes plurielles.

Le radical du participe présent, devant les terminaisons *ions, iez,* donne lieu à l'emploi des deux voyelles Y i . . . . dans la formation des *deux premières personnes plurielles de l'imparfait de l'indicatif et du présent du subjonctif.*

INDICATIF PRÉSENT.

J	O I e
tu	O I es
il *ou* elle	O I e
nous	O Y ons
vous	O Y ez
ils *ou* elles	O I ent

IMPARFAIT.

J	O Y ais
tu	O Y ais
il *ou* elle	O Y ait
nous	O Y ions
vous	O Y iez
ils *ou* elles	O Y aient

PASSÉ DÉFINI.

J	O Y ai
tu	O Y as
il *ou* elle	O Y a
nous	O Y âmes
vous	O Y âtes
ils *ou* elles	O Y èrent

PASSÉ INDÉFINI.

J'ai	O Y é

PASSÉ ANTÉRIEUR.

J'eus	O Y é

PLUS-QUE-PARFAIT.

J'avais	O Y é

FUTUR.

J	E R rai
tu	E R ras
il *ou* elle	E R ra
nous	E R rons
vous	E R rez
ils *ou* elles	E R ront

FUTUR ANTÉRIEUR.

J'aurai	O Y é

CONDITIONNEL PRÉSENT.

J	E R rais
tu	E R rais
il *ou* elle	E R rait
nous	E R rions
vous	E R riez
ils *ou* elles	E R raient

CONDITIONNEL PASSÉ.

J'aurais	O Y é

On dit aussi :

J'eusse	O Y é

IMPÉRATIF.

	O I e
	O Y ons
	O Y ez

SUBJONCTIF PRÉSENT OU FUTUR.

Que j	O I e
que tu	O I es
qu'il *ou* qu'elle	O I e
que nous	O Y ions
que vous	O Y iez
qu'ils *ou* qu'elles	O I ent

IMPARFAIT.

Que j	O Y asse
que tu	O Y asses
qu'il *ou* qu'elle	O Y ât
que nous	O Y assions
que vous	O Y assiez
qu'ils *ou* qu'elles	O Y assent

PASSÉ.

Que j'aie	O Y é

PLUS-QUE-PARFAIT.

Que j'eusse	O Y é

INFINITIF PRÉSENT.

	O Y **er**

PASSÉ.

avoir	O Y é

PARTICIPE PRÉSENT.

	O Y ant

PARTICIPE PASSÉ.

	O Y é
	O Y ée
ayant	O Y é

Deuxième Conjugaison.

Présent de l'Infinitif,	acquÉR ir.

Dérivés du Présent de l'Infinitif,	E R (i) rai, ... s.
Participe présent,	É R ant.
Dérivés du Participe présent,	I È R e, es, ent.
Participe passé,	I S.
Présent de l'Indicatif,	I E R s.
Passé défini,	is.

Radical variable.

IRRÉGULIER *au futur et au conditionnel :* ces deux dérivés du présent de l'infinitif perdent l'accent aigu du radical et la voyelle *i*, initiale des terminaisons (dans ces deux temps on prononce les deux *rr*); *aux dérivés du participe présent*, devant les terminaisons féminines, en changeant ÉR en IÈR; *au participe passé; au singulier du présent de l'indicatif et à la seconde personne singulière de l'impératif; au passé défini et à son dérivé l'imparfait du subjonctif.* Ces deux derniers temps perdent la seconde partie du radical.

INDICATIF PRÉSENT.

J	I E R s
tu	I E R s
il *ou* elle	I E R t
nous	É R ons
vous	É R ez
ils *ou* elles	I È R ent

IMPARFAIT.

J	É R ais
tu	É R ais
il *ou* elle	É R ait
nous	É R ions
vous	É R iez
ils *ou* elles	É R aient

PASSÉ DEFINI.

J	is
tu	is
il *ou* elle	it
nous	îmes
vous	îtes
ils *ou* elles	irent

PASSÉ INDÉFINI.

J'ai	I S

PASSÉ ANTERIEUR.

J'eus	I S

PLUS – QUE – PARFAIT.

J'avais	I S

FUTUR.

J	E R rai
tu	E R ras
il *ou* elle	E R ra
nous	E R rons
vous	E R rez
ils *ou* elles	E R ront

FUTUR ANTÉRIEUR.

J'aurai	I S

CONDITIONNEL PRÉSENT.

J	E R rais
tu	E R rais
il *ou* elle	E R rait
nous	E R rions
vous	E R riez
ils *ou* elles	E R raient

CONDITIONNEL PASSÉ.

J'aurais	I S

On dit aussi :

J'eusse	I S

IMPÉRATIF.

	I E R s
	É R ons
	É R ez

SUBJONCTIF PRÉSENT OU FUTUR.

Que j	I È R e
que tu	I È R es
qu'il *ou* qu'elle	I È R e
que nous	É R ions
que vous	É R iez
qu'ils *ou* qu'elles	I È R ent

IMPARFAIT.

Que j	isse
que tu	isses
qu'il *ou* qu'elle	ît
que nous	issions
que vous	issiez
qu'ils *ou* qu'elles	issent

PASSÉ.

Que j'aie	I S

PLUS – QUE – PARFAIT.

Que j'eusse	I S

INFINITIF PRÉSENT.

	É R ir.

PASSÉ.

avoir	I S

PARTICIPE PRÉSENT.

	É R ant

PARTICIPE PASSÉ.

	I S
	I S e
ayant	I S

Deuxième Conjugaison.

Présent de l'Infinitif,	cour **ir**.

Dérivés du Présent de l'Infinitif,	(i) rai, s.
Participe présent,	ant.
Participe passé,	u.
Présent de l'Indicatif,	s.
Passé défini,	us.

Radical invariable.

IRRÉGULIER *au futur et au conditionnel :* ces deux dérivés du présent de l'infinitif perdent la voyelle *i*, initiale des terminaisons (dans ces deux temps on prononce les deux *rr*); *au participe passé; au passé défini et à son dérivé l'imparfait du subjonctif.* Les terminaisons de ces trois derniers temps sont prises dans le paradigme reCEV·oir. Le reste suit les inflexions du paradigme senT *ir.*

INDICATIF PRÉSENT.

J	**s**
tu	s
il *ou* elle	t
nous	ons
vous	ez
ils *ou* elles	ent

IMPARFAIT.

J	ais
tu	ais
il *ou* elle	ait
nous	ions
vous	iez
ils *ou* elles	aient

PASSÉ DÉFINI.

J	us
tu	us
il *ou* elle	ut
nous	ûmes
vous	ûtes
ils *ou* elles	urent

PASSÉ INDÉFINI.
J'ai	u

PASSÉ ANTÉRIEUR.
J'eus	u

PLUS - QUE - PARFAIT.
J'avais	u

FUTUR.

J	rai
tu	ras
il *ou* elle	ra
nous	rons
vous	rez
ils *ou* elles	ront

FUTUR ANTÉRIEUR.
J'aurai	u

CONDITIONNEL PRÉSENT.
J	rais
tu	rais
il *ou* elle	rait
nous	rions
vous	riez
ils *on* elles	raient

CONDITIONNEL PASSÉ.
J'aurais	u

On dit aussi :
J'eusse	u

IMPÉRATIF.
	s
	ons
	ez

SUBJONCTIF PRÉSENT OU FUTUR.

Que j	e
que tu	es
qu'il *ou* qu'elle	e
que nous	ions
que vous	iez
qu'ils *ou* qu'elles	ent

IMPARFAIT.

Que j	usse
que tu	usses
qu'il *ou* qu'elle	ût
que nous	ussions
que vous	ussiez
qu'ils *ou* qu'elles	ussent

PASSÉ.
Que j'aie	u

PLUS - QUE - PARFAIT.
Que j'eusse	u

INFINITIF PRÉSENT.
	ir

PASSÉ.
avoir	u

PARTICIPE PRÉSENT.
	ant

PARTICIPE PASSÉ.
	u
	ue
ayant	u

Deuxième Conjugaison.

Présent de l'Infinitif,	cueill **ir.**

Dérivés du Présent de l'Infinitif,	erai, . . s.
Participe présent,	ant.
Participe passé,	i.
Présent de l'Indicatif,	e.
Passé défini,	is.

Radical invariable.

IRRÉGULIER *au futur et au conditionnel.* Ces deux temps empruntent les terminaisons du paradigme aim er, parce qu'autrefois on disait cueill er au présent de l'infinitif.

Le reste se conjugue comme ouvR ir, excepté *au participe passé*, dont la terminaison est en *i*.

INDICATIF PRÉSENT.

J	e
tu	es
il *ou* elle	e
nous	ons
vous	ez
ils *ou* elles	ent

IMPARFAIT.

J	ais
tu	ais
il *ou* elle	ait
nous	ions
vous	iez
ils *ou* elles	aient

PASSÉ DÉFINI.

J	is
tu	is
il *ou* elle	it
nous	imes
vous	ites
ils *ou* elles	irent

PASSÉ INDÉFINI.

J'ai	i

PASSÉ ANTÉRIEUR.

J'eus	i

PLUS – QUE – PARFAIT.

J'avais	i

FUTUR.

J	erai
tu	eras
il *ou* elle	era
nous	erons
vous	erez
ils *ou* elles	eront

FUTUR ANTÉRIEUR.

J'aurai	i

CONDITIONNEL PRÉSENT.

J	erais
tu	erais
il *ou* elle	erait
nous	erions
vous	eriez
ils *ou* elles	eraient

CONDITIONNEL PASSÉ.

J'aurais	i

On dit aussi :

J'eusse	i

IMPÉRATIF.

	e
	ons
	ez

SUBJONCTIF PRÉSENT OU FUTUR.

Que j	e
que tu	es
qu'il *ou* qu'elle	e
que nous	ions
que vous	iez
qu'ils *ou* qu'elles	ent

IMPARFAIT.

Que j	isse
que tu	isses
qu'il *ou* qu'elle	it
que nous	issions
que vous	issiez
qu'ils *ou* qu'elles	issent

PASSÉ.

Que j'aie	i

PLUS – QUE – PARFAIT.

Que j'eusse	i

INFINITIF PRÉSENT.

	ir.

PASSÉ.

avoir	i

PARTICIPE PRÉSENT.

	ant

PARTICIPE PASSÉ.

	i
	ie
ayant	i

Deuxième Conjugaison.

Présent de l'Infinitif,	m O U R **ir**.

Dérivés du Présent de l'Infinitif,	O U R *(i) rai, s.*
Participe présent ,	O U R *ant.*
Dérivés du Participe présent ,	E U R *e, es, ent.*
Participe passé ,	O R *t.*
Présent de l'Indicatif ,	E U R *s.*
Passé défini ,	O U R *us.*

Radical variable.

IRRÉGULIER *au futur et au conditionnel*. Ces deux temps perdent la voyelle *i*, initiale des terminaisons; aux dérivés du participe présent , devant les terminaisons féminines : m*EUR e , es , ent*. Cette même irrégularité frappe *le singulier du présent de l'indicatif et la seconde personne singulière de l'impératif*.

Le passé défini et son dérivé *l'imparfait du subjonctif* prennent les terminaisons dans le paradigme re*CEV oir*.

Le participe passé m*OR t , e*, prend l'auxiliaire ÊTRE et s'accorde en genre et en nombre avec le sujet.

Ce verbe est entièrement hors de la conjugaison sen*T ir* à laquelle il semble appartenir.

INDICATIF PRÉSENT.

J	E U R *s*
tu	E U R *s*
il *ou* elle	E U R *t*
nous	O U R *ons*
vous	O U R *ez*
ils *ou* elles	E U R *ent*

IMPARFAIT.

J	O U R *ais*
tu	O U R *ais*
il *ou* elle	O U R *ait*
nous	O U R *ions*
vous	O U R *iez*
ils *ou* elles	O U R *aient*

PASSÉ DÉFINI.

J	O U R *us*
tu	O U R *us*
il *ou* elle	O U R *ut*
nous	O U R *ûmes*
vous	O U R *ûtes*
ils *ou* elles	O U R *urent*

PASSÉ INDÉFINI.

Je suis	O R *t*

PASSÉ ANTÉRIEUR.

Je fus	O R *t*

PLUS – QUE – PARFAIT.

J'étais	O R *t*

FUTUR.

J	O U R *rai*
tu	O U R *ras*
il *ou* elle	O U R *ra*
nous	O U R *rons*
vous	O U R *rez*
ils *ou* elles	O U R *ront*

FUTUR ANTÉRIEUR.

Je serai	O R *t*

CONDITIONNEL PRÉSENT.

J	O U R *rais*
tu	O U R *rais*
il *ou* elle	O U R *rait*
nous	O U R *rions*
vous	O U R *riez*
ils *ou* elles	O U R *raient*

CONDITIONNEL PASSÉ.

Je serais	O R *t*

On dit aussi :

Je fusse	O R *t*

IMPÉRATIF.

	E U R *s*
	O U R *ons*
	O U R *ez*

SUBJONCTIF PRÉSENT OU FUTUR.

Que j	E U R *e*
que tu	E U R *es*
qu'il *ou* qu'elle	E U R *e*
que nous	O U R *ions*
que vous	O U R *iez*
qu'ils *ou* qu'elles	E U R *ent*

IMPARFAIT.

Que j	O U R *usse*
que tu	O U R *usses*
qu'il *ou* qu'elle	O U R *ût*
que nous	O U R *ussions*
que vous	O U R *ussiez*
qu'ils *ou* qu'elles	O U R *ussent*

PASSÉ.

Que je sois	O R *t*

PLUS – QUE – PARFAIT.

Que je fusse	O R *t*

INFINITIF PRÉSENT.

	O U R *ir*

PASSÉ.

être	O R *t*

PARTICIPE PRÉSENT.

	O U R *ant*

PARTICIPE PASSÉ.

	O R *t*
	O R *te*
étant	O R *t*

Deuxième Conjugaison.

Présent de l'Infinitif,	tEN ir.

Dérivés du Présent de l'Infinitif,	I E N D rai, . . s.
Participe présent,	E N ant.
Dérivés du Participe présent,	I E N N e, es, ent.
Participe passé,	E N u.
Présent de l'Indicatif,	I E N s.
Passé défini,	I N s.

Radical variable.

IRRÉGULIER *au futur et au conditionnel.* La formation de ces deux temps se fait en changeant EN en IEND ; *aux dérivés du participe présent,* devant les terminaisons féminines, en substituant IENN à la partie variable du radical. Le reste se conjugue suivant ses temps primitifs.

Ce paradigme comprend les composés de tEN ir et de vEN ir.

INDICATIF PRÉSENT.

J	I E N s
tu	I E N s
il ou elle	I E N t
nous	E N ons
vous	E N ez
ils ou elles	I E N N ent

IMPARFAIT.

J	E N ais
tu	E N ais
il ou elle	E N ait
nous	E N ions
vous	E N iez
ils ou elles	E N aient

PASSÉ DÉFINI.

J	I N s
tu	I N s
il ou elle	I N t
nous	Î N mes
vous	Î N tes
ils ou elles	I N rent

PASSÉ INDÉFINI.

J'ai	E N u

PASSÉ ANTÉRIEUR.

J'eus	E N u

PLUS - QUE - PARFAIT.

J'avais	E N u

FUTUR.

J	I E N D rai
tu	I E N D ras
il ou elle	I E N D ra
nous	I E N D rons
vous	I E N D rez
ils ou elles	I E N D ront

FUTUR ANTÉRIEUR.

J'aurai	E N u

CONDITIONNEL PRÉSENT.

J	I E N D rais
tu	I E N D rais
il ou elle	I E N D rait
nous	I E N D rions
vous	I E N D riez
ils ou elles	I E N D raient

CONDITIONNEL PASSÉ.

J'aurais	E N u

On dit aussi :

J'eusse	E N u

IMPÉRATIF.

	I E N s
	E N ons
	E N ez

SUBJONCTIF PRÉSENT OU FUTUR.

Que j	I E N N e
que tu	I E N N es
qu'il ou qu'elle	I E N N e
que nous	E N ions
que vous	E N iez
qu'ils ou qu'elles	I E N N ent

IMPARFAIT.

Que j	I N sse
que tu	I N sses
qu'il ou qu'elle	Î N t
que nous	I N ssions
que vous	I N ssiez
qu'ils ou qu'elles	I N ssent

PASSÉ.

Que j'aie	E N u

PLUS - QUE - PARFAIT.

Que j'eusse	E N u

INFINITIF PRÉSENT.

	E N ir

PASSÉ.

avoir	E N u

PARTICIPE PRÉSENT.

	E N ant

PARTICIPE PASSÉ.

	E N u
	E N ue
ayant	E N u

Troisième Conjugaison.

Présent de l'Infinitif,	ass E oir.

Dérivés du Présent de l'Infinitif,	I É rai, . . s. E Y erai, . . s.
Participe présent,	E Y ant.
Participe passé,	I S
Présent de l'Indicatif,	I E D s.
Passé défini,	is.

Radical variable.

TRÈS-IRRÉGULIER. Il a *deux futurs et deux conditionnels* : IÉrai. . . . s, EYerai, . . . s. L'Académie donne la préférence à la première manière d'orthographier ce verbe.

Le passé défini et l'imparfait du subjonctif perdent la partie variable du radical et prennent les désinences du paradigme fin*ir*. Le reste se conjugue d'après ses temps primitifs, i.es deux premières personnes plurielles de l'imparfait du subjonctif sont peu usitées.

La voyelle *Y*, dernière lettre du radical, dans le primitif de l'*imparfait de l'indicatif et du présent du subjonctif*, est conservée devant les terminaisons ions, iez.

Ce verbe est actif, il signifie au figuré établ*ir*, fonder; il est surtout employé pronominalement.

INDICATIF PRÉSENT.

J	I E D s
tu	I E D s
il *ou* elle	I E D
nous	E Y ons
vous	E Y ez
ils *ou* elles	E Y ent

IMPARFAIT.

J	E Y ais
tu	E Y ais
il *ou* elle	E Y ait
nous	E Y ions
vous	E Y iez
ils *ou* elles	E Y aient

PASSÉ DÉFINI.

J	is
tu	is
il *ou* elle	it
nous	îmes
vous	îtes
ils *ou* elles	irent

PASSÉ INDÉFINI.

J'ai	I S

PASSÉ ANTÉRIEUR.

J'eus	I S

PLUS-QUE-PARFAIT.

J'avais	I S

FUTUR.

J	I É rai
tu	I É ras
il *ou* elle	I É ra
nous	I É rons
vous	I É rez
ils *ou* elles	I É ront

ou

J	E Y erai
tu	E Y eras
il *ou* elle	E Y era
nous	E Y erons
vous	E Y erez
ils *ou* elles	E Y eront

FUTUR ANTÉRIEUR.

J'aurai	I S

CONDITIONNEL PRÉSENT.

J	I É rais
tu	I É rais
il *ou* elle	I É rait
nous	I É rions
vous	I É riez
ils *ou* elles	I É raient

ou

J	E Y erais
tu	E Y erais
il *ou* elle	E Y erait
nous	E Y erions
vous	E Y eriez
ils *ou* elles	E Y eraient

CONDITIONNEL PASSÉ.

J'aurais	I S

On dit aussi :

J'eusse	I S

IMPÉRATIF.

	I E D s
	E Y ons
	E Y ez

SUBJONCTIF PRÉSENT OU FUTUR.

Que j	E Y e
que tu	E Y es
qu'il *ou* qu'elle	E Y e
que nous	E Y ions
que vous	E Y iez
qu'ils *ou* qu'elles	E Y ent

IMPARFAIT.

Que j	isse
que tu	isses
qu'il *ou* qu'elle	ît
que nous	issions
que vous	issiez
qu'ils *ou* qu'elles	issent

PASSÉ.

Que j'aie	I S

PLUS-QUE-PARFAIT.

Que j'eusse	I S

INFINITIF PRÉSENT.

	E oir

PASSÉ.

avoir	I S

PARTICIPE PRÉSENT.

	E Y ant

PARTICIPE PASSÉ.

	I S
	I S e
ayant	I S

Troisième Conjugaison.

Présent de l'Infinitif,		ass E **oir**.

Dérivés du Présent de l'Infinitif,	O	rai, . s.
Participe présent,	O Y ant.	
Dérivés du Participe présent,	O I	e, es, ent.
Participe passé,	I S.	
Présent de l'Indicatif,	O I s.	
Passé défini,		is.

Radical variable.

IRRÉGULIER. Il se conjugue aussi comme crOIre, conservant cependant l'irrégularité *du participe passé*, *du passé défini* et *de l'imparfait du subjonctif.*

Ces deux derniers temps perdent la seconde partie du radical et empruntent les désinences du paradigme fin *ir*. Cette manière serait, peut-être, moins embarrassante.

Les deux premières personnes plurielles de l'imparfait du subjonctif sont peu usitées.

D'après plusieurs grammairiens, il serait plus convenable d'écrire : J'assEOI s, j'assOI erai, etc.

L'emploi des deux voyelles Y i. ., a lieu aux dérivés du participe présent, dans la formation *des deux premières personnes plurielles de l'imparfait de l'indicatif* et *du présent du subjonctif.*

INDICATIF PRÉSENT.

J	O I s
tu	O I s
il *ou* elle	O I t
nous	O Y ons
vous	O Y ez
ils *ou* elles	O I ent

IMPARFAIT.

J	O Y ais
tu	O Y ais
il *ou* elle	O Y ait
nous	O Y ions
vous	O Y iez
ils *ou* elles	O Y aient

PASSÉ DÉFINI.

J	is
tu	is
il *ou* elle	it
nous	îmes
vous	îtes
ils *ou* elles	irent

PASSÉ INDÉFINI.

J'ai	I S

PASSÉ ANTÉRIEUR.

J'eus	I S

PLUS - QUE - PARFAIT.

J'avais	I S

FUTUR.

J	O I rai
tu	O I ras
il *ou* elle	O I ra
nous	O I rons
vous	O I rez
ils *ou* elles	O I ront

FUTUR ANTÉRIEUR.

J'aurai	I S

CONDITIONNEL PRÉSENT.

J	O I rais
tu	O I rais
il *ou* elle	O I rait
nous	O I rions
vous	O I riez
ils *ou* elles	O I raient

CONDITIONNEL PASSÉ.

J'aurais	I S

On dit aussi :

J'eusse	I S

IMPÉRATIF.

	O I s
	O Y ons
	O Y ez

SUBJONCTIF PRÉSENT OU FUTUR.

Que j	O I e
que tu	O I es
qu'il *ou* qu'elle	O I e
que nous	O Y ions
que vous	O Y iez
qu'ils *ou* qu'elles	O I ent

IMPARFAIT.

Que j	isse
que tu	isses
qu'il *ou* qu'elle	it
que nous	issions
que vous	issiez
qu'ils *ou* qu'elles	issent

PASSÉ.

Que j'aie	I S

PLUS - QUE - PARFAIT.

Que j'eusse	I S

INFINITIF PRÉSENT.

E **oir**

PASSÉ.

avoir	I S

PARTICIPE PRÉSENT.

O Y ant

PARTICIPE PASSÉ.

	I S
	I S e
ayant	I S

Troisième Conjugaison.

Présent de l'Infinitif, **mOUV** *oir.*

Participe présent, O U V *ant.*
Dérivés du Participe présent, E U V *e, es, ant.*
Participe passé, *u.*
Présent de l'Indicatif, E U *s.*
Passé défini, *us.*

Radical variable.

IRRÉGULIER *aux dérivés du participe présent,* devant les terminaisons féminines; *au singulier du présent de l'indicatif et de l'impératif; au participe passé; au passé défini et à l'imparfait du subjonctif.* Ces trois derniers temps perdent la seconde partie du radical. Le reste est régulier.

Ce verbe a plusieurs temps peu usités, parce qu'ils ont un son désagréable. Cela dépend peut-être de la manière de s'en servir.

Le participe passé, masculin singulier du verbe mOUV *oir :* mû, prend l'accent circonflexe. Plusieurs auteurs emploient ce participe sans signe orthographique.

INDICATIF PRÉSENT.

J	E U s
tu	E U s
il *ou* elle	E U t
nous	O U V ons
vous	O U V ez
ils *ou* elles	E U V ent

IMPARFAIT.

J	O U V ais
tu	O U V ais
il *ou* elle	O U V ait
nous	O U V ions
vous	O U V iez
ils *ou* elles	O U V aient

PASSÉ DÉFINI.

J	us
tu	us
il *ou* elle	ut
nous	ûmes
vous	ûtes
ils *ou* elles	urent

PASSÉ INDÉFINI.

J'ai	u

PASSÉ ANTÉRIEUR.

J'eus	u

PLUS-QUE-PARFAIT.

J'avais	u

FUTUR.

J	O U V rai
tu	O U V ras
il *ou* elle	O U V ra
nous	O U V rons
vous	O U V rez
ils *ou* elles	O U V ront

FUTUR ANTÉRIEUR.

J'aurai	u

CONDITIONNEL PRÉSENT.

J	O U V rais
tu	O U V rais
il *ou* elle	O U V rait
nous	O U V rions
vous	O U V riez
ils *ou* elles	O U V raient

CONDITIONNEL PASSÉ.

J'aurais	u

On dit aussi :

J'eusse	u

IMPERATIF.

	E U s
	O U V ons
	O U V ez

SUBJONCTIF PRÉSENT OU FUTUR.

Que j	E U V e
que tu	E U V es
qu'il *ou* qu'elle	E U V e
que nous	O U V ions
que vous	O U V iez
qu'ils *ou* qu'elles	E U V ent

IMPARFAIT.

Que j	usse
que tu	usses
qu'il *ou* qu'elle	ût
que nous	ussions
que vous	ussiez
qu'ils *ou* qu'elles	ussent

PASSÉ.

Que j'aie	u

PLUS-QUE-PARFAIT.

Que j'eusse	u

INFINITIF PRÉSENT.

O U V **oir**

PASSÉ.

avoir	u

PARTICIPE PRÉSENT.

O U V *ant*

PARTICIPE PASSÉ.

	u
	ue
ayant	u

Troisième Conjugaison.

Présent de l'Infinitif,	préva**L** *oir.*
Dérivés du Présent de l'Infinitif,	U D rai, . . s.
Participe présent,	L ant.
Participe passé,	L u.
Présent de l'Indicatif,	U x
Passé défini,	L us.

Radical variable.

IRRÉGULIER *au futur et au conditionnel :* la formation de ces deux temps se fait en substituant *UD* à la seconde partie du radical ; *au singulier du présent de l'indicatif et de l'impératif.* Ces personnes changent la seconde partie du radical en *U.*

Ce verbe se conjugue comme va**L**oir, excepté le subjonctif présent. Ce dérivé du participe présent se forme régulièrement.

INDICATIF PRÉSENT.

J	U x
tu	U x
il ou elle	U t
nous	L ons
vous	L ez
ils ou elles	L ent

IMPARFAIT.

J	L ais
tu	L ais
il ou elle	L ait
nous	L ions
vous	L iez
ils ou elles	L aient

PASSÉ DÉFINI.

J	L us
tu	L us
il ou elle	L ut
nous	L ûmes
vous	L ûtes
ils ou elles	L urent

PASSÉ INDÉFINI.

J'ai	L u

PASSÉ ANTÉRIEUR.

J'eus	L u

PLUS – QUE – PARFAIT.

J'avais	L u

FUTUR.

J	U D rai
tu	U D ras
il ou elle	U D ra
nous	U D rons
vous	U D rez
ils ou elles	U D ront

FUTUR ANTÉRIEUR.

J'aurai	L u

CONDITIONNEL PRÉSENT.

J	U D rais
tu	U D rais
il ou elle	U D rait
nous	U D rions
vous	U D riez
ils ou elles	U D raient

CONDITIONNEL PASSÉ.

J'aurais	L u
On dit aussi :	
J'eusse	L u

IMPÉRATIF.

	U x
	L ons
	L ez

SUBJONCTIF PRÉSENT OU FUTUR.

Que j	L e
que tu	L es
qu'il ou qu'elle	L e
que nous	L ions
que vous	L iez
qu'ils ou qu'elles	L ent

IMPARFAIT.

Que j	L usse
que tu	L usses
qu'il ou qu'elle	L ût
que nous	L ussions
que vous	L ussiez
qu'ils ou qu'elles	L ussent

PASSÉ.

Que j'aie	L u

PLUS – QUE – PARFAIT.

Que j'eusse	L u

INFINITIF PRÉSENT.

L **oir.**

PASSÉ.

avoir	L u

PARTICIPE PRÉSENT.

L ant

PARTICIPE PASSÉ.

	L u
	L ue
ayant	L u

Troisième Conjugaison.

Présent de l'Infinitif,	s A V **oir.**

Dérivés du présent de l'Infinitif, A U rai, .. s.

Participe présent , A C H ant.

Dérivés du Participe présent , A V { Pluriel de l'Indic. Imparfait de l'Indic.

Participe passé , u.

Présent de l'Indicatif, A I s.

Passé défini, us.

Radical variable.

IRRÉGULIER dans presque tous les temps. La formation du futur et du conditionnel se fait en changeant AV en AU.

L'irrégularité du participe présent se retrouve dans toutes les personnes de l'impératif et du présent du subjonctif.

Les trois personnes plurielles du présent de l'indicatif et tout l'imparfait du même mode se forment régulièrement du présent de l'infinitif.

Le participe passé, le passé défini et son dérivé l'imparfait du subjonctif perdent la partie variable du radical.

→ Quelquefois on dit, au présent de l'indicatif, mais avec la négative et seulement à la première personne : Je ne s*ACH e*. (ACAD.)

INDICATIF PRÉSENT.

J	A I s
tu	A I s
il *ou* elle	A I t
nous	A V ons
vous	A V ez
ils *ou* elles	A V ent

IMPARFAIT.

J	A V ais
tu	A V ais
il *ou* elle	A V ait
nous	A V ions
vous	A V iez
ils *ou* elles	A V aient

PASSÉ DÉFINI.

J	us
tu	us
il *ou* elle	ut
nous	ûmes
vous	ûtes
ils *ou* elles	urent

PASSÉ INDÉFINI.

J'ai	u

PASSÉ ANTÉRIEUR.

J'eus	u

PLUS – QUE – PARFAIT.

J'avais	u

FUTUR.

J	A U rai
tu	A U ras
il *ou* elle	A U ra
nous	A U rons
vous	A U rez
ils *ou* elles	A U ront

FUTUR ANTÉRIEUR.

J'aurai	u

CONDITIONNEL PRÉSENT.

J	A U rais
tu	A U rais
il *ou* elle	A U rait
nous	A U rions
vous	A U riez
ils *ou* elles	A U raient

CONDITIONNEL PASSÉ.

J'aurais	u

On dit aussi :

J'eusse	u

IMPÉRATIF.

	A C H e
	A C H ons
	A C H ez

SUBJONCTIF PRÉSENT OU FUTUR.

Que j	A C H e
que tu	A C H es
qu'il *ou* qu'elle	A C H e
que nous	A C H ions
que vous	A C H iez
qu'ils *ou* qu'elles	A C H ent

IMPARFAIT.

Que j	usse
que tu	usses
qu'il *ou* qu'elle	ût
que nous	ussions
que vous	ussiez
qu'ils *ou* qu'elles	ussent

PASSÉ.

Que j'aie	u

PLUS – QUE – PARFAIT.

Que j'eusse	u

INFINITIF PRÉSENT.

A V **oir**

PASSÉ.

avoir	u

PARTICIPE PRÉSENT.

A C H ant

PARTICIPE PASSÉ.

	u
	ue
ayant	u

Troisième Conjugaison.

Présent de l'Infinitif,	(voi r.) vOI **r.**

Dérivés du Présent de l'Infinitif,	E R rai, . . s.
Participe présent,	O Y ant.
Dérivés du Participe présent,	o t e, es, ent.
Participe passé,	u.
Présent de l'Indicatif,	O I s.
Passé défini,	is.

Radical variable.

IRRÉGULIER *au futur et au conditionnel.* Ces deux temps se forment en substituant ER à OI, seconde partie du radical.

Dans les dérivés du participe présent, l'Y se change en I, devant les terminaisons *e, es, ent*; cette voyelle est suivie d'un *i*, *aux deux premières personnes plurielles de l'imparfait de l'indicatif et du présent du subjonctif.*

La seconde partie du radical est supprimée *au participe passé, au passé défini et à l'imparfait du subjonctif.* Ces deux derniers temps prennent les désinences du paradigme fini r.

INDICATIF PRÉSENT.

J	O I s
tu	O I s
il *ou* elle	O I t
nous	O Y ons
vous	O Y ez
ils *ou* elles	O I ent

IMPARFAIT.

J	O Y ais
tu	O Y ais
il *ou* elle	O Y ait
nous	O Y ions
vous	O Y iez
ils *ou* elles	O Y aient

PASSÉ DÉFINI.

J	is
tu	is
il *ou* elle	it
nous	îmes
vous	îtes
ils *ou* elles	irent

PASSÉ INDÉFINI.

J'ai	u

PASSÉ ANTÉRIEUR.

J'eus	u

PLUS – QUE – PARFAIT.

J'avais.	u

FUTUR.

J	E R rai
tu	E R ras
il *ou* elle	E R ra
nous	E R rons
vous	E R rez
ils *ou* elles	E R ront

FUTUR ANTÉRIEUR.

J'aurai	u

CONDITIONNEL PRÉSENT.

J	E R rais
tu	E R rais
il *ou* elle	E R rait
nous	E R rions
vous	E R riez
ils *ou* elles	E R raient

CONDITIONNEL PASSÉ.

J'aurais	u
On dit aussi :	
J'eusse	u

IMPÉRATIF.

	O I s
	O Y ons
	O Y ez

SUBJONCTIF PRÉSENT OU FUTUR.

Que j	O I e
que tu	O I es
qu'il *ou* qu'elle	O I e
que nous	O Y ions
que vous	O Y iez
qu'ils *ou* qu'elles	O I ent

IMPARFAIT.

Que j	isse
que tu	isses
qu'il *ou* qu'elle	it
que nous	issions
que vous	issiez
qu'ils *ou* qu'elles	issent

PASSÉ.

Que j'aie	u

PLUS – QUE – PARFAIT.

Que j'eusse	u

INFINITIF PRÉSENT.

O I **r.**

PASSÉ.

avoir	u

PARTICIPE PRÉSENT.

O Y ant

PARTICIPE PASSÉ.

	u
	ue
ayant	u

Troisième Conjugaison.

Présent de l'Infinitif,	vOUL *oir.*

Dérivés du présent de l'Infinitif,	O U D *rai, . . s.*
Participe présent,	O U L *ant.*
Dérivés du Participe présent,	*E* U L *ent.* / *E U I L L e , es , ent.*
Participe passé,	O U L *u.*
Présent de l'Indicatif,	E U *x.*
Passé défini,	O U L *us.*

Radical variable.

IRRÉGULIER à l'égard du paradigme dEV *oir* ; il se rapproche beaucoup de celui de vaL*oir*.

Le *futur* et le *conditionnel* s'écartent de la règle générale ainsi que les personnes *du présent de l'indicatif* et celles *du subjonctif*, suivies des terminaisons féminines. Le reste est régulier d'après ses temps primitifs.

L'impératif veu *x*, voul *ons*, voul *ez*, n'est d'usage que dans certaines occasions très-rares, où l'on engage à s'armer d'une ferme volonté.

— *Veuill e*, *veuillez* s'emploient souvent par civilité pour *Ayez la bonté*, *la complaisance*.

— *Voul ez - vous bien* est quelquefois une formule impérative.

INDICATIF PRÉSENT.

J	E U *x*
tu	E U *x*
il *ou* elle	E U *t*
nous	O U L *ons*
vous	O U L *ez*
ils *ou* elles	E U L *ent*

IMPARFAIT.

J	O U L *ais*
tu	O U L *ais*
il *ou* elle	O U L *ait*
nous	O U L *ions*
vous	O U L *iez*
ils *ou* elles	O U L *aient*

PASSÉ DÉFINI.

J	O U L *us*
tu	O U L *us*
il *ou* elle	O U L *ut*
nous	O U L *ûmes*
vous	O U L *ûtes*
ils *ou* elles	O U L *urent*

PASSÉ INDÉFINI.

J'ai	O U L *u*

PASSÉ ANTÉRIEUR.

J'eus	O U L *u*

PLUS – QUE – PARFAIT.

J'avais	O U L *u*

FUTUR.

J	O U D *rai*
tu	O U D *ras*
il *ou* elle	O U D *ra*
nous	O U D *rons*
vous	O U D *rez*
ils *ou* elles	O U D *ront*

FUTUR ANTÉRIEUR.

J'aurai	O U L *u*

CONDITIONNEL PRÉSENT.

J	O U D *rais*
tu	O U D *rais*
il *ou* elle	O U D *rait*
nous	O U D *rions*
vous	O U D *riez*
ils *ou* elles	O U D *raient*

CONDITIONNEL PASSÉ.

J'aurais	O U L *u*
On dit aussi :	
J'eusse	O U L *u*

IMPÉRATIF,	*E U I L L e* / *E U I L L ez*
On dit aussi :	E U *x* / O U L *ons* / O U L *ez*

SUBJONCTIF PRÉSENT OU FUTUR.

Que j	E U I L L *e*
que tu	E U I L L *es*
qu'il *ou* qu'elle	E U I L L *e*
que nous	O U L *ions*
que vous	O U L *iez*
qu'ils *ou* qu'elles	E U I L L *ent*

IMPARFAIT.

Que j	O U L *usse*
que tu	O U L *usses*
qu'il *ou* qu'elle	O U L *ût*
que nous	O U L *ussions*
que vous	O U L *ussiez*
qu'ils *ou* qu'elles	O U L *ussent*

PASSÉ.

Que j'aie	O U L *u*

PLUS – QUE – PARFAIT.

Que j'eusse	O U L *u*

INFINITIF PRÉSENT.

O U L *oir*

PASSÉ.

avoir	O U L *u*

PARTICIPE PRÉSENT.

O U L *ant*

PARTICIPE PASSÉ.

	O U L *u*
	O U L *ue*
ayant	O U L *u*

73

<table>
<tr><td>

Quatrième Conjugaison.

Présent de l'Infinitif,	(boire.) bOI *re*.
Participe présent,	U V *ant*.
Dérivés du Participe présent,	O I V *e*, *es*, *ent*.
Participe passé,	*u*.
Présent de l'Indicatif,	O I *s*.
Passé défini,	*us*.

Radical variable.

IRRÉGULIER. Ce verbe doit s'attribuer à la conjugaison en *oir*; il se rapproche beaucoup du verbe dEV *oir* et du verbe crOI *re*: il en a les mêmes terminaisons,

Il suit les inflexions du paradigme crOI *re au futur et au conditionnel*. Le reste se conjugue suivant le paradigme dEV *oir*, à part l'irrégularité du participe présent et des temps qui en dérivent.

Le participe passé, le passe défini et l'imparfait du subjonctif ne se forment que de la première partie du radical et des terminaisons.

INDICATIF PRÉSENT.

J	O I *s*
tu	O I *s*
il *ou* elle	O I *t*
nous	U V *ons*
vous	U V *ez*
ils *ou* elles	O I V *ent*

IMPARFAIT.

J	U V *ais*
tu	U V *ais*
il *ou* elle	U V *ait*
nous	U V *ions*
vous	U V *iez*
ils *ou* elles	U V *aient*

PASSÉ DÉFINI.

J	*us*
tu	*us*
il *ou* elle	*ut*
nous	*ûmes*
vous	*ûtes*
ils *ou* elles	*urent*

PASSÉ INDÉFINI.

J'ai	*u*

PASSÉ ANTÉRIEUR.

J'eus	*u*

PLUS-QUE-PARFAIT.

J'avais	*u*

</td><td>

FUTUR.

J	O I *rai*
tu	O I *ras*
il *ou* elle	O I *ra*
nous	O I *rons*
vous	O I *rez*
ils *ou* elles	O I *ront*

FUTUR ANTÉRIEUR.

J'aurai	*u*

CONDITIONNEL PRÉSENT.

J	O I *rais*
tu	O I *rais*
il *ou* elle	O I *rait*
nous	O I *rions*
vous	O I *riez*
ils *ou* elles	O I *raient*

CONDITIONNEL PASSÉ.

J'aurais	*u*

On dit aussi:

J'eusse	*u*

IMPÉRATIF.

	O I *s*
	U V *ons*
	U V *ez*

SUBJONCTIF PRÉSENT OU FUTUR.

Que j	O I V *e*
que tu	O I V *es*
qu'il *ou* qu'elle	O I V *e*
que nous	U V *ions*
que vous	U V *iez*
qu'ils *ou* qu'elles	O I V *ent*

IMPARFAIT.

Que j	*usse*
que tu	*usses*
qu'il *ou* qu'elle	*ût*
que nous	*ussions*
que vous	*ussiez*
qu'ils *ou* qu'elles	*ussent*

PASSÉ.

Que j'aie	*u*

PLUS-QUE-PARFAIT.

Que j'eusse	*u*

INFINITIF PRÉSENT.

	O I *re*

PASSÉ.

avoir	*u*

PARTICIPE PRÉSENT.

	U V *ant*

PARTICIPE PASSÉ.

	u
	ue
ayant	*u*

</td></tr>
</table>

Quatrième Conjugaison.

Présent de l'Infinitif,	(faire.)	fAI re.

Dérivés du Présent de l'Infinitif,	E	rai, . s.
Participe présent,	AI S ant.	
Dérivés du Participe présent,	A I tes.	
	O nt.	
	A S S e.	
Participe passé,	A I t.	
Présent de l'Indicatif,	A I s.	
Passé défini,	is.	

Radical variable.

IRRÉGULIER dans presque tous les temps. La formation des dérivés s'écarte en partie de la règle générale et du paradigme plAIre, dans le radical et dans les terminaisons, surtout à *la deuxième personne plurielle de l'indicatif et de l'impératif.*

La voyelle composée AI est regardée comme un *e muet*, quand elle est suivie d'un S.

INDICATIF PRÉSENT.

J	AI s
tu	AI s
il *ou* elle	AI t
nous	A I S ons
vous	A I tes
ils *ou* elles	O nt

IMPARFAIT.

J	A I S ais
tu	A I S ais
il *ou* elle	A I S ait
nous	A I S ions
vous	A I S iez
ils *ou* elles	A I S aient

PASSÉ DÉFINI.

J	is
tu	is
il *ou* elle	it
nous	îmes
vous	îtes
ils *ou* elles	irent

PASSÉ INDÉFINI.

J'ai	A I t

PASSÉ ANTÉRIEUR.

J'eus	A I t

PLUS-QUE-PARFAIT.

J'avais	A I t

FUTUR.

J	E rai
tu	E ras
il *ou* elle	E ra
nous	E rons
vous	E rez
ils *ou* elles	E ront

FUTUR ANTÉRIEUR.

J'aurai	A I t

CONDITIONNEL PRÉSENT.

J	E rais
tu	E rais
il *ou* elle	E rait
nous	E rions
vous	E riez
ils *ou* elles	E raient

CONDITIONNEL PASSÉ.

J'aurais	A I t

On dit aussi :

J'eusse	A I t

IMPÉRATIF.

	AI s
	A I S ons
	A I tes

SUBJONCTIF PRÉSENT OU FUTUR.

Que j	A S S e
que tu	A S S es
qu'il *ou* qu'elle	A S S e
que nous	A S S ions
que vous	A S S iez
qu'ils *ou* qu'elles	A S S ent

IMPARFAIT.

Que j	isse
que tu	isses
qu'il *ou* qu'elle	ît
que vous	issions
que nous	issiez
qu'ils *ou* qu'elles	issent

PASSÉ.

Que j'aie	A I t

PLUS-QUE-PARFAIT.

Que j'eusse	A I t

INFINITIF PRÉSENT.

	A I re

PASSÉ.

avoir	A I t

PARTICIPE PRÉSENT.

	A I S ant

PARTICIPE PASSÉ.

	A I t
	A I te
ayant	A I t

Troisième Conjugaison.

Présent de l'Infinitif, | (déchoir.) déchOI **r.**

Dérivés du Présent de l'Infinitif,   E R rai, . s.
Participe passé,   u.
Présent de l'Indicatif,   O I s.
Passé défini,   us.

Radical variable.

DÉFECTIF. Il a tous les temps formés du participe présent, excepté *l'imparfait de l'indicatif*, quoique ce participe, temps primitif, n'existe pas.
IRRÉGULIER *au futur et au conditionnel.*
L'emploi le plus ordinaire de ce verbe est au participe passé, construit avec l'auxiliaire ÊTRE.
— Ce verbe prend l'auxiliaire AVOIR, si l'on veut exprimer l'idée d'une action. Il prend l'auxiliaire ÊTRE, pour marquer l'idée d'état, de situation.

INDICATIF PRÉSENT.

J	O I s
tu	O I s
il *ou* elle	O I t
nous	O Y ons
vous	O Y ez
ils *ou* elles	O I ent

PASSÉ DÉFINI.

J	us
tu	us
il *ou* elle	ut
nous	ûmes
vous	ûtes
ils *ou* elles	urent

PASSÉ INDÉFINI.
J'ai	u
Je suis	u

PASSÉ ANTÉRIEUR.
J'eus	u
Je fus	u

PLUS – QUE – PARFAIT.
J'avais	u
J'étais	u

FUTUR.
J	E R rai
tu	E R ras
il *ou* elle	E R ra
nous	E R rons
vous	E R rez
ils *ou* elles	E R ront

FUTUR ANTÉRIEUR.
J'aurai	u
Je serai	u

CONDITIONNEL PRÉSENT.
J	E R rais
tu	E R rais
il *ou* elle	E R rait
nous	E R rions
vous	E R riez
ils *ou* elles	E R raient

CONDITIONNEL PASSÉ.
J'aurais	u
Je serais	u

On dit aussi:
J'eusse	u
Je fusse	u

IMPERATIF.
	O I s
	O Y ons
	O Y ez

SUBJONCTIF PRÉSENT OU FUTUR.
Que j	O I e
que tu	O I es
qu'il *ou* qu'elle	O I e
que nous	O Y ions
que vous	O Y iez
qu'ils *ou* qu'elles	O I ent

IMPARFAIT.
Que j	usse
que tu	usses
qu'il *ou* qu'elle	ût
que nous	ussions
que vous	ussiez
qu'ils *ou* qu'elles	ussent

PASSÉ.
Que j'aie	u
Que je sois	u

PLUS – QUE – PARFAIT.
Que j'eusse	u
Que je fusse	u

INFINITIF PRÉSENT.
O I **r**

PASSÉ.
avoir	u
être	u

PARTICIPE PASSÉ.
	u
	ue
ayant	u
étant	u

Troisième Conjugaison.

Présent de l'Infinitif, | (échoir.) | **échOI r.**

Dérivés du Présent de l'Infinitif, | E R rai, . s.
Participe présent, | É ant.
Dérivés du Participe présent, | O I e, es, ent.
Participe passé, | u.
Présent de l'Indicatif, | { O I s, t, ent.
| { E t.
Passé défini, | us.

Radical variable.

DÉFECTIF. Il n'est guère usité qu'aux troisièmes personnes du présent de l'indicatif. Point d'impératif.

L'usage autorise aussi l'imparfait de l'indicatif et le présent du subjonctif.

IRRÉGULIER aux dérivés du participe présent.

L'emploi le plus ordinaire de ce verbe est au participe passé, construit avec l'auxiliaire ÊTRE.

INDICATIF PRÉSENT.

J	O t s
tu	O I s
il ou elle	O I t
il ou elle	E t
nous	É ons
vous	É ez
ils ou elles	É ent
ils ou elles	O I ent

IMPARFAIT.

J	É ais
tu	É ais
il ou elle	É ait
nous	É ions
vous	É iez
ils ou elles	É aient

ou

J	O Y ais
tu	O Y ais
Il ou elle	O Y ait
nous	O Y ions
vous	O Y iez
ils ou elles	O Y aient

PASSÉ DÉFINI.

J	us
tu	us
il ou elle	ut
nous	ûmes
vous	ûtes
ils ou elles	urent

PASSÉ INDÉFINI.

Je suis | u

PASSÉ ANTÉRIEUR.

Je fus | u

PLUS-QUE-PARFAIT.

J'étais | u

FUTUR.

J	E R rai
tu	E R ras
il ou elle	E R ra
nous	E R rons
vous	E R rez
ils ou elles	E R ront

FUTUR ANTÉRIEUR.

Je serai | u

CONDITIONNEL PRÉSENT.

J	E R rais
tu	E R rais
il ou elle	E R rait
nous	E R rions
vous	E R riez
ils ou elles	E R raient

CONDITIONNEL PASSÉ.

Je serais | u

On dit aussi :

Je fusse | u

SUBJONCTIF PRÉSENT OU FUTUR.

Que j	O I e
que tu	O I es
qu'il ou qu'elle	O I e
que nous	É ions
que vous	É iez
qu'ils ou qu'elles	O I ent

IMPARFAIT.

Que j	usse
que tu	usses
qu'il ou qu'elle	ût
que vous	ussions
que nous	ussiez
qu'ils ou qu'elles	ussent

PASSÉ.

Que je sois | u

PLUS-QUE-PARFAIT.

Que je fusse | u

INFINITIF PRÉSENT.

O I r

PASSÉ.

être | u

PARTICIPE PRÉSENT.

É ant

PARTICIPE PASSÉ.

	u
	ue
étant	u

77
Troisième Conjugaison.

Présent de l'Infinitif, faLL **oir.**

Dérivés du Présent de l'Infinitif , U D ra, rait.
Dérivé du Participe présent , ; I L L e.
Participe passé , (invariable.) L L u.
Présent de l'Indicatif , U t.
Passé défini, L L ut.

Radical variable.

DÉFECTIF. (Unipersonnel.) Il n'a dans tous ses temps que la troisième personne du singulier. Le pronom il, sujet grammatical, est sans rapport.
Point d'impératif, et quoique le participe présent manque, il a l'imparfait de l'indicatif et le présent du subjonctif, dérivés de ce temps primitif.
IRRÉGULIER au futur et au conditionnel; au présent du subjonctif, devant une terminaison féminine.
Le participe passé des verbes unipersonnels est TOUJOURS INVARIABLE.

INDICATIF PRÉSENT.
il U t
IMPARFAIT.
il L L ait
PASSÉ DÉFINI.
il L L ut
PASSÉ INDÉFINI.
il a L L u
PASSÉ ANTÉRIEUR.
il eut L L u
PLUS – QUE – PARFAIT.
il avait L L u
FUTUR.
il U D ra
FUTUR ANTÉRIEUR.
il aura L L u
CONDITIONNEL PRÉSENT.
il U D rait
CONDITIONNEL PASSÉ.
il aurait L L u
On dit aussi :
il eût L L u
SUBJONCTIF PRÉSENT OU FUTUR.
qu'il I L L e
IMPARFAIT.
qu'il L L ût
PASSÉ.
qu'il ait L L u
PLUS – QUE – PARFAIT.
qu'il eût L L u

INFINITIF PRÉSENT.
L L **oir.**
PARTICIPE PASSÉ, (invariable.)
L L u
ayant L L u

78
Troisième Conjugaison.

Présent de l'Infinitif, plEUV **oir.**

Participe présent , E U V ant.
Participe passé , (invariable.) u.
Présent de l'Indicatif, E U t.
Passé défini, ut.

Radical variable.

DÉFECTIF. Pas d'impératif. — (Unipersonnel.) RÉGULIER suivant ses temps primitifs.
Ce verbe n'a le plus souvent que la troisième personne du singulier. Au figuré, cependant, il peut aussi avoir la troisième personne du pluriel. (ACAD.)

INDICATIF PRÉSENT.
il E U t
(Substantif pluriel.) E U V ent
IMPARFAIT.
il E U V ait
(Substantif pluriel.) E U V aient
PASSÉ DÉFINI.
il ut
PASSÉ INDÉFINI.
il a u
PASSÉ ANTÉRIEUR.
il eut u
PLUS – QUE – PARFAIT.
il avait u
FUTUR.
il E U V ra
(Substantif pluriel.) E U V ront
FUTUR ANTÉRIEUR.
il aura u
CONDITIONNEL PRÉSENT.
il E U V rait
(Substantif pluriel.) E U V raient
CONDITIONNEL PASSÉ.
il aurait u
On dit aussi .
il eût u
SUBJONCTIF PRÉSENT OU FUTUR.
qu'il E U V e
que (Subs. pl.) E U V ent

IMPARFAIT.

qu'il ût

PASSÉ.

qu'il ait u

PLUS-QUE-PARFAIT.

qu'il eût u

INFINITIF PRÉSENT.

E U V **oir.**

PASSÉ.

avoir u

PARTICIPE PRÉSENT.

E U V *ant*

PARTICIPE PASSÉ, *(invariable.)*

u

ayant u

79

Troisième Conjugaison.

Présent de l'Infinitif, pOUV **oir.**

Dérivés du Présent de l'Infinitif, O U *R rai, . . s.*

Participe présent, O U *V ant.*

Dérivés du Participe présent, { *E* U V *ent.* / U *I S S* { *e, es, e; ions, iez, ent.*

Participe passé, *(invariable.)* u.

Présent de l'Indicatif, { U *I* s. / *E* U x.

Passé défini, us.

Radical variable.

DÉFECTIF. Pas d'impératif. IRRÉGULIER *au futur, au conditionnel et aux dérivés du participe présent.*

Je pU*I*s est plus usité que je p*E*U*x*; cette dernière forme rejette l'interrogation.

Ce verbe s'emploie au subjonctif par manière de vœu, de souhait, d'imprécation.

Le participe passé est TOUJOURS INVARIABLE.

— Quoique l'usage ait conservé deux *rr* dans je pOUR*rai*, je pOU*R rais*, on n'en prononce qu'un.

INDICATIF PRÉSENT.

J U *I s*
J *E* U *x*
tu *E* U *x*
il *ou* elle *E* U *t*
nous O U V *ons*
vous O U V *ez*
ils *ou* elles *E* U V *ent*

IMPARFAIT.

J O U V *ais*
tu O U V *ais*
il *ou* elle O U V *ait*
nous O U V *ions*
vous O U V *iez*
ils *ou* elles O U V *aient*

PASSÉ DÉFINI.

J *us*
tu *us*
il *ou* elle *ut*
nous *ûmes*
vous *ûtes*
ils *ou* elles *urent*

PASSÉ INDÉFINI.

J'ai u

PASSÉ ANTÉRIEUR.

J'eus u

PLUS-QUE-PARFAIT.

J'avais u

FUTUR.

J O U *R rai*
tu O U *R ras*
il *ou* elle O U *R ra*
nous O U *R rons*
vous O U *R rez*
ils *ou* elles O U *R ront*

FUTUR ANTÉRIEUR.

J'aurai u

CONDITIONNEL PRÉSENT.

J O U *R rais*
tu O U *R rais*
il *ou* elle O U *R rait*
nous O U *R rions*
vous O U *R riez*
ils *ou* elles O U *R raient*

CONDITIONNEL PASSÉ.

J'aurais u

On dit aussi :

J'eusse. u

SUBJONCTIF PRÉSENT OU FUTUR.

Que j U *I S S e*
que tu U *I S S es*
qu'il *ou* qu'elle U *I S S e*
que nous U *I S S ions*
que vous U *I S S iez*
qu'ils *ou* qu'elles U *I S S ent*

IMPARFAIT.

Que j *usse*
que tu *usses*
qu'il *ou* qu'elle *ût*

que nous — ussions
que vous — ussiez
qu'ils *ou* qu'elles — ussent

PASSÉ.
Que j'aie — u

PLUS – QUE – PARFAIT.
Que j'eusse — u

INFINITIF PRÉSENT.
O U V **oir**

PASSÉ.
avoir — u

PARTICIPE PRÉSENT.
O U V ant

PARTICIPE PASSÉ, *(invariable.)*
u
ayant — u

80

Troisième Conjugaison.

Présent de l'Infinitif,	vaL **oir**.

Dérivés du Présent de l'Infinitif,	U D rai, . s.
Participe présent ,	L ant.
Dérivés du Participe présent ,	[L L] e, es, ent.
Participe passé ,	L u.
Présent de l'Indicatif ,	U x.
Passé défini ,	L us.

Radical variable.

DÉFECTIF. Pas d'impératif. IRRÉGULIER *au futur, au conditionnel et au subjonctif présent*, devant les terminaisons féminines.
— Quoique verbe neutre, vaL*oir*, *être d'un certain prix*, peut être employé dans le sens actif, quand il signifie *procurer*, *produire*. Dans ce cas, le participe passé vaL*u* est *variable*.

INDICATIF PRÉSENT.

J	U x
tu	U x
il *ou* elle	U t
nous	L ons
vous	L ez
ils *ou* elles	L ent

IMPARFAIT.

J	L ais
tu	L ais
il *ou* elle	L ait

nous	L ions
vous	L iez
ils *ou* elles	L aient

PASSÉ DÉFINI.

J	L us
tu	L us
il *ou* elle	L ut]
nous	L ûmes
vous	L ûtes
ils *ou* elles	L urent

PASSÉ INDÉFINI.

J'ai	L u

PASSÉ ANTÉRIEUR.

J'eus	L u

PLUS – QUE – PARFAIT.

J'avais	L u

FUTUR.

J	U D rai
tu	U D ras
il *ou* elle	U D ra
nous	U D rons
vous	U D rez
ils *ou* elles	U D ront

FUTUR ANTÉRIEUR.

J'aurai	L u

CONDITIONNEL PRÉSENT.

J	U D rais
tu	U D rais
il *ou* elle	U D rait
nous	U D rions
vous	U D riez
ils *ou* elles	U D raient

CONDITIONNEL PASSÉ.

J'aurais	L u

On dit aussi :

J'eusse	L u

SUBJONCTIF PRÉSENT OU FUTUR.

Que j	I L L e
que tu	I L L es
qu'il *ou* qu'elle	I L L e
que nous	L ions
que vous	L iez
qu'ils *ou* qu'elles	I L L ent

IMPARFAIT.

Que j	L usse
que tu	L usses
qu'il *ou* qu'elle	L ût
que nous	L ussions
que vous	L ussiez
qu'ils *ou* qu'elles	L ussent

PASSÉ.

Que j'aie	L *u*

PLUS – QUE – PARFAIT.

Que j'eusse	L *u*

INFINITIF PRÉSENT.

L ***oir***

PASSÉ.

avoir	L *u*

PARTICIPE PRÉSENT.

L *ant*

PARTICIPE PASSÉ.

	L *u*
	L *ue*
ayant	L *u*

81

Quatrième Conjugaison.

Présent de l'Infinitif,	absoUD ***re.***
Participe présent,	L V *ant.*
Participe passé ,	U *s .* U *te.*
Présent de l'Indicatif,	U *s.*

Radical variable.

DÉFECTIF. — IRRÉGULIER dans tous les temps, excepté *au futur et au conditionnel.*

Ce verbe n'a ni le *passé défini ni l'imparfait du subjonctif,* qui en dérive.

Le participe passé fait au féminin absoU *te.*

INDICATIF PRÉSENT.

J	U *s*
tu	U *s*
il *ou* elle	U *t*
nous	L V *ons*
vous	L V *ez*
ils *ou* elles	L V *ent*

IMPARFAIT.

J	L V *ais*
tu	L V *ais*
il *ou* elle	L V *ait*
nous	L V *ions*
vous	L V *iez*
ils *ou* elles	L V *aient*

PASSÉ INDÉFINI.

J'ai	U *s*

PASSÉ ANTÉRIEUR.

J'eus	U *s*

PLUS – QUE – PARFAIT.

J'avais	U *s*

FUTUR.

J	U D *ra i*
tu	U D *ras*
il *ou* elle	U D *ra*
nous	U D *rons*
vous	U D *rez*
ils *ou* elles	U D *ront*

FUTUR ANTÉRIEUR.

J'aurai	U *s*

CONDITIONNEL PRÉSENT.

J	U D *rais*
tu	U D *rais*
il *ou* elle	U D *rait*
nous	U D *rions*
vous	U D *riez*
ils *ou* elles	U D *raient*

CONDITIONNEL PASSÉ.

J'aurais	U *s*

On dit aussi :

J'eusse	U *s*

IMPÉRATIF.

	U *s*
	L V *ons*
	L V *ez*

SUBJONCTIF PRÉSENT OU FUTUR.

Que j	L V *e*
que tu	L V *es*
qu'il *ou* qu'elle	L V *e*
que nous	L V *ions*
que vous	L V *iez*
qu'ils *ou* qu'elles	L V *ent*

PASSÉ.

Que j'aie	U *s*

PLUS-QUE-PARFAIT.

Que j'eusse	U *s*

INFINITIF PRÉSENT.

U D ***re***

PASSÉ.

avoir	U *s*

PARTICIPE PRÉSENT.

L V *ant*

PARTICIPE PASSÉ.

	U *s*
	U *te*
ayant	U *s*

82

Quatrième Conjugaison.

Présent de l'Infinitif,	cl0 *re.*

Participe présent ,	0 S ant.
Participe passé ,	0 S.
Présent de l'Indicatif ,	0 s.

Radical variable.

DÉFECTIF et **IRRÉGULIER.** D'après l'Académie, ce verbe ne saurait être usité qu'*aux trois personnes singulières du présent de l'indicatif, au futur, au conditionnel et aux temps composes.* Les écrivains modernes ne se soumettent pas à cette décision, puisqu'ils font usage du verbe cl0 re à tous les temps et à toutes les personnes, excepté *au passé defini et à l'imparfait du subjonctif.*

INDICATIF PRÉSENT.

J	0 s
tu	0 s
il *ou* elle	Ô t
nous	0 S ons
vous	0 S ez
ils *ou* elles	0 S ent

IMPARFAIT.

J	0 S ais
tu	0 S ais
il *ou* elle	0 S ait
nous	0 S ions
vous	0 S iez
ils *ou* elles	0 S aient

PASSÉ INDÉFINI.

J'ai	0 S

PASSÉ ANTÉRIEUR.

J'eus	0 S

PLUS – QUE – PARFAIT.

J'avais	0 S

FUTUR.

J	0 rai
tu	0 ras
il *ou* elle	0 ra
nous	0 rons
vous	0 rez
ils *ou* elles	0 ront

FUTUR ANTÉRIEUR.

J'aurai	0 S

CONDITIONNEL PRÉSENT.

J	0 rais
tu	0 rais
il *ou* elle	0 rait
nous	0 rions
vous	0 riez
ils *ou* elles	0 raient

CONDITIONNEL PASSÉ.

J'aurais	0 S

On dit aussi :

J'eusse	0 S

IMPÉRATIF.

	0 s
	0 S ons
	0 S ez

SUBJONCTIF PRÉSENT OU FUTUR.

Que j	0 S e
que tu	0 S es
qu'il *ou* qu'elle	0 S e
que nous	0 S ions
que vous	0 S iez
qu'ils *ou* qu'elles	0 S ent

PASSÉ.

Que j'aie	0 S

PLUS – QUE – PARFAIT.

Que j'eusse	0 S

INFINITIF PRÉSENT.

	0 re

PASSÉ.

avoir	0 S

PARTICIPE PRÉSENT.

	0 S ant

PARTICIPE PASSÉ.

	0 S
	0 S e
ayant	0 S

83

Quatrième Conjugaison.

Présent de l'Infinitif,	écl0 *re.*

Participe passé ,	0 S.
Présent de l'Indicatif,	Ô t.

Radical variable.

DÉFECTIF et **IRRÉGULIER.** Usité seulement au présent de l'infinitif, *aux troisièmes personnes du présent de l'indicatif. du futur , du conditionnel et du présent du subjonctif,* quoiqu'il n'ait pas de participe présent.

Il se construit avec **ÊTRE,** dans ses temps composés, qui sont fort eu usage.

INDICATIF PRÉSENT.

il *ou* elle	Ô t
ils *ou* elles	0 S ent

PASSÉ INDÉFINI.

il est	0 S
ils sont	0 S

PASSÉ ANTÉRIEUR.

il fut	0 S
ils furent	0 S

PLUS - QUE - PARFAIT.

il était	O *s*
ils étaient	O *s*

FUTUR.

il *ou* elle	Ô *ra*
ils *ou* elles	Ô *ront*

FUTUR ANTÉRIEUR.

il sera	O *s*
ils seront	O *s*

CONDITIONNEL PRÉSENT.

il *ou* elle	Ô *rait*
ils *ou* elles	Ô *raient*

CONDITIONNEL PASSÉ.

il serait	O *s*
ils seraient	O *s*

On dit aussi :

il fût	O *s*
ils f..rent	O *s*

SUBJONCTIF PRÉSENT OU FUTUR.

qu'il *ou* qu'elle	O *s e*
qu'ils *ou* qu'elles	O *s ent*

PASSÉ.

qu'il soit	O *s*
qu'ils soient	O *s*

PLUS - QUE - PARFAIT.

qu'il fût	O *s*
qu'ils fussent	O *s*

INFINITIF PRÉSENT.

	O **re**.

PASSÉ.

être	O *s*

PARTICIPE PASSÉ.

	O *s*
	O *s e*
étant	O *s*

84
Quatrième Conjugaison.

Présent de l'Infinitif,	(trai *re*.) trai	**re**.
Participe présent,		*Y ant.*
Dérivés du Participe présent		*I e, es, ent.*
Participe passé,		*I t.*
Présent de l'Indicatif,		*I s.*

Radical variable.

DÉFECTIF. Pas de passé défini ni d'imparfait du subjonctif.

Dans les dérivés du participe présent, l'*Y* se change en *I* devant une terminaison féminine. Cette voyelle est suivie d'un *i*, aux deux premières personnes plurielles de l'imparfait de l'indicatif et du présent du subjonctif.

INDICATIF PRÉSENT.

J	I *s*
tu	I *s*
il *ou* elle	I *t*
nous	Y *ons*
vous	Y *ez*
ils *ou* elles	I *ent*

IMPARFAIT.

J	Y *ais*
tu	Y *ais*
il *ou* elle	Y *ait*
nous	Y *ions*
vous	Y *iez*
ils *ou* elles	Y *aient*

PASSÉ INDÉFINI.

J'ai	I *t*

PASSÉ ANTÉRIEUR.

J'eus	I *t*

PLUS - QUE - PARFAIT.

J'avais	I *t*

FUTUR.

J	I *rai*
tu	I *ras*
il *ou* elle	I *ra*
nous	I *rons*
vous	I *rez*
ils *ou* elles	I *ront*

FUTUR ANTÉRIEUR.

J'aurai	I *t*

CONDITIONNEL PRÉSENT.

J	I *rais*
tu	I *rais*
il *ou* elle	I *rait*
nous	I *rions*
vous	I *riez*
ils *ou* elles	I *raient*

CONDITIONNEL PASSÉ.

J'aurais	I *t*

On dit aussi :

J'eussé	I *t*

IMPÉRATIF.

	I *s*
	Y *ons*
	Y *ez*

SUBJONCTIF PRÉSENT OU FUTUR.

Que j	I *e*
que tu	I *es*
qu'il *ou* qu'elle	I *e*
que nous	Y *ions*
que vous	Y *iez*
qu'ils *ou* qu'elles	I *ent*

INFINITIF PRÉSENT.

	I **re**

PASSÉ.

avoir	I *t*

PARTICIPE PRÉSENT.

	Y *ant*

PARTICIPE PASSÉ.

	I *t*
	I *te*
ayant	I *t*

TABLE

ET

CORRESPONDANCE DES MODES ET DES TEMPS.

Rapport des Temps de l'Indicatif entr'eux.

NOTA. — Les VERBES employés dans les phrases construites d'après ce paradigme et les suivans, sont pris à volonté; leur signification et l'ordre, que le génie de la langue veut qu'on donne dans le discours aux différentes espèces de mots, doivent toujours présenter à l'esprit un sens complet.

. . (Imparfait de l'Indicatif) . . . quand . . .	Imparfait de l'Indicatif) . . .
	Passé défini) . . . .
	Passé indéfini) . . . .
Quand . . . . . . (Passé antérieur)	(Passé défini) . . . .
. . . (Plus-que-parfait de l'Indicatif) . quand . .	Imparfait de l'Indicatif) . . .
	Passé défini) . . . .
	Passé indéfini) . . . . . .
	Passé antérieur) . . . . . .
Quand . . . . . (Futur antérieur)	(Futur absolu) . . . . . .
(Futur absolu) . . . si (mis pour supposé que) . . .	(Présent de l'Indicatif) . . .
(Futur antérieur) . . . si (mis pour supposé que) . . .	(Passé indéfini) . . . . . .

EXEMPLES. Je lisais quand vous écriviez, — quand vous écrivîtes, — quand vous avez écrit. —— Quand j'eus lu, vous entrâtes. —— J'avais lu quand vous entriez, — quand vous entrâtes, — quand vous êtes entré, — quand vous fûtes entré. —— Quand j'aurai lu vous entrerez. —— Vous partirez, si je le veux. — Il sera parti, si vous l'avez voulu.

On se sert rarement des Temps sur-composés, mais il est des cas où la précision et la clarté de l'expression en exigent l'emploi.

Quand . . (Passé indéfini sur-composé . . . . . j'ai eu (participe passé)	(Passé indéfini) . . . . . .
Quand . . (Passé antérieur sur-composé . . . . . j'eus eu (participe passé)	(Passé défini). . . . . . .
Quand . . (Futur antérieur sur composé . . . . . j'aurai eu (participe passé)	(Futur absolu) . . . . .

EXEMPLES. Quand j'ai eu écrit, vous êtes entré. — Quand j'eus eu écrit, vous entrâtes. — Quand j'aurai eu écrit, vous entrerez.

Rapports au Conditionnel et du Conditionnel.

Si . . . . (Plus-que-parfait sur-composé) . . . j'avais eu plus tôt (participe passé)	(Conditionnel passé) . . .
(Conditionnel passé sur-composé) avant vous, si . . . j'aurais eu (participe passé)	(Plus-que-parfait de l'Indicatif).
. . . . . (Conditionnel présent) si	(Imparfait de l'Indicatif) . .
. . . . (1er Conditionnel passé) si	Plus-que-parfait de l'Indicatif) 2e Conditionnel passé . . . .
. . . . (2e Conditionnel passé). si	(2e Conditionnel passé). . . .
Quand . . (Conditionnel présent)	(Conditionnel présent) . . . .
Quand . . (Conditionnel passé)	(Conditionnel passé) . . . .

EXEMPLES. Si j'avais eu plus tôt lu, je serais sorti. — J'aurais eu lu avant vous, si je n'avais pas été interrompu. — Vous partiriez, si je le voulais. — Vous seriez parti, si je l'avais voulu. — Vous seriez parti, si je l'eusse voulu. — Vous fussiez parti, si je l'eusse voulu. — Quand l'avare posséderait tout l'or du monde, il ne serait pas content. — Quand Alexandre aurait conquis tout l'univers, il n'aurait pas été satisfait.

Lorsque deux phrases sont unies par la conjonction *que*, on emploie tantôt l'*Indicatif*, tantôt le *Subjonctif*, ce qui établit des rapports de correspondance, non seulement entre les différens modes, mais aussi entre les temps du même mode.

Emploi des Temps de l'Indicatif et du Conditionnel.

(Présent de l'Indicatif)	*que*	Présent de l'Indicatif) *aujourd'hui*,		
		Imparfait de l'Indicatif) *hier*, etc.		
		Passé défini) *hier*,		
		Passé indéfini) *ce matin*,		
		Plus-que-parfait) *hier*, *avant moi*,		
		Futur absolu) *demain*,		
		Conditionnel présent) *aujourd'hui*, si . . .		
		1er Conditionnel passé) *hier*, si		
		2e Conditionnel passé) *plus tôt*, si		

EXEMPLES. On *dit* que vous *partez* aujourd'hui pour Paris, — que vous *partiez* hier pour Londres, — que vous *partîtes* hier subitement, — que vous *êtes parti* ce matin bien content, — que vous *étiez parti* hier avant moi, — que vous *partirez* demain, — que vous *partiriez* aujourd'hui, si . . . — que vous *seriez parti* hier, si . . . . . — que vous *fussiez parti* plus tôt, si . . .

Imparfait de l'Indicatif	*que*	Imparfait de l'indicatif) *aujourd'hui*,	
Passé défini		Plus-que-parfait de l'Indicatif)	
Passé indéfini			
Plus-que-parfait			
. . . (Futur absolu	*que* . .	Conditionnel présent	*Ces deux temps sont bien souvent*
. . . (Futur antérieur	*que* . .	Conditionnel passé	*employés sans qu'il y ait condition.*
		. (Passé indéfini) . . .	

EXEMPLES. On *disait*, on *dit*, on *a dit*, on *avait dit* que vous *partiez* aujourd'hui ; que vous *étiez parti*. — Je *croyais*, je *crus*, j'*ai cru*, j'*avais cru*, j'*aurais cru* que vous *écririez* ; que vous *auriez écrit*. — On *dira*, on *aura dit* que vous *êtes parti*.

86

De l'Emploi des Temps du Subjonctif.

Le SUBJONCTIF est un Mode toujours dépendant du Verbe, exprimé ou sous-entendu, de la Proposition principale, dont il ne peut être séparé, sans cesser de former un sens clair et déterminé.

On emploie les Temps du Subjonctif après les Verbes qui marquent *le doute* ou *la crainte* ; *le désir* ou *la volonté* ; *l'admiration* ou *la surprise* ; *la dénégation* ou *le consentement* ; *la défense* ou *la permission* ; *l'obligation* ou *la tendance*, et enfin après toute idée *de souhait* ou *d'option*.

Après *les Verbes unipersonnels* on *employés unipersonnellement*, excepté cependant les verbes unipersonnels *il appert*, *il résulte*, *il paraît*, *il s'ensuit*, *il arrive*, *il est certain*, et toutes les autres locutions unipersonnelles, dans la composition desquelles se trouve un adjectif ou un participe qui exprime une idée positive ou une opération de l'esprit. Ces Verbes et ces locutions veulent à *l'Indicatif* le verbe subordonné, à moins qu'ils ne soient *interrogatifs* ou *négatifs*.

Après *les Verbes négatifs*, *interrogatifs*, qui expriment le doute, et après les locutions conjonctives *afin que*, *à moins que*, *au cas que*, *avant que*, *bien que*, *de crainte que*, *de peur que*, *de quoi que*, *en cas que*, *encore que*, *jusqu'à ce que*, *bien que*, *malgré que*, *nonobstant que*, *non pas que*, *non que*, *posé que*, *pour peu que*, *pour que*, *pourvu que* (dans le sens de *si* ou de *à moins que*), *qui que*, *quel que*, *quelque* . . . *que*, *à quoi que*, *quoi que*, *quoique*, *sans que*, *soit que*, *si non que*, *si peu que*, *si tant est que*, *tam. suppose que*, et ces façons de parler unipersonnellement : *On n'en trouve pas qui* . . . ou *que* . . . *Il n'y a personne qui* . . . ou . . . *que* . . . *Il y a peu de personnes ou de choses qui* . . . ou *que* . . .

On peut aussi mettre le verbe subordonné au *Conditionnel* quand le verbe principal négatif est à *l'Imparfait*, pourvu cependant que ce dernier rejette de lui-même le subjonctif.

EXEMPLES. Je n'*espérais* pas qu'il *viendrait* si tôt. — Il ne *pensait* pas qu'on le *verrait*.

Correspondance des Temps du Subjonctif avec ceux de l'Indicatif.

Quand le Verbe de la proposition principale est *au Présent* ou *au Futur*, on met le verbe de la proposition subordonnée *au Présent au Subjonctif*, ...

Présent de l'Indicatif . . .			Si, par ce verbe, l'on veut exprimer UNE ACTION PRÉSENTE ou FUTURE, par rapport au premier verbe, c'est-à-dire *une action qui avait lieu ou qui était encore à faire*, quand l'action exprimée par le premier verbe *avait lieu*.
Futur absolu	*que*	(Présent du Subjonctif .	
Quand Futur antérieur .			

Quand le Verbe principal est à l'un des temps suivants, on met le verbe subordonné à *l'Imparfait du Subjonctif*,

Imparfait de l'Indicatif . .		
Passé défini		
Passé indéfini	*que*	(Imparfait du Subjonctif .
Plus-que-parfait		
Conditionnel présent . .		
Conditionnel passé . . .		

EXEMPLES. Je souhaite que vous *soyez* heureux. — Je *veillerai* à ce qu'il ne *puisse* soustraire aucun de vos papiers. — Quand j'*aurai décidé* que vous *partiez*, on vous avertira. — Il *désirait* que vous *allassiez* voir vos amis. — Je *doutai* que vous *étudiassiez* aujourd'hui. — J'*ai craint* qu'ils ne s'*ennuyassent*. — J'*avais défendu* que l'on vous *écrivît*. — Je *désirerais* que de nouveaux succès *fissent* envie. — J'*aurais voulu* que vous *écrivissiez* plus souvent.

Quand le premier Verbe est à l'un des temps suivants, on met le verbe subordonné *au Passé du Subjonctif.* • • • • • • • • •

Présent de l'Indicatif		Si , par ce verbe ,
Passé indéfini	*que* . (Passé du Subjonctif . . .	l'on veut exprimer
Futur absolu		UNE ACTION PASSÉE
Futur antérieur		par rapport au premier verbe, c'est-à-

Quand le premier Verbe est à l'un des temps suivans , on met le verbe subordonné *au Plus - que - parfait du Subjonctif.* • • • • • • •

		dire *une action qui*
Imparfait de l'Indicatif . . .		*était déjà faite*, lors-
Passé défini.		que l'action désignée
Passé indéfini		par le premier verbe
Plus - que - parfait.	*que* . (Plus-que-parfait du Subjonctif . .	*avait lieu.*
Conditionnel présent. . . .		
1er Conditionnel passé . . .		
2e Conditionnel passé . . .		

EXEMPLES. Il *faut* qu'il *ait trouvé* des protecteurs.— Il *a fallu* que vous *ayez eu* beaucoup de patience.— Si nous ne partons pas à l'instant, on *doutera* demain que nous *soyons arrivés* ce soir, et que nous *ayons fait* notre voyage en si peu de temps.— Il *a fallu* qu'il *ait sollicité* ses juges, et qu'il se *soit informé* de plusieurs autres affaires. — Je ne *savais* pas que vous *eussiez fait* une étude si approfondie des langues anciennes et modernes.— Vous ne *crûtes* pas que la méchanceté et la haine *eussent été* capables de se porter à de tels excès.— Vous n'*avez* pas cru qu'on vous *eût tendu* un piège.— Nous *avions ignoré* que le Ministre vous *eût* répondu à ce sujet.—Vous *trouveriez mauvais* que nous *eussions contrevenu* à vos ordres.— J'*aurais douté* que vous *eussiez étudié.* — J'*eusse voulu* que vous *fussiez parti.*

Quelquefois , quoique le premier Verbe soit *au Présent* ou *au Futur* , on met le second *à l'Imparfait du Subjonctif*, au lieu du Présent, et *au Plus-que-parfait*, au lieu du Passé, quand ce second Verbe est suivi d'*une expression conditionnelle*, exprimée ou sous-entendue.

Présent de l'Indicatif . . .	*que* Imparfait du Subjonctif . . *si*	*expression*
Futur absolu.	*que* Plus-que-parfait du Subjonctif, *si*	*conditionnelle.*

EXEMPLES. Je doute qu'il *restât* à Paris , *si des affaires ne l'y retenaient.* — Je ne *pense* pas qu'ils *eussent obtenu* cette faveur , *si vous ne les eussiez protégés.*

Cette expression conditionnelle est quelquefois remplacée par la préposition *sans* , suivie d'un substantif ou d'un pronom , mots équivalant *au Présent de l'Indicatif*, *à l'Imparfait de l'Indicatif* et *au Plus-que-parfait de l'Indicatif.* Ces circonstances de temps sont toujours déterminées *par le Verbe au Subjonctif.*

EXEMPLE. Je doute, je douterai que votre frère *eût réussi sans votre secours.*

Sans votre secours est une expression conditionnelle qui équivaut à : *si vous ne l'aviez pas secouru.*

On met aussi le Verbe subordonné *au Présent du Subjonctif*, quoique le premier soit *au Passé indéfini* ; mais cela n'a lieu que lorsque le Verbe régi est précédé d'une des conjonctions *afin que* , *pour que* , *de crainte que* , *de peur que* , *quoique* , *bien que* , *encore que* , etc., quand on veut exprimer une action présente dans le moment où l'on parle, ou future relativement à ce même moment.

. . (Passé indéfini) *pour que* . . *afin que* (Présent du Subjonctif) . .

EXEMPLE. Il a trop *plu* , pour que nous *allions* aujourd'hui et même demain à la campagne.

On met toujours le second Verbe *au Présent du Subjonctif*, quel que soit le temps du premier, quand ce second Verbe exprime *une vérité constante*, *une chose vraie*, qui existe encore au moment où l'on parle, une chose qui ne dépend d'aucune circonstance de temps, et qui par conséquent *peut toujours avoir lieu.*

EXEMPLE. Dieu nous *a donné* une âme pour que nous *puissions* l'aimer.

On emploie aussi quelquefois *les temps sur - composés au Passé* et *au Plus-que-parfait du Subjonctif.*

EXEMPLES. Je ne *crois* pas que vous *ayez eu dîné* avant midi. - Je ne *croyais* pas que vous *eussiez eu dîné* avant midi.

Les Temps du Subjonctif sont encore d'usage *dans certaines phrases elliptiques*, c'est-à-dire où il y a quelques mots sous - entendus.

EXEMPLE. *Puissiez-vous* vivre autant que Mathusalem, c'est-à-dire : *Je souhaite que vous puissiez vivre*, etc.

Les Conditionnels : ON DIRAIT , employé pour *il semble* ; JE NE SAURAIS , pour *je ne puis* , régissent le *Présent* ou le *Passé du Subjonctif*, lorsqu'il n'y a que de légères apparences.

EXEMPLES. On dirait que le savoir *consiste* à ne dire que de vaines paroles. — On dirait que le livre des destins *ait été* ouvert à cet homme de génie. — Je ne saurais dire un mot, sans qu'il ne *prenne* de l'humeur.

Mais , lorsqu'on a de fortes raisons pour croire une chose, on emploie l'*Indicatif* après *on dirait que.*

EXEMPLE. On dirait que vous *travaillez* pour des années éternelles.

Comme LE PARTICIPE PRÉSENT d'un Verbe de doute représente toujours, dans la phrase, l'action de son Verbe, et que L'AUXILIAIRE ÊTRE , suivi d'un adjectif de doute, y représente l'idée d'un Verbe de doute, ils forcent également tout Verbe qui leur est subordonné, à prendre la forme du Subjonctif ; mais le *Présent*, l'*Imparfait*, le *Passé* et le *Plus-que-parfait* de ce mode dépendent toujours du sens accidentel de la proposition subordonnée.

EXEMPLES. DOUTANT (*comme je doute*) que votre médecin *soit* habile , je vous adresse le mien. — Me MÉFIANT (*comme je me méfie*) qu'on ne vous *ait mal informé*, je vous soumets les pièces à l'appui de mon affaire. — Cet enfant CRAIGNANT (*qui craignait*) qu'on ne le *grondât*, n'a pas osé dire la vérité. — DÉSIRANT (*comme je désirais*) que mes gens *eussent arrangé* ma maison, avant mon retour, je prolongeai mon séjour à la campagne.

INTRODUCTION

AUX

RÈGLES DU PARTICIPE.

DU SUJET.

Le **Sujet** d'un Verbe est la personne ou la chose *qui fait* ou *qui reçoit* l'action désignée par le Verbe, ou *qui se trouve dans l'état* indiqué par le Verbe.

On reconnaît le **sujet** d'un Verbe dans la phrase en faisant la question *qui est-ce qui*, si l'on suppose que l'action est faite par des personnes, et *qu'est-ce qui*, si l'on suppose qu'elle est faite par des choses ; le mot qui vient en réponse à cette question, après avoir répété le Verbe, est toujours le **sujet**.

Le Verbe s'accorde toujours en nombre et en personne avec son **sujet**.

EXEMPLE : **La lecture** réfléchie des bons livres **forme** le cœur et **étend** l'esprit.

Sujet 1. 2.   Verbe 1.   Verbe 2.

DU VERBE.

Le **Verbe** est le mot qui peut prendre diverses formes personnelles pour exprimer l'état ou l'action d'une personne ou d'une chose aux différens temps de son existence.

On distingue ordinairement cinq sortes de Verbes : les **verbes actifs**, les **verbes passifs**, les **verbes neutres**, les **verbes pronominaux** et les **verbes unipersonnels**. Il y a aussi deux **verbes auxiliaires**, qui servent à conjuguer tous les Temps composés des autres Verbes. Ces deux Verbes sont : ÊTRE, *substantif*, et AVOIR, *actif*.

DE L'ATTRIBUT DU SUJET.

L'**attribut** est le terme qui représente ce qui s'affirme ou se nie du sujet d'une proposition, sa manière d'être, la qualité qu'on juge lui appartenir.

L'**attribut** est énoncé ou par un *adjectif*, ou par un *participe*, ou par un *substantif*, ou par un *pronom*, ou par un *infinitif*, ou quelquefois par une *proposition entière*.

DES RÉGIMES.

Il y a deux sortes de **régimes** : le *régime* DIRECT ou *régime simple*, et le *régime* INDIRECT ou *oblique*.

DU RÉGIME *DIRECT*.

Le **régime direct** d'un Verbe est le substantif ou le pronom, ou même l'infinitif, et quelquefois la phrase sur laquelle le Verbe exerce directement son action, c'est-à-dire sans le secours forcé d'une préposition.

On reconnaît toujours le *régime direct* d'un Verbe en répétant ce Verbe avant la question QUI ? ou après la question QUI EST-CE QUE ? (en parlant des personnes), et QUOI et QU'EST-CE QUE ? (en parlant des choses).

DU RÉGIME *INDIRECT*.

Le **régime indirect** d'un Verbe est le substantif ou le pronom sur lequel le Verbe n'exerce qu'indirectement son action, c'est-à-dire qu'avec le secours d'une des prépositions *à*, *de*, *par*, *pour*, *avec*, *sur*, *en*, (signifiant de cela), etc.

On reconnaît toujours le **régime indirect** d'un Verbe en mettant après ce Verbe une des questions : *à qui ? à quoi ? de qui ? de quoi ? où ? d'où ? par qui ou par quoi ?* Le mot ou la partie de phrase qui répond à cette question indique le **régime indirect** du Verbe.

Le **sujet**, l'**attribut du sujet** et les **régimes** sont *composés*, quand plusieurs termes semblables sont réunis sans être complémens l'un de l'autre.

La Foi, l'Espérance et la Charité   SONT   les vertus   théologales.

SUJET COMPOSÉ.   VERBE.   ATTRIBUT DU SUJET COMPLEXE.

COMPLÉMENT se dit des mots qui servent à compléter le sens d'une proposition, à déterminer la signification des mots auxquels on les joint.

L'Evangile   inspire,   aux personnes   **qui veulent être véritablement à Dieu,**

SUJET.   VERBE.   RÉGIME INDIRECT COMPLEXE.

une piété   **sincère et riche en vertus.**

RÉGIME DIRECT COMPLEXE.

DU PARTICIPE EN GÉNÉRAL.

Le **PARTICIPE** est un Mode du Verbe, ayant, sous ses deux temps les propriétés du Verbe et celles de l'Adjectif, c'est-à-dire, exprimant l'existence, l'action et la qualité ou l'état.

DU PARTICIPE PRÉSENT.

Le **PARTICIPE PRÉSENT**, qui se termine toujours en *ant*, exprime, en général, un acte, une action instantanée pure et simple, et non un état ; il est employé *avec* ou *sans régime direct*, selon que le Verbe auquel il appartient est actif ou neutre. Il est TOUJOURS INVARIABLE.

Les Maures, **descendant de leurs montagnes**, parcoururent et envahirent l'Afrique.

Sujet 1.	Verbe 1.	Régime indirect 1.	VERBE 2.	VERBE 3.	RÉG. DIRECT 2. 3.

SUJET 2 et 3 complexe.

Si, au contraire, on veut peindre un état, une manière d'être, une disposition à agir, plutôt qu'une action, ou même une action qui, par sa continuité, sa durée, devient permanente, se transforme en état, et n'est accompagné d'aucune des circonstances qui caractérisent une action, on fait usage de l'ADJECTIF VERBAL, qui est VARIABLE.

Les hommes **obligeants** ont ordinairement le cœur noble et généreux.

SUJET COMPLEXE.	VERBE.	Modificatif circonstanciel.	RÉGIME DIRECT COMPLEXE.

DU PARTICIPE PASSÉ.

Tout **PARTICIPE PASSÉ** employé *sans auxiliaire* se trouve réduit à l'état d'*adjectif* et s'accorde toujours en *genre* et en *nombre* avec le SUBSTANTIF ou le PRONOM auquel il se rapporte, soit qu'il le précède, ou qu'il le suive.

Nourris à la campagne dans toute la rusticité champêtre, **vos enfants** y prendront l'habitude du travail et de la sobriété.

Il faut en excepter *supposé, passé, excepté*, ainsi que *approuvé, attendu, certifié, collationné, compris, lu, ouï, passé, vu*, qui s'emploient d'une manière INVARIABLE et *absolue* dans certaines formules de pratique, de chancellerie et d'administration, quand ces participes sont les premiers mots de la phrase. Dans ce cas, ils font l'office d'une préposition.

Travaillez toute la semaine, **excepté** le dimanche. — **Certifié** valable et **approuvé** par nous.

Mais ils sont VARIABLES quand le substantif les précède, parce qu'alors ils sont employés comme *adjectifs verbaux*.

Les parties **ouïes** en leurs défenses seront satisfaites. — Les pièces **vues** par la Cour leur seront utiles.

Le **PARTICIPE PASSÉ** précédé de *l'auxiliaire* ÊTRE, s'accorde *en genre et en nombre* avec son SUJET.

Les sciences ont toujours **été protégées** par les gouvernements éclairés.

SUJET.	Verbe auxiliaire *être,*	Participe passé.	RÉGIME INDIRECT COMPLEXE.

VERBE, *Temps sur-composé.*

Tout **PARTICIPE PASSÉ**, construit avec l'auxiliaire AVOIR (exprimé ou sous-entendu), ou avec l'auxiliaire ÊTRE (mis pour l'auxiliaire *avoir*), est INVARIABLE dans la phrase, lorsqu'il est sans régime direct, ou lorsque le régime direct, substantif ou phrase, est placé *après le participe*, à moins qu'il ne soit suivi d'un Verbe *dont l'action est faite* par ce régime.

On **a lu** et (Verbe auxiliaire *avoir* sous-entendu.) **relu** le projet des lois.

SUJET 1. 2. V. 1. Temps comp.	VERBE 2. *Temps - composé.*	RÉGIME DIRECT 1. 2. COMPLEXE. *(après.)*

Les 'vignes et les blés **ont** bien **réussi** (sans régime direct.)

SUJET COMPOSÉ.	V. auxil. avoir.	Modifie le Verbe.	Participe passé.

VERBE. *Temps composé.*

Elles **se sont donné** les airs de grandes princesses.

SUJET.	à elles	mis pour *avoir.*	participe passé.	RÉGIME DIRECT COMPLEXE. *Après.*
	RÉG. IND.	VERBE, *Temps composé.*		

Construction. Elles ONT DONNÉ à elles-mêmes les airs de grandes princesses.

Les SERINS , **que** vous **avez** *écoutés* **chanter** , ont une voix mélodieuse.

Antécédent du pronom. — Sujet 2. RÉG. DIR. 1. — Sujet 1. V. aux. *avoir*. — Participe passé. — Verbe 2 — Verbe 3. *principal.* — RÉGIME DIRECT 3 COMPLEXE.

m. pl. *avant.* Verbe 1. *Temps composé.* *Infinitif.*

SUJET 3 COMPLEXE.

Le **PARTICIPE PASSÉ** , construit avec l'auxiliaire **AVOIR** ou avec l'auxiliaire **ÊTRE** (mis pour l'auxiliaire *avoir*) est **VARIABLE** dans la phrase, lorsque le régime direct, substantif ou pronom, est placé *avant le participe*, à moins qu'il ne soit suivi d'un Verbe *dont l'action n'est pas faite par ce régime direct.*

Laquelle de ces étoffes **avez - vous choisie** ?

RÉGIME DIRECT COMPLEXE , *avant.* — v. auxil. *avoir.* — SUJET. — Part. passé , *f. sing.*

VERBE , *Temps composé.*

Elle **s' est proposée** pour gouvernante.

SUJET. elle-même. mis pour *avoir* — Part. passé , *fém. sing.* — RÉGIME INDIRECT.

RÉG. DIRECT. VERBE. *Temps composé.*

avant.

Construction. Elle A PROPOSÉ elle - même pour gouvernante.

Les HOMMES , **que j' ai** *envoyé* **chercher** , ne sont pas venus.

Antécédent du pronom. — Rég. dir. 2. — Sujet 1 v. auxil. *avoir*. — Participe passé. — v. 2. *Infinitif.* Sujet sous-entendu. — v. auxiliaire *être*. Part. passé.

Verbe 1. *Temps composé.* Rég. dir. 1. *après.* — VERBE 3 principal. *Temps composé.*

SUJET 3, COMPLEXE.

Le **PARTICIPE PASSÉ** , *précédé d'un régime direct*, peut être suivi *d'un infinitif*, précédé lui-même de la préposition *à* ou de la préposition *de.*

Dans ce cas, on s'assure de l'espèce des deux Verbes ; si l'un est *actif* et l'autre *neutre*, le régime appartient nécessairement au Verbe *actif.*

Mais si le *Participe* et le *Verbe suivant* sont *actifs*, placez l'antécédent de ce pronom, régime direct, alternativement après les deux Verbes.

La vraie construction grammaticale assigne la place de ce régime , et d'après la règle générale, le *participe passé prend l'accord*, si ce régime lui appartient, et *reste invariable*, s'il complète la signification de l'infinitif.

L'INTENTION , **que** vous **avez** *manifestée* de **rompre** vos engagemens , m' inquiète.

Antécédent du pronom. — Rég. d. 1. *fém. sing.* — Sujet 1 et 2. v. auxil. *avoir.* — Participe passé. — Verbe 2. *Infinitif.* — Régime direct 2. — Rég. d. 3. — VERBE 3. *principal.*

fém. sing. *avant.* Verbe 1. *Temps composé.* Dépendance du régime direct 1.

SUJET 3 , COMPLEXE.

La RÈGLE , **que j' ai** *commencé* **à expliquer** à mes élèves , est difficile.

Antécédent. — Rég. dir. 2. — Sujet 1 et 2. v. auxil. *avoir.* — Participe passé. — Verbe 2. *Infinitif.* — Rég. indirect 2. — VERBE 3 principal. — ATTRIBUT du Sujet 3.

Verbe 1. *Temps composé.* Régime direct 1. *Après.*

SUJET 3 , COMPLEXE.

Bien qu'avec les participes *eu* et *donné*, le régime direct, placé avant, puisse également, dans la phrase, compléter la signification de ces participes et de l'infinitif, on fait de préférence retomber ce régime direct sur le participe.

Les DIFFICULTÉS ,	que	j'	ai	eues	à surmonter ,	vous	intéressent	peu.
Antécédent du pronom. *fém. pl.*	Rég. d. 1. *fém. pl.* *avant.*	Sujet 1. 2.	v. auxil. *avoir.*	Participe passé.	Verbe 2. *Infinitif.*	RÉGIME DIRECT 3.	VERBE 3. *principal.*	RÉGIME IND. 3.

Verbe 1. Temps composé. — Régime indirect 1.

SUJET 3 , COMPLEXE.

Les LIVRES ,	que	vous	m'	avez	donnés	à lire ,	sont	très-instructifs.
Antécédent du pronom. masc. pl.	Rég. direct 1. *masc. pl.* *avant.*	Sujet 1.	*à moi.* Rég.ind. 1.	v. auxil. *avoir.* Verbe 1. Temps composé. Sujet 2.	Part. passé.	Verbe 2. *Infinitif.* Rég ind. 1.	VERBE 3. *principal.*	ATTRIBUT du Sujet 3.

SUJET 3 COMPLEXE.

Le PARTICIPE PASSÉ , précédé du pronom relatif QUE , et suivi immédiatement de la conjonction QUE , est toujours INVARIABLE. Dans ce cas , le pronom relatif est régi , non par le participe , mais par le verbe qui suit la conjonction. La phrase subordonnée est toujours le régime direct du participe passé.

Les MATHÉMATIQUES ,	que	vous	n'avez pas	voulu	que	j'	étudiasse ,	sont	utiles.
Antécédent du pronom.	Rég. dir. 2.	Sujet 1.	v. auxil. *avoir.* Verbe 1. Temps composé.	Part. passé.	Conjonc. Sujet 2. Régime direct 1.	Sujet 2.	Verbe 2 *Après.*	VERBE 3. *principal.*	ATTRIBUT du Sujet 3.

SUJET 3 COMPLEXE.

Les PARTICIPES des verbes *devoir* , *pouvoir* , *vouloir* sont INVARIABLES , lorsqu'ils sont employés avec *ellipse* d'un verbe , dont le pronom relatif QUE est le régime.

Elle	a	obtenu	les GRÂCES et les BIENFAITS	qu'	elle	a	voulu	(obtenir).
SUJET 1.	V. auxiliaire *avoir.* Temps composé. VERBE 1 , principal.	Participe passé.	Antécédent du pronom. RÉGIME DIRECT 1 COMPOSÉ. *Après.*	Pron. rel. masc. pl. Rég. dir. 3.	Sujet 2. masc. pl.	v. auxil. *avoir.* V. 2. Temps composé.	Part. passé masc. sing.	Verbe 3. *Infinitif.* sous-entendu.

RÉGIME DIRECT 1 , COMPOSÉ ET COMPLEXE.

Le PARTICIPE *fait* , suivi d'un *infinitif* , est TOUJOURS INVARIABLE , parce qu'il perd la signification active ; il ne présente , avec le verbe qui le suit , qu'un *sens indivisible* , du moins dans la pensée. L'*infinitif* est le régime direct du participe , et le *pronom relatif* , celui des deux verbes réunis.

Les ENFANTS ,	que	vous	avez fait	instruire ,	désirent vous témoigner leur reconnaissance.
Antécédent du pronom. Sujet 2 et 3.	Régime direct 1.	Sujet 1.	v. auxil. *avoir.* Participe passé.	Infinitif.	VERBE 2, Régime *principal.* ind. 3. Verbe 3. Régime direct 3.

Verbe 1. Sens indivisible. — RÉGIME DIRECT 2.

SUJET 2 , COMPLEXE.

Le PARTICIPE PASSÉ , précédé des mots *le peu de* , suivis d'un substantif , est INVARIABLE , si ces mots *le peu de* signifient *le manque* , *le défaut de*.

Le peu de DÉFIANCE	que	vous	avez	montré	vous	a	mérité	un bon accueil.
(le manque) Antécédent du pronom. masculin singulier.	Régime direct 1. *avant.*	Sujet 1.	V. auxil. *avoir.* Verbe 1. Temps composé.	Participe passé.	(à vous) RÉGIME IND. 2.	v.auxil *avoir.* Temps composé. VERBE 2 principal.	Participe passé.	RÉGIME DIRECT 2. *Après.*

SUJET 2 , COMPLEXE.

Le PEU , masculin singulier , est le *mot dominant* , mot sur lequel se porte l'idée principale , et détermine l'accord du participe.

Mais le verbe, ainsi que le participe, s'accorde avec le substantif qui suit LE PEU DE, si ces mots signifient *une petite quantité.*

Le peu de DÉFIANCE	**que**	VOUS	**avez**	**montrée**	à ma mère	l'	a	irritée	contre vous.
(une petite quantité).	Régime direct 1.	Sujet 1.	V. auxil. *avoir.*	Participe passé *fém. sing.*	Régime indirect 1.	elle	Verbe auxil. passé *avoir. f. s.*	RÉGIME INDIRECT 2.	
Antécédent du pronom, *féminin singulier.*	*avant.*		Verbe 1.	*Temps composé.*		RÉGIME DIRECT 2 *avant.*	*Temps composé.* V. 2 principal.		

SUJET 2. COMPLEXE.

Le mot dominant, mot sur lequel se porte l'idée principale, est le substantif qui suit la préposition *de* et détermine l'accord du participe.

L', représentant un substantif, précédemment exprimé, s'appelle aussi *pronom relatif* et s'accorde, avec cet antécédent, en genre et en nombre.

Cette ANECDOTE	est	telle	que	vous	l'	avez	racontée.
Antécédent du pronom. *fém. sing.*	VERBE 1, *principal.*	Attribut du sujet 1.	Conjonction.	Sujet 2.	elle. Régime direct 2.	Verbe auxiliaire *avoir.*	Participe passé *féminin singulier.*
SUJET 1.					*avant.*	Verbe 2. *Temps composé.*	

ATTRIBUT DU SUJET 1, COMPLEXE.

L', représentant un membre de phrase, est *pronom elliptique*, il équivaut à *ceci, cela, de ceci, de cela,* et par conséquent il n'influe point sur le participe.

La famine	arriva	ainsi que	Joseph	l'	avait	prédit.	. . (qu'elle arriverait.)
SUJET 1.	VERBE 1 *principal.*	Location conjonctive.	Sujet 2.	cela. Régime direct 2.	Verbe auxil. *avoir.*	Participe passé. *m. sing.*	*Phrase sous-entendue, représentée par le pronom.*
				m. sing.	Verbe 2 *Temps composé.*		

RÉGIME INDIRECT 1.

Le pronom EN est ou *régime indirect* ou *complément d'un régime direct*, exprimé ou sous-entendu, et ne peut, par conséquent, communiquer l'accord au participe.

J'	ai	écrit	au Ministre,	vous	savez	la RÉPONSE	que	j'	en	ai	reçue.
SUJET 1.	Verbe auxil. passé *avoir. m. s.*	Part. passé	RÉGIME INDIRECT 1.	SUJET 2.	VERBE 2. *T. simple.*	Rég. direct 2. Antécédent du pronom. *féminin singulier.*	Régime direct 3. *avant.*	Sujet 3.	de lui. Régime indirect 3.	Verbe auxil. *avoir.*	Participe passé *fém. sing.*
Temps composé. VERBE 1.											*Temps composé.* Verbe 3.

Proposition principale *absolue.*

RÉGIME DIRECT 2, COMPLEXE.

Proposition principale *relative.*

Le pronom EN, n'étant qu'une partie *du régime direct*, qui se décompose toujours par *de ce, de cet, de cette, de ces,* avec l'énonciation *du substantif exprimé ou sous-entendu,* ne peut, dans l'analyse logique, se montrer seul après le verbe. L'ellipse permet de sous-entendre, entre le pronom et le verbe, *un substantif* que l'on doit rétablir dans la construction pleine.

Ce pronom, se traduisant par *de ces personnes, de ces choses en question,* n'est que le fragment de ces expressions : *plusieurs, quelques-uns de ces objets, de ces personnes dénommés* ; mais étant seul exprimé dans la phrase, il est *régime indirect,* le participe qui s'y rapporte est toujours INVARIABLE.

Toutes les **pensionnaires**	sont	**arrivées**,	j'	**en**	ai	**invité**	à dîner.
SUJET 1 3.	Verbe auxil. *être.*	Participe passé *féminin pluriel.*	SUJET 2. quelques-unes d'elles.	V. auxil. *avoir.*	Part. passé INVARIABLE.	Rég. ind. 2.	
	VERBE 1. *Temps composé.*		RÉG. IND. 2 VERBE 2. *Temps composé.* VERBE 3.				

Proposition principale *absolue.*

Proposition principale *relative.*

LE PARTICIPE PASSÉ, *précédé d'un collectif suivi d'un substantif*, s'accorde avec le collectif, si ce nom *est le mot dominant* sur lequel se porte l'idée principale.

La foule	de peuple	que	j'	ai	rencontrée	allait	au spectacle.
Collectif général.	Substantif] masculin singulier.	Régime direct 1.	Sujet 1.	Verbe auxil. avoir.	Participe passé féminin singulier.	VERBE 2, principal.	RÉGIME INDIRECT 2.
Antécédent du pronom. féminin singulier.		avant.			Verbe 1. *Temps composé.*		

SUJET 2, COLLECTIF ET COMPLEXE.

Dans le cas contraire, l'accord a lieu *avec le substantif* qui suit le collectif.

La plupart	des dames	que	j'	ai	rencontrées	étaient	très-élégantes.
Collectif partitif.	Substantif f. pl.	Régime direct 1.	Sujet 1.	Verbe auxil. avoir.	Participe passé. féminin pluriel.	Verbe auxiliaire être, principal. 2.	Attribut du sujet 2.
	Antéc. du pron	avant.		Verbe 1.	*Temps composé.*		

SUJET 2, COLLECTIF ET COMPLEXE.

LA PLUPART et PLUSIEURS peuvent se dire *absolument.* (ACAD.) Dans ce cas, *le verbe* s'accorde avec *le substantif pluriel sous-entendu*; mais *le participe*, dans les temps composés, est toujours sous l'influence de l'accord, soit avec *le substantif sujet sous-entendu*, soit avec *le régime direct.*

La plupart	✶	ont	été	contraints	de dire	la vérité.
Collectif partitif.	Substantif masculin pluriel. sous-entendu.	Verbe auxiliaire avoir.	Participe passé. invariable.	Participe passé masculin pluriel.	Verbe 2. *Infinitif.*	Régime direct 2
		Verbe auxiliaire être.			RÉGIME INDIRECT 1.	
SUJET 1. 2, COLLECTIF ET ELLIPTIQUE.		*Temps composé.*				

VERBE 1 principal. *Temps sur-composé.*

Plusieurs	✶	ont	prétendu	que	l'assemblée	devait	délibérer.
Collectif partitif.	Substantif masc. pl. sous-entendu.	Verbe auxil. avoir.	Participe passé masculin singulier.	Conjonction.	Sujet 2. 3.	Verbe 2	Verbe 3. Rég. dir. 2.
SUJET 1 COLLECTIF ET ELLIPTIQUE.		VERBE 1, principal.	*Temps composé.*		RÉGIME DIRECT 1.	*Après.*	

LE PARTICIPE *laissé*, suivi d'un *Infinitif*, rentre dans la règle générale, c'est-à-dire, qu'il s'accorde avec le *régime direct placé avant*, si ce pronom régime complète la signification du participe et non celle de l'infinitif.

LES LIVRES **que** j'ai **laissés** *tomber.*

Le substantif *livres* se présente, dans cet exemple, sous l'idée *d'être laissés*, par conséquent *accord.*

En faisant précéder *l'infinitif* de ces mots : *tandis que, au moment que*, toute obscurité disparaît dans la construction analytique de ces sortes de phrases.

Je **les ai laissés** PARTIR, *c'est-à-dire :* Je **les ai laissés** *au moment qu'ils partaient.*

Le *régime direct* peut appartenir à l'*infinitif* et non au *participe*; dans ce cas, *laissé* est INVARIABLE.
Le point de vue de l'esprit détermine la place du pronom régime. En effet, on peut écrire selon le sens :

Je	les	ai	laissés	GRONDER.	Je	les	ai	laissés	CHASSER.
Sujet 1.	eux.	V. auxil. avoir.	Participe passé. masc. pl.	Verbe 2. Infinitif.	Sujet 1.	eux.	V. auxil. avoir.	Participe passé. masc. pl.	Verbe 2. Infinitif.
	Rég. dir. 1.			Régime indirect 1.		Rég. dir. 1.			Régime indirect 1.
	avant.	Verbe 1. Temps composé.				avant.	Verbe 1. Temps composé.		
	Sujet 2.					Sujet 2.			

Attendu qu'il s'agit des personnes QUI GRONDENT, QUI CHASSENT.

Je	les	ai	LAISSÉ	gronder.	Je	les	ai	LAISSÉ	chasser.
Sujet 1.	eux.	V. auxil. avoir.	Participe passé Invariable.	Verbe 2. Infinitif.	Sujet 1.	eux.	V. auxil. avoir.	Participe passé. Invariable.	Verbe 2. Infinitif.
	Rég. dir. 2.			Sujet sous-entendu.		Rég. dir. 2.			Sujet sous-entendu.
		Verbe 1. Temps composé.		Reg. dir. 1. Après.			Verbe 1. Temps composé		Rég. dir. 1 Après

Attendu qu'il s'agit des personnes QUE L'ON GRONDE, QUE L'ON CHASSE.

Mais lorsque *deux régimes directs* sont énoncés dans la phrase, l'un *à la suite de l'infinitif* et l'autre *avant le temps composé*, nul doute que ce dernier n'appartienne au participe.

Je	les	ai	laissés	feuilleter	mes livres.
Sujet 1.	eux.	Verbe auxiliaire *avoir*.	Participe passé, *masculin pluriel*.	Verbe 2. *Infinitif.*	Régime direct. 2.
	Régime direct 1.				
	avant.	Verbe 1. *Temps composé.*		Régime indirect 1.	
	Sujet 2.				

Les PARTICIPES PASSÉS *coûté* et *valu* sont employés dans le sens neutre ou dans le sens actif.

Coûter, signifiant *être acheté à un certain prix* et *Valoir*, *être d'un certain prix*, sont *neutres*, et le participe de ces deux verbes est INVARIABLE.

Cette terre ne vaut plus les cent mille francs **qu'** elle **a coûté** ; elle **les aurait** toujours **valu**, si l'on en eût eu soin.

Coûter, signifiant *exiger*, *occasionner*, et *Valoir*, employé pour *procurer*, *rapporter*, *produire*, ont le sens actif, et le participe de ces deux verbes est VARIABLE.

Je	ne regrette pas	les SOINS	que	m'	a	coûtés	son éducation.
Sujet 4.	Verbe 1, *principal.*	Régime direct 1.	Régime direct 2.	*à moi.*	Verbe auxil. *avoir.*	Participe passé *masculin pluriel.*	Sujet 2.
		Antécédent du pronom, *masculin pluriel*	*avant.*	Régime indirect 2.	Verbe 2. *Temps composé.*		

RÉGIME DIRECT 1, COMPLEXE.

Vous	ne connaissez pas	les PEINES	que	cette acquisition	m'	a	values.
Sujet 1.	Verbe 1, *principal.*	Régime direct 1.	Régime direct 2.	Sujet 2.	*à moi.*	Verbe auxil. *avoir.*	Participe passé *féminin pluriel.*
		Antécédent du pron. *féminin pluriel.*	*avant.*		Régime indirect 2.	Verbe 2. *Temps composé.*	

RÉGIME DIRECT 1, COMPLEXE.

Les PARTICIPES *dormi*, *duré* et *vécu*, quoique précédés du pronom relatif *que*, sont TOUJOURS INVARIABLES. Ce pronom est le régime de la préposition *pendant*, sous-entendue.

Toutes les HEURES	★	que	vous	avez	dormi	, je les ai passées à écrire.
Antécédent du pronom.	Pendant *lesquelles*	Régime de la préposition sous-entendue.	Sujet.	Verbe auxil. *avoir.*	Participe passé, *invariable.*	
				Verbe. *Temps composé.*		

Les dix JOURS	★	que	la moisson	a	duré	, m'ont paru bien courts.
Antécédent du pronom.	Pendant *lesquels*	Régime de la préposition *sous-entendue.*	Sujet.	Verbe auxiliaire *avoir.*	Participe passé, *invariable.*	
				Verbe. *Temps composé.*		

Les cinq ANNÉES	★	que	j'	ai	vécu	auprès de vous m'ont inspiré l'amour de l'étude.
Antécédent du pronom.	Pendant *lesquelles de la prép. sous-entendue.*	Régime	Sujet.	Verbe auxil. *avoir.*	Part. passé *invariable.*	
				Verbe. *Temps composé*		

Le PARTICIPE *souffert*, employé dans le *sens neutre* et précédé du pronom relatif *que*, est TOUJOURS INVARIABLE.

Au milieu de la NUIT	★	que	j'	ai	tant souffert	, l'orage ravageait la campagne.
Antécédent du pronom.	Pendant *laquelle*	Régime de la prép. *sous-entendue.*	Sujet.	Verbe auxil. *avoir.*	Participe passé *invariable.*	
				Verbe. *Temps composé.*		

Le PARTICIPE PASSÉ des verbes *unipersonnels* ou employés *unipersonnellement* est TOUJOURS INVARIABLE. Accompagnés de l'auxiliaire *avoir*, ces verbes n'ayant pas la voix active ne peuvent avoir de régime direct.

L'exposition qu'	il	y a eu	dernièrement à Paris, a attiré l'attention de tous les spectateurs.
Sujet vrai.	Sujet grammatical.	Verbe unipersonnel.	
		Participe invar.	

Conjugué avec l'auxiliaire *être*, le participe s'accorde avec le sujet grammatical *il*, masculin singulier.

Quels grands avantages **il** **en est résulté** pour nous !

	Sujet vrai.	Sujet grammatical.	Verbe unipersonnel.
			Participe, *invariable.*

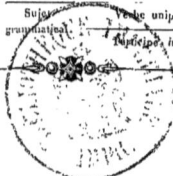

DICTIONNAIRE

DES

VERBES FRANÇAIS.

D'après l'Indication , en tête de l'ouvrage , il faut recourir aux paradigmes respectifs , pour former *tous les Temps et toutes les Personnes* des Verbes, conjugués avec l'un des deux auxiliaires.

L'explication de la *Syntaxe* des autres parties du discours est donnée à la suite de chaque exemple.

DICTIONNAIRE

DES

VERBES FRANÇAIS.

Nota. *La plupart des* VERBES *en* er, qui n'offrent aucune difficulté , sont supprimés.

A

5-3 abalourdi-r. a. pr. *familier.*
5-3 abasourdi-r. a. pr.
    Figuré.—Style familier.
5 abâtardi-r. a. pr.
32-3 abatT-re. *Irrégulier.* a. pr.
13 abcEd-er. n. *Chirurgie.*

Ce verbe ne se dit qu'à la troisième personne, tant au singulier que du pluriel.
Cette tumeur *abcédera* bientôt. *(Acad.)*
3   Le participe passé se met avec *être*
4 ou *avoir*, selon qu'on veut peindre l'état ou l'action. On dit : Sa tumeur est *abcédée*, en parlant d'un état durant déjà depuis quelque temps, et, Elle a *abcédé*, pour exprimer l'action même de s'ouvrir.
(*Dict. nation.*)

5 abéaussi-r. n. pr. *Marine.*

Les marins disent également : Le temps *s'affine*, c'est - à - dire, s'éclaircit, se dépouille de nuages. (*Dict. nation.*)

4 abecqu-er *ou*
12 abÉqu-er. a.

La double manière d'orthographier ce mot est tolérée. Si l'une devait être préférée à l'autre, ce serait celle qui permet d'écrire *abéquer* sans c. (*Dict. nation.*)

5-3 abêti-r. a. n. pr.
9 ablu-er. a. pr.
5 aboli-r. a. pr.

Ce n'est *aboli* en vieillissant. *(Lav.)*
Peu usité.

4 abord-er. n. (a. *figuré.*) pr.

Suivant l'Académie , *aborder* prend les deux auxiliaires ÊTRE et AVOIR. Quelques grammairiens prétendent à tort qu'il ne se conjugue jamais avec *être.* Il suffit pour le lui donner que cet auxiliaire marque une vue particulière de l'esprit, et que de bons écrivains l'aient employé.
3 Je *suis abordé* exprime l'état de ceux qui sont dans le lieu où ils ont *abordé* depuis
4 peu ; et *avoir abordé* , signifie l'action d'aborder. Nous *avons abordé* à cette île avec beaucoup de peine. Enfin nous sommes *abordés*, nous voilà *abordés*, Bossuet, Ducier, Rollin , etc. , emploient l'auxiliaire *être* dans ce cas. (*Dict. nation.*)

5 abouti-r. n. pr.

La Fontaine a écrit *abouti* avec l'auxiliaire *être*, pour éviter, sans doute, l'hiatus qui serait résulté d'a *abouti.*

18 aboY-er. n. pr.

Ce verbe a été employé dans le sens actif par certains auteurs.

ACCO

11-3 abréG-er. a. abs. pr.
11 abroG-er. a. pr.
5-3 abruti-r. a. abs. pr.
3-4 Elle s'est absentée une demi-heure. pr.

(Avec ellipse de *pendant* , *durant.*)
Il s'emploie aussi *absolument* ou avec la préposition *de.* Les temps composés se
3 construisent avec l'auxiliaire *être.*
88   Le participe passé s'accorde avec le second pronom , régime direct, placé avant.

81-3 absoUD-re. a. pr.

Irrégulier et *défectif.* Il s'emploie quelquefois *absolument.*

3-65 s'abstEN-ir de boire et de manger. pr.

(*Irrégulier* , suivi de deux infinitifs.)
Il s'emploie aussi *absolument*, et prend
88 l'auxiliaire *être* dans ses temps composés.
  Le participe passé s'accorde avec le second pronom , régime direct, qui le précède.

3-65 Je m'en abstIENs difficilement. pr.

Les pronoms personnels, *me*, *te*, *se* , subissent l'élision devant le pronom *en* , régime indirect , ainsi que le pronom *toi* à l'impératif : (*t'.*)
88   Le participe passé s'accorde avec le deuxième pronom , régime direct, placé avant.
Dans les temps composés, l'adverbe *difficilement* peut aussi précéder le participe.

11-3 absterG-er. a. pr. *mat. méd.*
84-74 abstral-re. *Irrégulier.* a.

Ce verbe s'emploie *absolument* et ne se conjugue qu'au singulier du présent de l'indicatif, au futur et au conditionnel.
Pour suppléer aux autres temps , on se sert du verbe *faire*, suivi du mot *abstraction.*

13 accÉd-er. n.

Il peut aussi s'employer d'une manière absolue , c'est - à - dire sans son régime.
88   Le participe passé est toujours *invariable* et ne s'emploie qu'avec l'auxiliaire AVOIR.

13 accélÉr-er. a. pr.
9 accentu-er. a. abs. pr.
5 accompli-r. a pr.
4 accouch-er. n. abs. *a. méd.*

Employé *neutralement*, ce verbe prend,
dans ses temps composés , l'auxiliaire
4 AVOIR, si c'est l'action qu'on veut exprimer. Cette femme a *accouché* avec courage : on prend l'auxiliaire ÊTRE , si l'on veut marquer l'état : Elle *est accouchée* depuis trois heures.

ACCR

3-4 s'accoud-er sur la table. pr.

(Mis au rang des incivilités.)
88   Le participe passé s'accorde avec le second pronom, régime direct , placé avant.

9 accou-er. a.
5 accourci-r. a. abs. pr.
62 accour-ir. *Irrégulier.* n.

Si le participe *couru* se construit ordinairement avec l'auxiliaire *avoir*, il n'en est pas de même de son dérivé *accouru*,
3 qui prend tantôt l'auxiliaire *être* , et tan-
4 tôt l'auxiliaire *avoir.* Cette différence entre ces deux verbes vient de ce que *courir* n'exprime qu'un mouvement , qu'une action , tandis que dans *accourir* , qui signifie se mettre en mouvement pour arriver promptement au but , on distingue deux choses : l'action de se mettre en mouvement vers un but , et l'état qui résulte de cette action. On emploiera donc l'auxiliaire *être* toutes les fois qu'on aura l'intention de marquer un *état.*

62-3 Je suis accouru pour la fête.
(*Acad.*)

On se sert au contraire de l'auxiliaire
4 AVOIR, quand on veut exprimer une *action.* (*Dict. nation.*)

62 Ses amis ont accouru pour le féliciter (*Acad.*)

Les adjectifs possessifs *mon* , *ton* , *son* , *notre* , *votre* , *leur* , s'emploient avec le sujet singulier *ami*, et *mes* , *tes* , *ses* , *nos*, *vos*, *leurs* , avec le sujet pluriel *amis.*
87   Le verbe principal s'accorde toujours avec son sujet.— Le pronom personnel *le* , masculin singulier , régime direct de l'infinitif, peut être remplacé par le pronom *la* , féminin singulier , et par *les* , pluriel des deux genres.

accroi-re. n.

Ce verbe n'est usité qu'à l'*infinitif* et toujours après le verbe *faire.*

74 fAI-re accroire que. . . .
74 en fAI-re accroire.

C'est un gallicisme.—Dans les temps composés, le pronom *en* se place avant l'auxiliaire.

3-74 s'en fAI-re accroire. pr.

Les pronoms personnels *me*, *te*, *se* , subissent l'élision devant le pronom *en* , régime indirect , ainsi que le pronom *toi* à l'impératif : (*t'.*)
88   Le participe passé *fait*, suivi d'un *infinitif* est toujours invariable , il perd sa signification active et ne présente avec le verbe qui le suit, qu'un *sens indivisible.*

31 accroÎT-re. a. n. pr. abs.

4   *Irrégulier.*—Il prend l'auxiliaire AVOIR quand on veut exprimer l'*action.* Son bien a *accru* depuis six mois. (*Lav.*) Mais la prononciation de *a accru* est si dure, qu'il est bon de l'éviter : aussi ce mot est peu

usité avec cette forme. Quand on l'emploie, on met entre *a* et *accru*, un adverbe, pour empêcher l'hiatus. Son bien a *considérablement* accru. (*Lav.*) Il prend l'auxiliaire *êtan*, lorsqu'on veut simplement marquer un état, le résultat de l'action d'accroître. (*Dict. nation.*)

31-3 La fortune de cet homme est accrue d'une manière considérable.

88   Dans cet exemple, le verbe *accroître*, ayant pour sujet *La fortune*, ne se conjugue qu'à la troisième personne du singulier.

88   Le participe passé, employé avec l'auxiliaire *être*, s'accorde avec son sujet.

3-5 s'accroupi-r au coin du feu.

88   Le second pronom, régime direct placé *avant*, dirige l'accord du participe passé. Delille a employé ce verbe activement. *Accroupir son corps sur les jarrets.*

63 accueill-ir. Irrégulier. a.
13 acÉr-er. a.
4 acétifi-er. a. pr. *Chimie.*
14 achEt-er. a. abs.
14 Tout s'achÈte au comptant.

   Ce verbe pronominal, avec le sujet *Tout*, ne s'emploie qu'à la troisième personne singulière de chaque temps.

14 achEv-er. a. pr.
4 acidifi-er. a. pr. *Chimie.*
12 aciÉr-er. a. *Technologie.*
61 acquÉR-ir. Irrégulier. a.

   Il s'emploie souvet t sans régime.

3-61 Je m'acquiERs par là l'estime de mon professeur.

88   Le participe passé *acquis* reste invariable, parce que son régime direct l'estime est *après*; le second pronom est régime indirect.

   La lettre *s* appartient à la terminaison du participe masculin singulier et n'est pas ici la caractéristique du pluriel, car d'après la règle générale, le féminin de ce participe s'obtient par l'addition d'un *e* muet : *acquis*, *acquise*.

   Les adjectifs possessifs *mon*, *ton*, *son*, s'emploient avec le substantif *professeur*, masculin singulier, avec *mes*, *vos*, *leurs*, avec le même mot masculin pluriel. (*professeurs*).

10 acquiesC-er. n. abs.

88   Le participe passé est toujours INVARIABLE et ne se construit qu'avec l'auxiliaire AVOIR.

12 adhÉr-er. n.
47-3 adjoiND-re. Irrégul. a. pr.

   Il ne se dit que des personnes.

11 adjuG-er. a.

   Adjugé s'emploie *invariablement* et elliptiquement dans les ventes aux enchères publiques pour : *La chose est adjugée.*

3-11 Je me suis adjuGé la part des absents. pr.

88   Le régime direct la part étant après le participe passé *adjugé* reste invariable. Le second pronom est régime indirect.

42-3 admETT-re. Irrégul. a. pr.
4 Admir-er que . . .

   (*Être étonné de*) Ce verbe ainsi construit régit le subjonctif. Pourquoi admirez-vous que nous soyons trompés, nous qui sommes des hommes ? (*Pasc.*)

12 admonÉt-er a. *Jurispr.*
5-3 adouci-r. a. pr.
12 adultÉr-er. a. *T. de pharm.*
3*-65 advEN-ir. n.

   Ce verbe ne s'emploie qu'à la troisième personne des deux nombres.

   Les temps composés se construisent avec l'auxiliaire ÊTRE.

4 adverbifi-er. a.
12 aÉr-er. a. pr.
5 affadi-r. a. pr.
5-3 affaibli-r. a. abs. pr.
11 afféaG-er. a. *Droit féodal.*
14 affEn-er. a.

   Ce verbe, dont le radical est *foin*, est usité dans beaucoup de provinces, notamment dans l'ouest et le milieu de la France. On dit aussi :

11 affenaG-er. a.

            (*Dict. nation.*)

12 affÉr-er. a. *Anc. jurisp.*
5-3 affermi-r. a. pr.
4-3 affili-r. a. pr.
11-3 affliG-er. a. pr.
9 afflu-er. n.

   Le participe passé est toujours INVARIABLE.

9 Beaucoup de fleuves affluent dans la Méditerranée.

   Le verbe *affluer*, employé avec le sujet *Beaucoup de fleuves*, ne se conjugue qu'à la troisième personne plurielle.

5 affoli-r. n. pr.
11 affourraG-er. a. pr.
5-3 affranchi-r. a. pr.
12 affrÉt-er. a. pr. *Marine.*
10 agaC-er. a. pr.
3-4 s'agatifi-er. pr. *Minéralog.*
10-3 agenC-er. a. pr.
3-4 S'agenouill-er au pied de cet autel.

88   Le participe passé de ce verbe s'accorde avec le second pronom, régime direct, placé *avant*.

12 agglomÉr-er. a. pr.
5 agi-r. n.

   Le participe passé est toujours INVARIABLE.

3*-5 Il ne s'agit pas ici de moi.

   (*Pronominal et unipersonnel.*)

   L'adverbe *pas*, dans les temps composés, se place entre l'auxiliaire *être* et le participe *agi*, *invariable.*

   Le pronom personnel, régime indirect, peut s'écrire à toutes les personnes des deux nombres : *de moi*, *de toi*, *de lui*, *d'elle*; *de nous*, *de vous*, *d'eux*, *d'elles*.

14 agnEl-er. a.

   Il ne se conjugue qu'à la troisième personne des deux nombres, avec le sujet féminin : *La brebis ou Les brebis.*

5 agoni-r. a. abs. pr. T. pop.
5-3 agrandi-r. a. pr.
4 agré-er. a. n. pr.
11 agréG-er. a. pr.
12 agrÉn-er. a. *Marine.*
5-3 aguerri-r. a. pr.
3-4 S'aheurt-er à une difficulté.

88   Le participe passé, dans les temps composés, s'accorde avec le second pronom, régime direct, placé *avant.*

5 ahuri-r. a. *familier.*
5 aigri-r. n. pr.
18 niguaY-er. a.
17 aiguilleT-er. a. pr.
4 Aim-er que . .

   Suivi du subjonctif (*Savoir gré*, *être content*,) *Aimez qu'on vous conseille et non pas qu'on vous loue.* (*Boil.*)

5-3 alangui-r. a. n. pr.
13 alÉs-er. a.
4 alest-er, alesti-er ou
5 alesti-r a. pr. *Marine.*
12 aliÉn-er. a. pr.
12 alléCh-er. a. pr.
11-3 alléG-er. a. pr.
5 allégi-r. a. *Arts et métiers.*
13 allÉgu-er. a. pr.
58 ALL-er. Irrégulier. n.
58 y ALL-er. Irrégulier. n.

   L'*y* se place toujours avant le verbe, dans les temps simples, et *avant* l'auxiliaire, dans les temps composés.

   A l'impératif, ce même pronom, précédé d'un trait d'union, se place *après* le verbe. La seconde personne singulière de ce temps prend un *s* euphonique.

   Ce pronom, régime indirect, est supprimé au futur et au conditionnel; c'est pour éviter l'hiatus qui résulterait des expressions *j'y irai*, *il y ira*, *j'y irais*, etc.

   L'harmonieux auteur du *Télémaque* ne s'est pas fait scrupule de l'employer.

3*.58 Il y va de ma gloire. (*Corn.*).

   (*Pris unipersonnellement.*)

3*-58 Il en va de cette affaire-là comme de l'autre.

   Pris unipersonnellement , ce verbe signifie : *En être* ou *résulter.* Tournure de phrase usitée dans le style familier.

74 fAI-re en aller les insectes.

   (Avec ellipse du pronom personnel.)   Cette locution signifie : *Faire sortir*, *faire partir.*

88   Le régime direct du verbe principal étant *après*, le participe reste *invariable.*

59 S'en ALL-er de France. pr.

   (*Quitter le lieu.*)

Je vais aller-à Rome.

   Cette construction n'est pas élégante, sans doute , mais on peut s'en servir dans la conversation , et les poètes eux-mêmes l'emploient bien souvent. *Je vais* est ici une espèce d'auxiliaire , et la combinaison des deux mots offre la peinture de la pensée. (*Dict. nation.*)

3-4 Je me suis laissée aller à l'espérance. pr.

88   Le participe passé du verbe pronominal s'accorde avec le second pronom , régime direct , placé *avant.*

4-3 alli-er. a. pr.
11 allonG-er. a. n. pr.
9 allou-er. a.
5 alourdi-r. a. n. pr.
13-3 altÉr-er. a. abs. pr.
9-3 amadou-er. a. pr.
5 amaigri-r. a. abs. n. pr.
5 amati-r. a. n. T. d'orfév.
12-10 amÉC-er. a. *Agriculture.*
12 amÉch-er. a.

     Ancien terme militaire.

11 aménaG-er. a.

     Eaux et forêts.

14 amEn-er. a. abs.
5 ameubli-r. a. *Jurisp. Agric.*
5-3 aminci-r. a. pr.
4 amnisti-er. a.
4 amodi-er. a.
5 amoindri-r. a. n. pr.
5-3 amolli-r. a. pr.
16 amonceL-er. a. pr.

APPA

10 amorC-*er*. a. pr.
5 amorti-*r*. a. n. pr.
4 amplifi-*er*. a. abs.
3-4 Les artères s'anastomosent
fréquemment entre elles.

Anatomie. (Acad.)

88   Le participe passé s'accorde avec le
pronom personnel *se* ou *s'*, féminin pluriel, régime direct, placé *avant*.
L'adverbe, dans les temps composés, se
place avant le participe.

5 anéanti-*r*. a. pr.
4 angari-*er*. a.

Ce mot a été quelquefois employé par
nos écriva'ns classiques.

12 anhÉl-*er*. a. pr. *Technolog.*
16 anneL-*er*. a. pr.
10 annonC-*er* . a. pr.
5-3 anobli-*r*. a. abs. pr.
5-3 anordi-*r*. a. n. pr. *Marine.*

(En parlant du vent.)

9 annu-*er*. a. *T. de chasse.*
11 apanaG-*er*. a.
6-3 aperCEV-*oir*. a. pr.
5-3 apiétri-*r*. n. pr.

Ce mot, regardé comme un néologisme dans les dictionnaires modernes , est
évidemment un vieux mot régénéré , et
appartient de droit au style ancien.

(Dict. nation.)

18-3 apitoY-*er*. a. pr.
5 aplani-*r*. a. pr.
5 aplati-*r*. a. pr.
4 apostasi-*er*. n.
46 apparAÎT-*re*. Irrégulier. n.

Son participe se construit avec l'auxiliaire avoir, si l'on a en vue l'action,
et avec l'auxiliaire être, lorsqu'on veut
exprimer l'état.

46 Jésus-Christ a apparu à ses
disciples.

87   Le verbe s'accorde toujours avec son
sujet, troisième personne du singulier.
Le participe passé reste invariable.

46-3 Un spectre effroyable lui
10   est apparu et l'a glaCé
d'horreur.

Le verbe de la proposition relative suit
les inflexions du verbe de la proposition
primordiale. Ces deux verbes ont pour sujet : *Un spectre effroyable*, troisième personne du singulier, ou *Des spectres effro-
yables*, troisième personne du pluriel.

87   Les deux verbes s'accordent toujours
avec le sujet employé.

88   Le participe passé apparu, du verbe
neutre apparaître conjugué avec être,
s'accorde avec son sujet.

88   Le participe passé glacé, du verbe
actif glacer, troisième avec le pronom,
régime direct, placé avant.
Le pronom lui, pronom indirect du
verbe neutre, peut être remplacé par
leur, pronom pluriel des deux genres,
mis pour à eux , à elles ; le pronom l',
régime direct du verbe actif, par le,
masculin singulier, mis pour lui ; par
la, féminin singulier, mis pour elle,
devant une consonne ; et par les, pronom pluriel des deux genres, mis pour
à eux , à elles.

4*-46 Il apparAît que. . . .

Se dit unipersonnellement en termes
de pratique et signifie être évident, sem-
bler , être constant, manifeste.
Vous n'avez point de quittance par
où il apparaisse que vous ayez payé.

(Merl.)

APPR

s'apparAÎT-*re*. pr.

Pour bien expliquer ce verbe et pour
rendre la pensée des auteurs qui l'ont employé, il faut considérer le verbe apparaître dans l'acception active qu'il avait an-
ciennement ; il est pris dans le sens de
montrer. Par suite , s'apparaître voulait
dire se montrer et revenait à l'expression
actuelle apparaître. *(Dict. nation.)*

3-46 Dieu s'apparut à Moïse.

(Port roy.)

C'est à-dire apparut.
Plusieurs auteurs célèbres ont employé
ce verbe pronominal unipersonnellement.

4 appari-*er*. a. pr.
appAR-*oir*. Unipersonnel.

(Terme de palais.) Il n'est usité qu'à
l'indicatif et à la troisième personne singulière du présent de l'indicatif. Il appert
des preuves fournies au procès.

65 apparTEN-*ir*. Irrég. n. pr.
4*-65 Il n'apparTIENt qu'à la religion d'instruire et de
corriger les hommes.

(Pasc.)

(Unipersonnel.) Ne . . . . que est
une expression particulière à la langue
française, elle a plus d'énergie que ses
équivalents seulement , uniquement , et
se place avant et après le verbe , soit
dans les temps simples , soit dans les
temps composés.

5-3 appauvri-*r*. a. pr.
16-3 appeL-*er*. a. n. pr.
16 En appeL-*er* au témoigna-
ge, à la probité.

Le pronom en se place toujours après
le sujet.

8 append-*re*. a.
5-3 appesanti-*r*. a. pr.
13 appÉt-*er*. a.

Il n'est guère usité qu'en physiologie.

12-10 appiÉC-*er*. a. pr. *Arts.*
4-3 applaudi-*r*. a. n. pr.
4-3 appréci-*er*. a. pr.
4 *Appréhender que* . . .

Ainsi construit, ce verbe exige le subjonctif dans la proposition subordonnée.
Si on ne soutient pas la chose exprimée
par le second verbe , on met la particule
ne après le sujet de ce verbe, lorsque
appréhender n'est ni négatif ni interrogatif. Je crains qu'il ne m'échappe. (La Bruy.)
Si on souhaite l'effet exprimé par le
second verbe, ce verbe doit être accompagné de ne , pas. J'appréhende qu'elle
ne gagne pas son procès.
Si la proposition primordiale est négative , on supprime ne devant le verbe
suivant.
Quand les phrases sont interrogatives ,
on peut se servir de ne devant le verbe
suivant ou le supprimer ; que la phrase
principale soit affirmative ou négative.
Appréhendes -tu qu'il te trahisse ?
Lorsque les phrases sont interrogatives
et négatives en même temps , on peut
exprimer ou ne pas exprimer la particule
ne dans la phrase subordonnée.

49 apprEND-*re*. a. abs. pr. réc.

Irrégulier.

5 approfondi-*r*. a. abs.
4-3 appropri-*er*. a. pr.
4 *Approuv-er que* . . . .

Ce verbe régit le subjonctif dans la
phrase subordonnée. J'approuve que vous
preniez ces précautions.
— Approuvé s'emploie absolument et elliptiquement en bas d'un acte , d'un état
ou d'un compte , qu'on approuve après
lecture et examen.

ASSO

18-3 appuY-*er*. a. n. abs. pr.
4 argu-*er*. a.

Ce verbe n'est plus usité qu'en terme
de pratique dans cette phrase : Arguer un
acte de faux.
— Pris neutralement dans le langage ordinaire , il signifie Tirer une conséquence
d'un principe , d'un fait , d'un titre.

4 argu-*er* avec raison. n.
4 argu-*er* mal à propos. n.

Ce verbe a donné lieu à plusieurs
discussions pour l'emploi du tréma.
Dans les personnes où gu est suivi
d'un e muet ou d'un i, on doit surmon-
ter cet e ou cet i d'un tréma. Dans les
autres cas , mettez le tréma sur l'u.

(Dict. nation.)

4 armori-*er*. a.
11 arpéG-*er*. n. a. pr.
11-3 arranG-*er*. a. pr.
11 arréraG-*er*. n. pr.
13-3 arriÉr-*er*. a. pr.
3-4 s'arriol-*er*. pr. *Marine.*

Il se dit de la mer.

4 arriv-*er*. n. abs.
3   Il prend l'auxiliaire être.
3*-4 Il est arrivé de grands dé-
sordres.

Employé unipersonnellement. Le participe est toujours invariable.

3-11 Il s'est arroGé des droits.

88   Le participe passé de ce verbe essentiellement pronominal reste invariable,
parce que son régime direct , les droits ,
est placé après. Le second pronom s'est
toujours régime indirect.

3-11 Les droits que je me suis
arroGés.

88   Le participe passé s'accorde avec le
régime direct que, placé avant, pronom
relatif de la proposition incidente, dont
la valeur que son antécédent les droits.
Le second pronom est toujours régime
indirect.
Ne conjugue que les deux premiers modes.

5-3 arrondi-*r*. a. pr.
4 artifi-*er*. a.
11 asperG-*er*. a.
4-3 asphyxi-*er*. a. pr.
26 assaill-*ir*. a.

Ce verbe n'a point de singulier au
présent de l'indicatif (Wail)
Quelques auteurs disent aussi ils as-
saillissent.

5 assaini-*r*. a. pr.
5 assali-*r*. a. *Art culinaire.*
5-3 assauvagi-*r*. a. n. pr.
12 assÉch-*er*. a. *Marine.*
12 assÉn-*er*. a.
5 assenti-*r*. n.

Usité à l'infinitif et au participe passé
invariable.

assenti, assentie.

Participe passé du verbe assentir, employé en terme de chasse.

66 assE-*oir*. a.
3-66 s'assE-*oir*. pr.
67-3 assE-*oir*. a. pr.
5-3 asservi-*r*. a. pr.
11 assiéG-*er*. a.
4-3 associ-*er*. a. pr.
5-3 assombri-*r*. a. pr.

AVOI

5 assorti-*r.* a. n. pr.
5-3 assoupi-*r.* a. pr.
5 assoupli-*r.* a. pr.
5 assourdi-*r.* a. pr.
5-3 assouvi-*r.* a. pr.
5-3 assujéti-*r.* a. abs. pr.
47-3 astreiND-*re. Irrégul.* a. pr.
18-3 atermoY-*er.* a. pr.

Commerce et jurisprudence.

47 atteiND-*re. Irrégul.* a. pr.
16 atteL-*er.* a. pr.
8 attend-*re.* a. abs. pr.
8 *Attendre que* . . .

Ce verbe, signifiant *être dans l'attente de quelque chose que l'on croit devoir arriver*, régit le subjonctif. *J'attends qu'il vienne me payer, pour m'acquitter envers lui.*
— Employé pronominalement, il signifie *se tenir comme assuré de quelque chose*; en ce sens, il régit l'indicatif. Il *s'attendait bien que le mauvais temps ne m'arrêterait pas.*
88 — Le participe passé *attendu*, pris dans le sens de *vu*, ou *egard à*, est *invariable. Attendu ses services, il a droit à une pension.*

5-3 attendri-*r.* a. pr.
65 attEN-*ir. Irrégulier.* n.
9 atténu-*er.* a. abs. pr.
4 atterr-*er ou*
12 attÉr-*er ou*
5 atterri-*r ou*
5 attéri-*r.* n. *Marine.*
5 attiédi-*r.* a. pr.
attrai-*re.* a.

Ce mot est vieux et ne s'emploie guère qu'au présent de l'infinitif. Il vaut mieux dire :

4-3 attir-*er.* a. pr.
9 attribu-*er.* a.
3-9 Je m'attribue des privilé-ges. pr.

88 Le participe passé reste *invariable*, parce que son régime direct, *des priviléges*, est placé après.
Le second pronom est régime indirect.

3-9 Les priviléges que je me suis attribués. pr.

88 Le participe passé s'accorde avec le pronom relatif *que*, masculin pluriel, régime direct, placé avant, de même genre et de même nombre que son antécédent.
Ne conjuguez que les deux premiers modes.

10 audienC-*er.* a.
11 auG-*er.* a. *Technologie.*
4 authographi-*er.* a. abs. pr.
3-5 s'avachi-*r.* pr.

Familier, populaire.

10-3 avanC-*er.* a. n. pr.
11-3 avantaG-*er.* a. pr.
47 aveiND-*re.* a.

Vieux mot presque hors d'usage.

65-3 avEN-*ir.* n.

Ne s'emploie qu'aux troisièmes personnes et à l'infinitif.

12 avÉr-*er.*a. pr.
5 averti-*r.* a. n. abs. pr.
5-3 avili-*r.* a. abs. pr.
1 AV-*oir. Irrégulier.* a.

BALB

1 J'ai du plaisir à vous voir.

Le pronom personnel, régime direct de l'infinitif, peut être employé, dans la conjugaison, d'après l'ordre suivant: *te, me, le, vous, nous, les.*

1 Je n'ai rien à répliquer.

Dans les temps composés, le participe passé est toujours placé après *rien*. Ce mot, pris dans l'acception de substantif, régime direct du verbe principal, se construit ordinairement avec la négation.

1 Aura-t-il la patience d'attendre ?

Dans les temps simples des verbes interrogatifs, les pronoms sujets se mettent *après le verbe*; dans les temps composés, *avant le participe.*
A la troisième personne singulière du présent de l'indicatif, du passé indéfini et des deux futurs, l'euphonie exige qu'on intercale, entre le verbe et le pronom sujet, un -t-, qu'on fait suivre le précéder d'un trait d'union.
— Quand sous la forme interrogative, la première personne singulière du présent de l'indicatif produit un son désagréable, ce qui arrive presque toujours lorsqu'elle n'est formée que d'une syllabe, il faut donner un autre tour à la phrase et dire: *Est-ce que je ? verbe,.*
L'usage autorise cependant *ai-je ? dis-je ? dois-je ? fais-je ? puis-je ? suis-je ? vais-je ? vois-je ?*
Les pronoms sujets sont toujours précédés d'un trait d'union.
L'impératif, les temps du subjonctif et ceux de l'infinitif ne peuvent s'employer interrogativement.

1* Il y a des gens qui . . .

L'*y*, employé avec le verbe *avoir*, à la troisième personne du singulier, forme des gallicismes.

1* Il n'y a que moi qui . . .

L'expression *ne . . . que* remplace l'adverbe *seulement* et se place *avant* le verbe, soit dans les temps simples, soit dans les temps composés.

1 avoir besoin.
1 avoir regret.

Ces verbes régissent le subjonctif. *J'ai besoin que le Ministre ait égard à ma demande. J'ai regret que vous n'ayez pas entendu ce discours.*

1 avoir peur.

Le verbe de la proposition subordonnée est précédé de *ne*, lorsque la proposition principale est affirmative : *Vous avez bien peur que je ne change d'avis.*
Si l'on désire que l'action exprimée pa le verbe de la proposition subordonnée s'accomplisse, on emploie *ne . . . pas* au lieu de *ne*. Mais si la proposition principale est négative ou interrogative, le verbe de la proposition subordonnée rejette la négation.
— Ces régles sont applicables à toute proposition subordonnée, dépendant d'une principale, où figure *autre, autrement, mieux, moins, plus, plutôt, plus tôt que. Je vous attends ici mieux que vous ne pensez. (Rac.)*

9 avou-*er.* a. abs.
77 Il faU-*t* avouer que. *Unip.*
72 — Je vEUx bien l'avouer.

Locution qui commence quelquefois la phrase.
Dans les temps composés, l'adverbe *bien* est placé avant le participe *voulu.*

B

9 bafou-*er.* a.
10 balanC-*er.* a. n. pr.
18 balaY-*er.* a.
4 balay-*er* a.

Double orthographe également usitée.

4 balbuti-*er.* n. a.

BIFU

5 banni-*r.* a. pr.
4 barbéi-*er.* n. *Marine.*

On dit aussi:

9 ralingu-*er.* n.
4-3 barbifi-*er.* a. pr.
12 barÉt-*er.* n.

Crier comme l'éléphant, le rhinocéros.

5 barri-*r.* n.

Crier comme l'éléphant.

16 bateL-*er.* a. n. *Pêche.*
5 bâti-*r.* a. abs. pr.
32-3 batT-*re.* a. pr.
3-32 Ils se sont batTus comme chiens et chats, et se
3-38 sont dit des injures.

Ces deux verbes, *accidentellement pronominaux et réciproques*, expriment l'action de plusieurs sujets les uns sur les autres. Ils sont donc essentiellement pluriels.
88 Le participe *battu* s'accorde en genre et en nombre avec le second pronom, régime direct, placé avant.
Le participe *dit* re-te *invariable*, parce que son régime direct *des injures*, est placé après.
Dans la phrase relative, le sujet est sous-entendu. Le pronom personnel *qui* est régime indirect.

3-74 se fAI-*re* battre. pr.
88 Le participe *fait*, suivi d'un *infinitif*, est toujours invariable, parce qu'il conserve plus sa signification active. Il ne présente, avec le verbe qui le suit, qu'une seule idée.

5 baudi-*r.* a. *Chasse.*

— neutre, Figuré. (Se réjouir.)

18 baY-*er.* n.
4 béatifi-*er.* a.
14 béchevEt-*er.* a.
17 becqueT-*er.* a. pr. n.
18 bégaY-*er.* n.
4 begay-*er.* n.

La première orthographe est plus usitée.

4 bénéfici-*er.* n. a.
5 béni-*r.* a.

Ce verbe a deux participes passés : *béni, bénie,* et *bénit, bénite.*
Beaucoup dit que *bani* a un sens moral et de louange, et *bénit,* un sens légal et de consécration.
Le premier a toutes les significations de son verbe et s'emploie surtout en parlant des personnes. L'Ange dit à la Ste-Vierge : *Vous êtes bénie entre toutes les femmes et Jésus le fruit de vos entrailles est béni.*
Le second est usité toutes les fois qu'il rappelle l'idée d'une cérémonie religieuse.
Les drapeaux de ce régiment ont été bénits par l'Archevêque lui-même.

10-3 berC-*er.* a. abs. pr.
bien-faire. n.

Faire le bien, faire des actions louables. Il n'est usité qu'au présent de l'infinitif. S'emploie aussi substantivement. *Le bien-faire vaut mieux que le bien-dire.* Il s'écrit aussi sans trait d'union.

3-4 se bifurqu-*er.* pr.

Anatomie. Botanique.

3-4 La tige de cet arbre se sera bifurquée. pr.

87 Le Verbe s'accorde toujours avec son sujet *La tige* ou *les tiges* ; le participe passé, avec le pronom *se*, régime direct, avant, de même genre et de même nombre que son antécédent *tige* . . . .
88 Le sujet et son complément *de cet arbre* forment un sujet complexe.

BOUE

17 billeT-*er*. a.

Il est vieux. On dit aujourd'hui :

14 étiquEt-*er*. a. pr.
4 biographi-*er*. a.
5 blanchi-*r*. a. n. pr.
3-5 Elle s'est blanchie contre la muraille. pr.

88 Le participe passé s'accorde avec le second pronom, régime direct *avant*.

18 blanchoY-*er*. n.

Se dit des fleurs qui blanchissent les arbres.

13 blasphÉm-*er*. n. a.
12 blatÉr-*er*. n.

Crier comme les chameaux, les bé-liers, les grenouilles.

5 blâti-*r*. n.

Même étymologie et même significa-tion que le verbe *Blatérer*.

5 bléchi-*r*. n.

Très-peu usité.

5 blémi-*r*. n.
5 blessi-*r* ou bletti-*r*. n.
5 bleui-*r*. a. n. pr.
5 blondi-*r*. a.

Il a vieilli et n'est usité qu'en poésie.

3-5 Elle s'était blottie dans un coin. pr.

88 Le participe passé, dans les temps composés, s'accorde avec le second pro-nom, régime direct, placé *avant*.

73 bOI-*re*. a. abs.

— *Pronominal.* Tisans qui *se boit* froide, qui *se boit* chaude. Vin qui *se boit* au des-sert.

74 Elle a fAIt boire un surjet.

88 Le participe fait reste *invariable*, parce-que son régime direct, *boire un surjet*, est placé *après*.

5 bondi-*r*. n.

Participe INVARIABLE.

4 bonifi-*er*. a. pr.
18 bordaY-*er* ou
4 bourdàill-*er*. n. *Marine.*

Ce mot est vieux.

18 bordoY-*er*. a. pr.
11 bornaG-*er*. n.

Terme de batelier.

18 bornoY-*er*. a.
16 bosseL-*er*. a.

Il ne se dit guère qu'en parlant de la vaisselle, de l'argenterie.

18 bossoY-*er*. a.
9 bossu-*er*. a. pr.
3-9 Ce plat d'argent se sera bossué en tombant.

Ce verbe pronominal ne se conjugue qu'à la troisième personne des deux nom-bres, soit avec le sujet singulier *Ce plat d'argent*, soit avec le sujet pluriel *Ces plats d'argent*.

La formation du pluriel, de l'adjectif démonstratif *Ce* et du substantif *plat*, se fait par l'addition d'un s.

88 Le participe passé s'accorde avec le pronom, régime direct, masculin, singu-lier ou pluriel.

16 botteL-*er*. a. abs. pr.
3-4 se bottifi-*er*. pr.
9 bou-*er*. a. *Technologie.*

BUTI

5 bouffi-*r*. n. pr.

Il ne se dit au propre qu'en parlant des chairs.

11 bouG-*er*. n. (a. *Technol.*)

S'emploie plus ordinairement avec la néga-tion.

4 bougi-*er*. a. *Tailleur.*
20 bouILL-*ir Irrégulier.* n.
2 N'être bon ni à rôtir ni à bouillir.

L'attribut *bon* s'accorde en genre et en nombre avec le sujet, prend la lettre *e* au pluriel et double la consonne *n* dans la formation du féminin.

L'adverbe *ne* subit l'élision devant les voyelles.

11 boulanG-*er*. a. abs.
14 bourrEl-*er*. a. pr.
5 bourri-*r*. n. *Chasse.*

Il se dit du bruit que *la perdrix* fait en s'envolant.

Ce verbe ne s'emploie qu'aux troisiè-mes personnes, avec un sujet féminin, singulier ou pluriel. (*Les perdrix.*)

Le participe passé est INVARIABLE.

84 braI-*re*. n.

Irrégulier et défectif. Ne se dit qu'à l'infinitif, aux troisièmes personnes des deux nombres, du présent de l'indicatif, du futur et du conditionnel. (*Acad.*)

Pour les autres temps, on se sert du verbe :

3-42 se mETT-*re* à . . . ,

suivi de l'infinitif *braire.*

5 brandi-*r*. a.
4 brasseï-*er* ou
18 brassEY-*er*. a. *Marine.*
18 braY-*er*. a. *Marine.*
5 bredi-*r*. a.
14 brevEt-*er*. a.

Ce verbe s'emploie seulement à l'infi-nitif et au participe passé.

15 briquEt-*er*. a.
5 broui-*r*. a. *Agriculture.*

Il ne s'emploie qu'au présent de l'infi-nitif, au participe passé et aux temps composés. (*Acad.*)

5 Le soleil a broui les feuilles des arbres.

18 broY-*er*. a. *Technologie.*
4* Il a bruiné toute la matinée.
5 Brui-*r* des pièces d'étoffe.

Actif. Technologie.

84 bruI-*re*. n.

Défectif et irrégulier. Ce verbe n'est guère usité qu'à l'infinitif, à la troisiè-me personne du singulier du présent de l'indicatif et aux troisièmes personnes de l'imparfait de l'indicatif.

Quelques écrivains ont employé *bruis-sant* comme participe présent. De ce temps primitif, ils ont régulièrement for-mé l'imparfait de l'indicatif, *il bruissait, ils bruissaient*, et le présent du subjonctif, *qu'il bruisse, qu'ils bruissent*, temps déri-vés.

La ville *bruissait* à ses pieds comme une ruche pleine. (*Lam.*)

Il n'y a pas une feuille qui frémisse, pas un insecte qui *bruisse* sous l'herbe immobile. (*Ch. Nod.*)

5 bruni-*r*. a. n. pr.
4 brutifi-*er*. a. pr.
17 buffeT-*er*. a.
11 burG-*er*. n.
5 buti-*r*. n.

Crier en parlant du butor.

C

3-4 se cabr-*er*. pr.
12 cabrouEt-*er*. a. pr.
17 cacheT-*er*. a. pr.
10 cadenC-*er*. a. pr.
17 cailleT-*er*. n.
4 calomni-*er*. a. abs.
3-4 Elles se sont calomniées mu-tuellement.

Réciproque. — Point de singulier.

Souvent pour exprimer avec plus de clarté le sens réciproque, on ajoute *l'un l'autre* ou un des adverbes *réciproque-ment, mutuellement.* Ce régime indirect peut se placer avant ou après le participe.

88 Le second pronom, régime direct, étant avant le participe, accord.

5 candi-*r* des fruits. a. n. pr.
15 cannEl-*er* un pilastre. a. pr.
17 canqueT-*er*. a.

Crier comme la cane.

16 capeL-*er*. a. pr. *Marine.*
3-4 se caprici-*er*. pr.

Ce verbe a été employé par le cardi-nal de Retz, pour *Adopté par caprice.*

17 caqueT-*er*. n.
13 carÉn-*er*. a.
4 cari-*er*. a. pr. *Pathologie.*

Il n'est usité qu'à l'infinitif et aux deux participes et aux troisièmes personnes.

11 carréG-*er*. a. *Marine.*

Se dit dans la Méditerranée pour *Lou-voyer.*

15 carrEl-*er*. a.
11 cartaG-*er*. n. *Agriculture.*
18 cartaY-*er*. a.

Le participe passé est INVARIABLE.

3-4 se cataract-*er*. pr.

Médecine. Se dit du cristallin qui com-mence à s'obscurcir.

5 cati-*r*. a.
13 cÉd-*er*. a.
47-3 ceiND-*re. Irrégulier.* a. pr.
13 célÉbr-*er*. a. n. pr.
14 cÉl-*er*. a. pr.
4 certifi-*er*. a. pr.

Ce verbe, dans le sens affirmatif, régit l'indicatif : Je puis certifier que cela est. Dans le sens négatif, il régit le subjonctif : Je *ne certifie pas* que cela soit. Dans le sens interrogatif, on peut le faire suivre de l'un ou de l'autre de ces deux modes, selon la différente vue de l'esprit : Puis-je certifier que la chose n'est pas ? Puis-je certifier que cela *soit*, lorsque je n'ai pas la certitude que la chose est ?

(*Dict nation.*)

4 cess-*er*. n. abs. a.

On se sert de l'auxiliaire AVOIR, quand on veut exprimer une action. La fièvre *a cessé*, c'est-à-dire, elle a cessé d'agir.

3 On emploie l'auxiliaire ÊTRE, pour expri-mer l'état qui résulte de la cessation de l'action. La peste *est cessée*. Et du Dieu d'Israël, les fêtes sont cessées. (*Rac.*)

— Après ce verbe, on peut supprimer *pas* ou *point*, quand on ne veut pas ex-primer une continuation absolue et non interrompue.

On dit d'un ouvrier : Il ne cesse de travailler, c'est-à dire, il donne au tra-vail tout le temps qu'il peut y employer. *Il ne cesse de travailler du matin au soir*, qu'il travaille du matin au soir sans in-terruption, à l'exception des heures de repos.

CIER

Mais si l'on voulait exprimer une continuation absolue de travail, sans aucune espèce d'interruption, il faudrait mettre *pas*. Depuis ce matin, il *n'a pas cessé* de travailler. (*Dict. nation.)*

14 champEs-*er.* a. *Technol.*

16 chanceL-*er.* n.

5 chanci-*r.* n. pr. *Vieux.*

11 chanG-*er.* a. n. abs. pr.

4   *Changé* prend l'auxiliaire **avoir**, quand on veut exprimer l'*action*. Il a changé *d'avis*. Mais quand on veut exprimer l'état qui résulte de l'action, on emploie l'auxiliaire, **être**. Cette femme *est bien*
3 *changée depuis sa dernière maladie.*

16 chapeL-*er* le pain. a.

   Ôter avec la râpe le dessus de la croûte.

3-16 Le pain se chapeLLe ainsi.

87   Le verbe s'accorde toujours avec son sujet *Le pain*, troisième personne du singulier.

88   Le participe passé s'accorde avec son régime direct *se*, masculin singulier, *avant*, de même genre et de même nombre que son antécédent *Le pain*.
   L'adverbe *ainsi*, régime indirect, peut se placer *avant* ou *après* le participe

11 charG-*er.* a. n.

   Il a souvent pour régime le nom de la charge : Charger des *pierres* sur une voiture.

3-11 Je me charGe d'un emploi bien difficile. pr.

88   Le participe passé s'accorde avec le second pronom, régime direct, *avant*.
   Le régime indirect complexe peut être mis au pluriel. (*de deux emplois bien difficiles.*) L'adverbe *bien* est un mot invariable.

5 charpi-*r.* a. n.

4 charri-*er.* a. abs. n. pr.

18 charroY-*er.* a. pr.

4 châti-*er.* a. abs. pr.

18 chatoY-*er.* n.

   Terme de lapidaire. Changer de couleur sous différents aspects.
   Usité aux troisièmes personnes.

5 chauvi-*r.* n.

   Ne se dit que des chevaux, des mulets et des ânes.
   Ce cheval *chauvit* des oreilles.
   —Rabelais a employé *chauver* dans le même sens.

5 chéri-*r.* a. pr.

17 chiqueT-*er.* a. *Technologie.*
   ch-*oir.* n. et défectif.

3   Ne s'emploie qu'à l'infinitif et au participe passé, *cha*, avec l'auxiliaire **être**.
   Cependant, *je chois*, *nous choyons*, *je choirai* n'ont rien qui pèche contre l'harmonie.

3-4 Elle s'est laissée choir. pr.

   Choir étant neutre, le second pronom, régime direct, appartient au participe *laissé : accord.*

5 choisi-*r.* a. abs. pr.

1* Il n'y a pas à choisir.

88   *Unipersonnel.* Le participe en reste invariable et s'écrit, dans les temps composés, après l'adverbe *pas.*

18 choY-*er.* a. pr.

17 chucheT-*er.* n.

4 chylifi-*er.* n. pr.

   Terme d'anatomie. Ce mot a été employé par plusieurs auteurs, vu que nous avions chylifère et chylification.

11 cierG-*er.* a. *Technologie.*

   On dit plus communément :

COMP

4 bougi-*er.* a.

4 cinéfi-*er.* a. *Didactique.*

   Réduire en cendres.

54 circonci-*re.* *Irrégul.* a. abs.
   circoncis, circoncise.

   Participe passé du verbe *circoncire.*

39 circonscri-*re.* *Irrég.* a. pr.

4 circonstanci-*er.* a.

65 circonvEN-*ir.* *irrég.* a. pr.

14 cisEl-*er.* a. pr.

5 clapi-*r.* n.

   Se dit du cri naturel du lapin.

3-5 Le lapin s'est clapi dans un trou. pr. *(s'est caché.)*

87   Le verbe s'accorde toujours avec son sujet.

88   Le participe, dans les temps composés, s'accorde avec le pronom, régime direct, *avant.*
   La formation du pluriel du sujet, se fait en ajoutant un *s* à l'article simple et au substantif.
   Avec le sujet pluriel, le régime indirect peut être mis au pluriel : *dans des trous.*

15 claquEt-*er.* a.

   Il se dit du cri de la cigogne.

4 clarifi-*er.* a. pr.

4 classifi-*er.* a.

17 cliqueT-*er.* n. *Onomatopée.*

82 clO-*re.* *Irrégulier et défectif.*

   Actif. Il est quelquefois neutre à la troisième personne. Cette porte ne *clôt* pas bien. (*Acad.*)

9 clou-*er.* a. pr.

4 codifi-*er.* a.

10 coerc-*er.* a.

10 coïnc-*er.* a. *Marine.*

17-3 colleT-*er.* a. n. pr. récip.

11 colliG-*er.* a.

   Vieux et presque inusité.

4 colori-*er.* a. pr.

32 combatT-*re.* a. n.

   —*Pronominal et réciproque.* Deux armées qui *se combattaient* avec acharnement.

11 combuG-*er.* a. pr.

10 commenC-*er.* a. abs. n. pr.

3   Il prend l'auxiliaire **être**, quand on veut marquer l'état : Le spectacle *est commencé.* Il prend l'auxiliaire **avoir**, lors-
4 qu'on veut peindre une *action* : Le spectacle *a commencé* à six heures.

4*-10 Il commenCe à pleuvoir.

   Unipersonnel.

10 commerC-*er.* n.

   Le participe passé est **invariable.**

12 commÉr-*er.* n. *Familier.*

42 commETT-*re.* a.

   —*Pronominal.* Il *se commet* tous les jours des crimes.

9 commu-*er.* a.

4 communi-*er.* n. a.

46 comparAÎT-*re.* n. abs.

4-3   Il se construit avec les deux auxiliaires.
   Participe passé **invariable.**

   compar-*oir.* a.

   Ce vieux mot, qui ne s'emploie qu'à l'infinitif, est inusité aujourd'hui, même en termes de palais. On dit *comparaître.*

5 compati-*r.* n. pr.

   Participe passé **invariable.**

CONS

12 compénÉtr-*er.* a.

12 compÉt-*er.* n. *Jurisp.*

47 complaiND-*re.* a. pr.

48-3 complAI-*re.* *Irrég.* n. pr.

   Participe passé **invariable.**

13 complÉt-*er.* a. pr.

49-3 comprEND-*re.* a. abs. pr.

   Le participe *compris* est *invariable*, quand le substantif vient *après*. Il donne, tous les ans, deux mille francs aux pauvres, *y compris les aumônes extraordinaires*, *non compris les aumônes extraordinaires.*
   Mais quand le substantif précède, on doit dire, en faisant accorder : Il donne tous les ans, deux mille francs aux pauvres, les *aumônes extraordinaires y comprises*, les *aumônes extraordinaires non comprises.*

42-3 compromETT-*re.* a. n. pr.

   Irrégul.r.

13 concÉd-*er.* a. pr.

13 concélÉbr-*er.* a. pr.

6 conCEV-*oir.* a. abs. pr.

4 concili-*er.* a. abs.

3-4 Se concilier les bonnes grâces de . . .

88   Le régime direct, *les bonnes grâces*, étant après, le participe reste *invariable.*

33 conclu-*re.* a. abs. n. pr.

62 concour-*ir.* n.

4 concré-*er.* a. pr. *Inusité.*

4 concréfi-*er.* a. pr.

8 condescend-*re.* n.

   Se condouloir avec quelqu'un. pr.

   Il ne se dit qu'à l'infinitif.

50 condui-*re.* a. abs.

3-50 Je me conduirai toujours bien. pr.

88   Le participe *conduit* s'accorde avec le second pronom, régime direct *avant.*
   Dans les temps composés, les deux adverbes, régimes indirects : *toujours bien*, précèdent le participe.

3-12 Se confédÉrer avec quelqu'un. pr.

88   Le participe s'accorde avec le pronom, régime direct, *avant.*

15 confÉr-*er.* a. n. pr.

4-3 confi-*er.* a. abs. pr.

34 confi-*re.* a. pr.

9 conflu-*er.* n.

   Il ne se conjugue qu'aux troisièmes personnes. Ces deux rivières *confluent* au-dessous de telle ville.

8 confond-*re* a. pr.

4 congédi-*er.* a.

14 congEl-*er.* a. pr.

12 conglomÉr-*er.* a. pr.

4 congré-*er.* a. pr. *Marine.*

47 conjoiND-*re.* a.

46-3 connAÎT-*re.* a. abs. n. pr.

61 conquÉR-*ir.* a. abs.

24 consenT-*ir.* n. abs.

   —*Verbe actif.* Terme de droit. *Consentir* la vente, l'adjudication d'une terre.
   —*Consentir que.* Se dit par ellipse pour : *Consentir à ce que. Je consens que tes yeux soient toujours abusés.* (Rac.)

13-3 considÉr-*er.* a. pr.

CONV

9 conspu-er. a.

Hors d'usage au propre.

9-3 constitu-er. a. pr.

50 construi-re. a. pr.

4 contagi-er. a. *Néologisme.*

65-3 contEN-ir. a. abs. pr.

4 contest-er. a. abs. pr.

Quand le verbe *contester* est employé négativement, ne doit être répété dans la proposition subordonnée. On ne saurait *contester* que la diversité des mesures ne brouille les commençants pendant un temps infini (*J. J. Rouss.*)

Mais s'il s'agit d'exprimer une idée positive, constante, la négation doit être supprimée. On ne saurait *contester* que Dieu existe. (*Dict. nation.*)

9 continu-er. a abs. n. pr.

4*-9 Il continue à pleuvoir. *Unip.*

8 contond-re. a.

Produire des contusions.

47-3 contraiND-re. a. abs. pr.

Il s'emploie souvent sans régime indirect.

4-3 contrari-er. a. abs. pr.

11 contre-appléG-er. a.

Ancienne jurisprudence.

10 centre-balanC-er. a. pr.

32 contre-batT-re. a.

Art militaire.

11 contre-chanG-er. a.

Mot employé par Montaigne dans le sens d'*Échanger.*

3-10 se contre-courrouC-er. pr.

88 Le participe, dans les temps composés, s'accorde avec le second pronom, régime direct, *avant.*

11-3 contre-dégaG-er. a. pr.

34-3 contredi-re. a. abs. pr.

Ce verbe prend, dans notre langue, un régime direct, soit avec les choses, soit avec les personnes. Racine a souvent employé le régime indirect. Il a cru, sans doute, par là, différencier la poésie et la p ose.

16-3 contre-écarteL-er. a. pr.

74-3 contrefAI-re. a. pr.

11 contre-forG-er. a. *Technol.*

Cette pièce de fer doit se contre-forger.

11 contre-gaG-er. a.

11 contre-jauG-er. a. pr. *Tech.*

10 contre-perC-er. a. pr. *Tech.*

15 contre-pEs-er. a.

11 contre-pléG-er. a. pr.

Ancienne jurisprudence.

17 contre-projeT-er. a. pr.

65 contre-tEN-ir. a. pr. *Tech.*

65 contrevEN-ir. n.

—Contrevenu, participe INVARIABLE.

Quoique composé de *venir*, il prend
4 l'auxiliaire avoir dans les temps composés. Il a contrevenu à la clause du contrat.

L'Académie emploie aussi ce verbe
3 avec ÊTRE. Il n'est pas contrevenu à la loi.

9 contribu-er. n. abs.

10 contumaC-er. a. *Jurispr.*

Peu usité.

56-3 convainC-re. a. abs. pr.

65 convEN-ir. a. abs. pr.

3 Il prend l'auxiliaire ÊTRE dans le sens de *demeurer d'accord, faire une convention.*

COUR

65 Ils sont convenus de se trouver en tel lieu. (*Acad.*)

Le pronom *se*, régime direct de l'infinitif, varie d'après le sujet du verbe principal : *me, te, se ; nous, vous, se.*

Mais il se conjugue avec l'auxiliaire
4 avoir, lorsqu'il signifie *être à la convenance, être convenable.*

65 Cette place, cet emploi lui aurait bien convenu.

Le verbe *convenir*, ayant deux sujets synonymes, s'accorde avec le dernier, troisième personne du singulier. Le participe passé reste *invariable.*

La conjonction *et* n'est jamais employée entre les expressions synonymes.

Le régime indirect *lui*, peut être remplacé par les pronoms *me* ou *m'*, *te* ou *t'*. *lui ; nous, vous, leur.*

Dans les temps simples, l'adverbe bien se place après le verbe.

4*-65 Il convient plus souvent de se taire que de parler.

Dans cette acception, ce verbe employé *unipersonnellement*, se conjugue
4 avec l'auxiliaire AVOIR.

La locution adverbiale, *plus souvent*, se place, dans les temps composés, entre l'auxiliaire et le participe *invariable.*

11 converG-er. n.

Géométrie. Physique. Ne se conjugue qu'aux troisièmes personnes.

5-3 converti-r. a. abs. pr.

4-3 convi-er. a. pr.

18 convoY-er. a. pr.

3-4 se convuls-er. pr.

13 coopÉr-er. n.

Participe passé INVARIABLE.

11 copartaG-er. a. pr.

4 copi-er. a. pr.

17 coqueT-er. n.

S'emploie aussi dans le sens actif. Familier et peu usité.

11 cordaG-er. n. *Technologie.*

Participe passé INVARIABLE. Peu usité.

16 cordeL-er. a. pr.

4 corporifi-er. a. pr. *Didactique.*

8 correspond-re. n. pr.

Participe passé INVARIABLE.

11-3 corriG-er. n. abs. pr.

53-3 corromp-re. a. abs. pr.

18 corroY-er. a. pr. *Technolog.*

11 cortéG-er. a.

5 coti-r. a. n. pr.

Il est populaire et ne se dit qu'en parlant des fruits.

18 couD-Y-er. a. abs.

4-3 couch-er. a. n. pr.

4 Ce verbe prend avoir, si l'on veut exprimer l'action. Elle a couché dans ce
3 lit. Mais il se conjugue avec ÊTRE, si l'on a en vue de marquer l'état, la situation ou la manière d'être du sujet. Elle est couchée dans ce lit.

18-3 coudoY-er. a. pr.

35 couD-re. a. n.

17 coupleT-er. a.

Familier et peu usité. On dit aujourd'hui *Chansonner.*

62 cour-ir. n. a. abs.

Ce verbe ne se conjugue pas pronominalement. Il prend l'auxiliaire AVOIR,
4 quand il signifie *aller avec vitesse* Il a couru toute la journée. Mais il prend

CRÉP

3 l'auxiliaire ÊTRE, quand il signifie être recherché, être suivi, être à la mode. Ce prédicateur est fort couru. Ce livre est curieux, il est fort couru.

4*-62 Il court des bruits fort désavantageux sur son compte. *Unipersonnel.*

Les adjectifs possessifs *mon, ton, son, notre, votre, leur*, peuvent être employés avec le régime indirect compte.

cour-re. *Terme de vénerie.*

Poursuivre la bête.—Il n'est usité qu'à l'infinitif Je vous donnerai, pour divertissement, de *courre* un lièvre. (*Mol.*)

4 Laisser courre les chiens.

10-3 courrouC-er. a. pr.

18 courroY-er. a. *Technologie.*

4 coût-er. n. abs.

L'Académie écrit *invariable* le participe *coûté*, employé dans le sens propre. Les vingt mille francs que cette maison m'a *coûté* ; et *variable*, dans le sens figuré. Les peines que cette affaire m'a *coûtées.*

Quelques grammairiens veulent, au contraire, que le participe *coûté*, précédé d'un régime direct, soit variable dans les deux acceptions. Cette orthographe, fondée sur le rapport intime et direct du participe avec le régime, paraît répondre aux exigences grammaticales et à la relation logique des différents termes.

4* Il m'en coûte d'avoir à vous faire des reproches.

Unipersonnel. — Les pronoms personnels *me, te, lui, nous, vous, leur*, s'emploient comme régimes indirects dans la phrase principale et dans la phrase subordonnée ; mais ils ne peuvent figurer à la même personne, excepté cependant à la troisième des deux nombres.

Les pronoms personnels *me, te*, subissent l'élision devant la voyelle *e.*

23-3 couvR-ir. a. abs. pr.

47-3 craiND-re. a. abs. pr.

Ce verbe régit le subjonctif.

Le participe passé n'est pas usité au féminin, avec l'auxiliaire *avoir*, il est remplacé par le participe *appréhendé.*

On met *ne* dans la proposition subordonnée quand la proposition principale est *affirmative.* Je crains qu'il ne vienne.

Si l'on *souhaite* que l'action exprimée par le verbe de la proposition subordonnée s'accomplisse, on emploie *ne pas* à la subordonnée. Je crains qu'il n'ait pas le premier prix.

Mais si *craindre* est employé *négativement* ou *interrogativement*, le verbe de la proposition subordonnée rejette la négation. Je ne crains pas qu'il vienne. *Craignez*-vous que mes yeux versent trop de larmes ? (*Rac.*)

Lorsque les phrases sont *interrogatives* et *négatives*, tout à la fois, on peut exprimer ou ne pas exprimer la particule *ne*, dans la proposition subordonnée. Ne *craignez*-vous pas que l'on vous fasse le même traitement ? (*Rac.*)

2* Il est à craindre que . . .

14 craquEt-er. n.

Il ne s'emploie qu'à la troisième personne des deux nombres. Le sel et le laurier craquettent dans le feu. Les cigognes, les grues craquettent.

10-3 créanC-er. a. pr.

4-3 cré-er. a. pr.

16 créneL-er. a. pr.

12 crÉn-er. a. pr.

Terme de fondeur de caractères.

5 crépi-r. a.

CUVE

16 crêteL-*er*. n.

Se dit du cri de la poule qui vient de pondre. Il ne s'emploie qu'à la troisième personne des deux nombres, avec le sujet : *La poule* ou *Les poules*.

14 crEv-*er*. a. n.

3-14 Ils se sont crEvés de travail et de fatigue. pr.

Travailler avec excès. Familier.

88 *Le participe s'accorde avec le second pronom, régime direct, placé avant.*

4 cri-*er*. n.

4 cri-*er* famine. a.

Les marchandises et généralement tout ce qui peut intéresser le public *se crie* sur la voie publique.

15 crochEt-*er*. a. pr.

36 crOI-*re*. a. abs. n. pr.

Quand *croire* est accompagné d'une négation ou qu'il est interrogatif, le verbe subordonné est toujours à l'un des temps du subjonctif. D'où croyez-vous que viennent les calamités publiques ? (*Mass.*)

Quand le verbe joint à *croire* est affecté d'une négation au qu'il donne au verbe *croire* un sens négatif, le verbe subordonné, après la conjonction *que*, est également au *subjonctif*. *Il ne voulut pas croire qu'un Dieu eût pu se faire homme.* (*Boss.*) *Il est bien éloigné de croire que cela soit permis.* (*Pasc.*)

—Croyez-vous qu'il le fera ? Croyez-vous qu'il le fasse ? Dans ces deux phrases, il y a un doute supposé, mais ce doute n'est pas le même dans les deux cas. Dans le premier, vous n'osez croire qu'il le fera ; dans le second, vous ne pouvez pas croire qu'il le fasse. (*Dict. nation.*)

3-36 Il se croit le plus instruit de sa classe.

Construction grammaticale. Il croit lui (être l'élève) le plus instruit de sa classe.

88 *Dans les temps composés, le participe s'accorde avec le second pronom, régime direct, avant.*

Le complément explicatif de l'attribut suit les inflexions du sujet : le plus instruit, masculin singulier, la plus instruite, féminin singulier, les plus instruits, masculin pluriel, les plus instruites, féminin pluriel.

L'adjectif possessif, dans le complément déterminatif de l'attribut, varie aussi d'après le sujet : ma, ta, sa, notre, votre, leur, en supposant les élèves réunis dans la même classe.

Avec le sujet pluriel, si les élèves sont dans différentes classes, on doit dire : de nos classes, de vos classes, de leurs classes.

37 crOÎT-*re*. n.

Pris activement, il a été plusieurs fois employé en vers et en prose.

Les dieux m'ont dicté cet oracle qui croîtra sa gloire et son tourment. (*Rac.*)

3 Il prend l'auxiliaire être pour exprimer l'état : *La rivière est crûe* ; et l'auxiliaire avoir, pour marquer l'action : *La rivière a crû de six centimètres.*

74 Elle n'a fAIt que croître et embellir.

Les deux infinitifs étant régimes directs du verbe principal, le participe fait reste invariable.

Le verbe principal, soit dans les temps simples, soit dans les temps composés, est toujours entre ne... que, expression mise pour l'adverbe seulement.

5 croupi-*r*. n.

4 crucifi-*er*. a. pr.

63 cueill-*ir*. a. pr.

Les fruits *se cueillent* en cette saison.

50 cui-*re*. a. abs. n. pr.

Tout le pain qui *se cuit* chez moi est vendu dans la journée.

16 cuveL-*er*. a. pr.

Les mines *se cuvellent*, pour qu'il n'y ait point d'éboulements.

D

16 débateL-*er*. a.

32-3 débatT-*re*. a. abs. pr.

5-3 déblanchi-*r*. a. pr. *Tech.*

12 déblatÉr-*er*. n. *Familier.*

18 déblaY-*er*. a. abs.

4 déblay-*er*. a. abs.

4 débord-*er*. a. n. pr.

Ce verbe prend les deux auxiliaires. Employé *neutralement*, il se conjugue
4 avec AVOIR, pour exprimer l'*action* : (La
3 rivière *a débordé* cette nuit; et avec ÊTRE, pour marquer l'état : La rivière *est débordée* depuis huit jours.

16 débosseL-*er*. a. pr.

20 débouILL-*ir*. a.

5 débruti-*r*. a. pr.

17 décacheT-*er*. a. pr.

16 décapeL-*er*. a. *Marine.*

16 décarreL-*er*. a. pr.

5 décati-*r*. a. pr. *Technolog.*

12 décÉd-*er*. n.

Ne se dit que des personnes et n'est guère usité qu'en termes de jurisprudence et d'administration.

Ce verbe, exprimant une *action*, devrait toujours prendre l'auxiliaire *avoir* dans ses temps composés : cependant on dit : Il *a décidé* à l'âge de soixante ans. Il *est décédé* après une longue et cruelle maladie.

47 déceiND-*re*. a. pr.

14 décEl-*er*. a. pr.

6 décEV-*oir*. a. pr.

Se dit des personnes et des choses.

Ce verbe n'est guère en usage aujourd'hui qu'à l'infinitif et aux temps composés.

11-3 décharG-*er*. a. abs. n. pr.

14-3 déchevEl-*er*. a. pr.

17 déchiqueT-*er*. a. pr.

73 déchUI-*r*. Irrégulier. n.

9 déchou-*er*. a. pr. *Marine.*

17 décliqueT-*er*. a. pr. *Horlog.*

82 déclO-*re*. Irrégulier. a. pr.

Ce verbe n'est usité qu'au singulier du présent de l'indicatif, au futur, au conditionnel et aux temps composés.

9 déclou-*er*. a. pr.

17-3 décolleT-*er*. a. abs. pr.

12 décomplÉt-*er*. a.

33 déconcert-*er*. a. pr.

34 déconfi-*re*. a. pr. *Vieux.*

Inusité à l'imparfait du subjonctif.

—Figuré et ironique. Les guezeliers ait à *déconfire* les ennemis. (*Boiste.*)

13-3 déconsidÉr-*er*. a. pr.

50 déconstrui-*re*. a. pr.

10-3 décontenanC-*er*. a. pr.

5 déconverti-*r*. a. pr.

35 découD-*re*. a. n. abs. pr.

11-3 découraG-*er*. a. abs. pr.

23-3 découvR-*ir*. a. pr. (n. *Mar.*)

12 décrÉt-*er*. a. pr.

4 décri-*er*. a. abs. pr.

39 décri-*re*. Irrégul. a. abs. pr.

décroi-*re*. a.

Se dit seulement dans cette phrase familière, en opposition avec le mot *croire*. Je ne crois ni ne *décrois*.

DÉFI

37 décrOÎT-*re*. n.

Ce verbe prend, dans ses temps composés,
4 posés, l'auxiliaire avoir, pour exprimer
3 l'*action* : La rivière *a décru*; être, pour exprimer l'état : La rivière *est considérablement décrue*.

9 décru-*er*. a. pr. *Technolog.*

50 décui-*re*. a.

4 dédéifi-*er*. a. pr.

4 dédi-*er*. a. pr.

34-3 dédi-*re*. Irrégulier. a. pr.

79 Je ne pUIs m'en dédire.

Le pronom personnel, dans la seconde proposition, varie d'après le sujet : (m', t', s', nous, vous, s').

Dans les temps composés, on supprime la lettre e de l'adverbe *ne* devant les voyelles *a*, *o*. Cette lettre est remplacée, par une apostrophe. (n').

11-3 dédommaG-*er*. a. abs. pr.

Avec ce verbe, l'emploi des prépositions *de* et *par* est nécessairement usité, pour marquer, avec la préposition *de*, la chose dont on est dédommagé ; et avec la préposition *par*, la chose qui dédommage.

50 dédui-*re*. a.

77 Il fAUt en déduire que. Unip.

5 dédurci-*r*. a. *Didactique.*

5-3 La cire se déduircit à l'action du feu. pr.

Ce verbe devient passif, parce que l'action de durcir ne peut pas être faite par le sujet *La cire* : dès lors, le participe passé, avec la préposition *à*, s'accorde avec le sujet.

Il est peu usité. On dit ordinairement : Amollir.

défaill-*ir*. n.

Ce verbe n'est plus usité qu'au pluriel de l'indicatif présent, *nous défaillons* ; à l'imparfait, *je défaillais*, etc. ; au passé défini, *je défaillis*, etc. ; au passé indéfini, *j'ai défailli*, etc. ; et à l'infinitif, *défaillir*.

74 défAI-*re*. a. abs. pr.

3-74 Ce livre s'est défAIt entre vos mains.

88 Le participe *défait* vient d'un verbe actif; *défaire* quelque chose. Conjugué avec *être*, il sera actif si le sujet fait l'action; mais *Ce livre* ou *Ces livres* ne pouvant faire l'action de défaire, le verbe devient passif: le participe s'accorde avec le sujet.

8-3 défend-*re*. a. abs. pr.

Ce verbe, qui exprime une chose positive, ne veut jamais être suivi de *ne pas*, *ne point*. *J'ai défendu que vous fissiez telle chose.* (*Acad.*)

Quelques écrivains cependant, ayant confondu ce verbe avec *empêcher*, ont employé la négation dans la phrase subordonnée; mais ils ne sont pas à imiter. —Après *défendre*, on emploie *et*, et non pas *ni*.

12 défÉqu-*er*. a. pr.

Chimie et pharmacie.

12 défÉr-*er*. a. abs. pr.

4 défl-*cr*. a. (n. *Marine*.)

3-4 se défi-*er*. a. pr.

88 Le participe, dans les temps composés, s'accorde avec le second pronom, régime direct, *avant*.

Ce verbe pronominal, signifiant *prévoir* ou *se mettre en garde*, régit le subjonctif avec *ne* devant le verbe de la proposition suivante; à moins que *se défier* soit lui-même négatif ou interrogatif. *Je me défie qu'il n'arrive.* *Il ne se défait nullement qu'on songeât à le surprendre.* *Pouvais-je me défier qu'il fût capable de me tromper ?*

DÉLA

5 défini-r. a. abs. pr.
5 défléchi-r. n.
5 défleuri-r. a. n. pr.
9 déflu-er. n. *Astronomie.*
10 défonC-er. a. pr.
4 défortifi-er. a. pr.
18 défraY-er. a. pr.
4 défray-er. a. pr.
10 défronC-er. a. pr.
11 dégaG-er. a. pr.
5 dégarni-r. a. pr.

Ce verbe, dans le sens pronominal, s'emploie presque toujours sans régime. Cet arbre se dégarnit : perd ses feuilles.

5 dégauchi-r. a. pr. *Technol.*
14 dégEl-er. a. n.
4*-14 Il dégÈle. *Unipersonnel.*
3-14 se dégEl-er. pr.

Cesser d'être gelé.
Figuré et familier. Se mettre à parler.

12 dégénÉr-er. n.

Ce verbe, dans ses temps composés, se conjugue avec l'auxiliaire avoir, si l'on veut exprimer l'action qu'il signifie :

12 Il a dégénÉré de la valeur de ses aïeux.

L'adjectif possessif s'accorde, en personne, avec le sujet. (mes, tes, ses, nos, vos, leurs.)
Mais il prend l'auxiliaire être, si on a en vue de marquer l'état :

12 Il est bien dégénÉré.

Le participe dégénéré, conjugué avec être s'accorde avec le sujet.

L'adverbe bien, dans les temps simples, se place après le verbe ; dans les temps composés, après l'auxiliaire.

10 déglaC-er. a. pr.

On dit plutôt : Dégeler.

3-10 Se déglaCer le cœur. pr.

Figuré.—S'attendrir, Corneille l'a employé dans ce sens.
Le régime direct, le cœur, étant après, le participe glace, dans les temps composés, reste invariable.
Le second pronom est régime indirect.

9 déglu-er. a. pr.
5 dégluti-r. a. *Physiologie.*
11 dégorG-er. a. n. pr
5-3 dégourdi-r. a. pr.
14 dégravEl-er. a. pr. *Technol.*
18 dégravoY-er. a. pr.
4 dégré-er. a. pr. *Marine.*
12 dégrÉn-er. a. pr. *Technol.*
14 dégrÉv-er. a. pr.

Administration. Finances.

5 dégrossi-r. a. abs. pr.
5 déguerpi-r. a. n.
4 déifi-er. a. pr.
11 déjauG-er. n. *Marine.*
3-17 se déjeT-er. pr.

Subir les effets de la sécheresse ou de l'humidité, en parlant des bois qui ont été employés verts.
—Agriculture.— Anatomie.
Il n'est usité qu'aux troisièmes personnes.

47 déjoiND-re. a. pr.
9 déjou-er. a. n.
11 déjuG-er. a. n.
10 délaC-er. a. pr.

DÉPA

3-10 Se délaCer le brodequin.

Ce verbe pronominal se conjugue avec un sujet féminin.
Le participe, dans les temps composés, reste invariable. place que son régime direct, le brodequin, est placé après.
Le second pronom est régime indirect.
La formation du pluriel, de l'article simple et du substantif, se fait par l'addition d'un s.

18 délaY-er. a.
13 délÉgu-er. a. pr.
13 délibÉr-er. n. abs.

— Actif. Manège.

4 déli-er. a. pr.
4 déliné-er. a. pr.
11 déloG-er. n. pr.
5 démaigri-r. a.

—Devenir maigre. Familier. Peu usité.
Il prend les deux auxiliaires pour marquer, soit l'action, soit l'état. Avoir démaigri ; être démaigri ; démaigris.

5 démaigri-r. a. pr. *Technol.*
11 démanG-er. n.

Ne s'emploie qu'aux troisièmes personnes.
Le participe passé est invariable.

16 démanteL-er. a. pr.

Démolir les fortifications, etc.

11 démarG-er. a. pr.
4-3 démari-er. a. pr.
11 démÉnaG-er. a. n. pr.
3-14 se démÉn-er. a. pr.
24 démenT-ir. a. pr.
42-3 démETT-re. a. pr.
4 démeur-er. n.

Ce verbe prend être, quand le sujet ne change pas d'état. Deux cents hommes sont demeurés sur le champ de bataille ; il a avoir, lorsque le sujet passe d'un état à un autre. Il a demeuré un an avec nous. (Acad.)

5 démoisi-r. a. pr. *Technol.*
5 démoli-r. a. (fig. abs.) pr.
5 démord-re. n.

Ne s'emploie guère qu'avec la négation.
Le participe passé est invariable.

72 Il n'a point vOULu démordre de cette poursuite.

(Acad.)

Le régime direct, démordre de cette poursuite, étant après, le participe voulu reste invariable.
Dans les temps simples, ne pas, expression négative moyenne, se place avant et après le verbe ; dans les temps composés, avant et après l'auxiliaire.
L'adverbe ne subit l'élision devant les voyelles a, e.

15 démouchEt-er. a. pr.
14 démuni-r. a. pr.
14 démusEl-er. a. pr.
5 dénanti-r. a. pr.
4 déni-er. a. pr.
16 déniveL-er. a. pr.
5 dénoirci-r. a. abs. pr.
10 dénonC-er. a. pr.
9 dénou-er. a. pr.
16 dentel-er. a. pr. *Technol.*
9 dénu-er. a. pr.
17 dépaqueT-er. a. pr.
11 déparaG-er. a. pr.

Droit. coutume.

DÉPR

4 dépari-er. a. pr.
11 départaG-er. a. pr.
24 déparT-ir. a.

Distribuer, partager.

14-10 dépEC-er. a. pr.
47 dépeiND-re. *Irrégul.* a. pr.
8 dépend-re. a.

Dépendre un tableau. une enseigne.

8 dépend-re. n.

Être sous la dépendance, sous la domination, sous l'autorité, sous les ordres de quelqu'un.

4*-8 Il dépend de vous, de le faire nommer à cette place. (Acad.) Unipers.

Le régime indirect du verbe primordial peut varier d'après l'ordre suivant : de moi, de toi, de lui, d'elle, de nous, de vous, d'eux, d'elles.
Dans la phrase subordonnée, me, te, le, la, nous, vous, les, doivent être toujours employés à différentes personnes des pronoms régimes indirects, excepté cependant aux troisièmes personnes.
Le régime indirect des deux infinitifs devient pluriel : à ces places, quand le pronom, régime direct, est pluriel.
On se sert de vous au singulier pour te, par civilité.

5 dépéri-r. n.

Ce verbe prend les deux auxiliaires : avoir ou être. On dit : Cette armée a dépéri ou est dépérie.

12-10 dépiÉC-er. a. pr.
10-3 déplaC-er. a. pr.
48 déplAI-re. a. pr.

Participe passé toujours invariable.

3-48 Ils se sont déplu à la ville.

Pronominal. (S'ennuyer.) Participe invariable.

4*-48 Il me déplAît de me trouver avec cet homme. Unipers.

Les pronoms personnels : me, te, lui, nous, vous, leur, régimes indirects du verbe principal déplaire, correspondent avec les pronoms personnels me, te, se, nous, vous, se, régimes directs, employés avec l'infinitif trouver.
Le régime indirect du second verbe peut s'écrire au pluriel avec ces hommes.
Dans les temps composés du verbe principal, les pronoms m', t', s', subissent l'élision devant les voyelles a, e.

4 dépli-er. a. abs. pr.
18 déploY-er. a. pr.
5 dépoli-r. a. pr.
12-3 déposséd-er. a. pr.
28 dépourvOI-r *Irrégulier.* a.

Il n'est guère usité qu'à l'infinitif, au passé défini et au participe passé.

5-28 Se dépourvOIr d'argent. pr.

Dans les temps composés, le second pronom, régime direct, placé avant, dirige l'accord du participe.

4-3 dépréci-er. a. pr.
12 déprÉd-er. a.

Piller avec dégât.
Ce verbe est très-peu usité.

49 déprEND-re. a. pr.

Peu usité. Il vaut mieux faire usage de Détacher, qui est son synonyme.

65-3 déprévEN-ir. *Irrégul.* a. pr.
5 déprim-er. a. pr.
42-3 dépromETT-re. a. abs. pr.

Irrégulier.

DÉSE

4-3 déqualifi-er. a. pr.

5 déraidi-r. a.
Se dit dans le style ordinaire.

11-3 déranG-er. a. pr.

4 déray-er. n. *Agriculture.*

18 déraY-er. n. *Agriculture.*

12 dérÉgl-er. a. pr.

11 déroG-er. n. abs.
Le participe passé est INVARIABLE.

5 déroidi-r. a. pr.
Se dit dans le style soutenu.

53 déromp-re. a. pr.

5 dérougi-r. a. n. pr.

4 désacidifi-er. a. pr. *Chimie.*

12 désaciÉr-er. a. pr. *Techn.*

5 désaffranchi-r. a. pr.

10 désagenC-er. a. pr.

4 désagré-er. n. *Marine.*
On dit mieux :

4 dégré-er. n. .

11 désagréG-er. a.
Se dit particulièrement en minéralogie.

5 désaigri-r. a. pr. *Chimie.*

4-3 désalli-er. a. pr.

13-3 désaltÉr-er. a. pr.

4-3 désappari-er. a. pr.

5-3 désappauvri-r. a. pr.

49 désapprEND-re. a. abs. pr.

4-3 désappropri-er. a. pr.

11 désarroG-er. a. pr.

5 désarrondi-r. a. pr.

11 désassiéG-er. a. pr.
— Figuré et familier. Cesser d'importuner quelqu'un.

4-3 désassoci-er. a. pr.

5 désassorti-r. a. pr.

5 désassourdi-r. a. pr.

11 désavantaG-er. a. pr.

5 désavou-er. a. pr.

8 descend-re. a. n. abs. pr.
Comme verbe neutre, il se conjugue en
3 diminuement avec l'auxiliaire être: Combien d'enfants sont descendus du pôle de la vie, sans avoir fait le tour de la sphère. (B. de St. P.)
Cependant, lorsqu'il exprime plutôt une action qu'un état ou une situation,
4 il prend l'auxiliaire avoir: Le baromètre a descendu de trois degrés et demi.

9 déséchou-er. a. pr.

5 désembelli-r. a. abs. pr.
Ce verbe est inusité. Il n'a pas son analogue dans la langue.

14 désemmusEl-er. a. pr.
Ménagerie

14 désempEs-er. a. pr.

5 désempli-r. a. pr.
Usité surtout neutralement avec la négative. Ce canal ne desemplit jamais.

5 désenchéri-r. a. pr.

9 désenclou-er. a. pr.

21-3 désendorM-ir. a. pr.

11-3 désengaG-er. a. pr.

14 désengrEn-er. a.

10 désenivr-er. a. pr.

5-3 désenlaidi-r. a. abs. n. pr.

18-3 désennuY-er. a. abs. pr.

DÉTE

5-3 désenorgueilli-r. a. pr.

18 désenraY-er. a. abs. pr.

4 désenray-er. a. abs. pr.

9 désenrou-er. a. pr.

5 désenseveli-r. a. pr.

16-3 désensorceL-er. a. pr.

12 désespÉr-er. a. n. abs.
Désespérer que régit le subjonctif.
Je désespère qu'il puisse se rétablir.
Quand il est *négatif* ou *interrogatif*, on met ne après le sujet du verbe subordonné. Je ne désespère pas qu'on ne parvienne à lui faire prendre une décision. Désespérez-t-il qu'elle ne soit écrasée ?

3-12 Elles se sont désespérées sur un refus. pr.
38 *Desespéré* vient d'un verbe actif. (*Désespérer quelqu'un.*)
Quoiqu conjugué avec *être*, il reste *actif*, parce que le sujet *Elles* fait l'action. Elles ont désespéré qui ? — *elles*, exprimé par *se*; accord.
— S, ne se faisant pas sentir dans la prononciation du mot *refus*, prend la syllabe longue. Cette lettre n'est pas ici la caractéristique du pluriel.

5-3 désétourdi-r. a. pr.

9-3 déshabitu-er. a. pr.

4 désharmoni-er ou

4 désharmonis-er. a. pr.

12 déshydrogÉn-er. a. pr.
Chimie.

12 déshypothÉqu-er. a. pr.

9 désinfatu-er. a. pr.
Très-familier.

10-3 désinfluenC-er. a. pr.

12-3 désinquiÉt-er. a. pr.

5 désinverti-r. a. pr.
Art militaire.

5-3 désinvesti-r. a. pr.

4 *Désir-er que* . . .
Ce verbe, ainsi construit, régit le subjonctif. Dans une égalité de raisons, l'incrédule devrait du moins désirer que le sentiment de la foi, sur la nature de nos âmes, fût véritable. (Mass.)

5 désobéi-r. n. abs.

11 désobliG-er. a. pr.

9 désobstru-er. a. pr.

18 désoctroY-er. a. pr.

5 désourdi-r. a. pr.

12 désoxygÉn-er. a. pr. *Chim.*

5-3 déssaisi-r. a. pr.

12-3 dessÉch-er. a. abs. pr.

16 dessemeL-er. a. pr.

5 desserti-r a. pr. *Technol.*

25 desserV-ir. a. abs. pr.
Irrégulir.

3-4 se dessouci-er. pr.

3-65 se dessouvEN-ir. pr.
Perdre le souvenir. On l'emploie aussi activement dans le même sens.

3-5 se dessujéti-r. pr. *Peu usité.*

5 destitu-er. a. pr.

5 désuni-r. a. pr.

47 déteiND-re. a. abs. pr.
Irrégulier.

16 déteL-er. a. abs. pr.

8 détend-re. a. pr.

65 détEN-ir. *Irrégulier.* a. pr.

DIMI

11 déterG-er. a. pr.

16 détonneL-er. a. pr.

8 détord-re. a. pr.

4 détorqu-er. a. pr.
Donner un sens forcé. Ne se dit guère que dans cette phrase, qui elle-même est peu usitée. Détorquer un passage, l'expliquer d'une manière détournée, pour en favoriser son opinion. (Acad.)

11 détranG-er. a. pr. *Hortic.*

4 détri-er. a. *Droit. Coutume.*

50 détrui-re. *Irrég.* a. abs. pr.

10 dévanC-er. a. pr.

65 devEN-ir. n.
3 Il prend l'auxiliaire être dans ses temps composés.

5 déverdi-r. n. *Technologie.*

27-3 dévêt-ir. a. pr.

4 dévi-er. n. pr.

11 dévisaG-er. a. pr.

7 dEV-oir. *Irrégulier.* a. pr.

4*-7 Il dOit y avoir du charme dans la solitude. *Unipers.*
— Devoir, joint à un autre verbe, indique : 1° qu'il est en quelque sorte juste, raisonnable, nécessaire qu'une chose soit. Nous pensons que la colère de Dieu doit être bien irritée contre les hommes. (Mass.)
— 2° Indique une vraisemblance, une probabilité, une certitude relative. Ce monument doit être bientôt achevé.
— 3° Une infaillibilité, une certitude absolue. Tout doit finir avec nous. (Mass.)
— 4° Un résultat, une conséquence. Un seul jour perdu devrait donc nous laisser des regrets. (Mass.)
— 5° L'intention de faire quelque chose. Dans un mois, je dois partir pour l'Italie.
— 6° Simplement le futur. Ainsi commençait une vie, dont les suites devaient être si glorieuses. (Fléch.)
— Dussé-je, dût-il, dussies-nous, dussent-ils se disent pour : Quand bien même il faudrait que je dusse, qu'il dût, etc. Dussé-je, après dix ans, voir mon palais en cendre. (Rac.)
(Dict. nation.)

9-3 dévou-er. a. pr.

18 dévoY-er. a. abs. pr.

4 diabléi-er. n.
Faire le diable.
— Par extension, Blasphémer.

4-3 diablifi-er. a. pr.
Changer en diable.
Il ne se dit que dans le style burlesque.

12 diÉs-er. a. *Musique.*

4 différenci-er. a. pr.

4 différenti-er. a. pr. *Mathém.*

12 différÉr-er. a. pr.

9 diffu-er. n. *Didactique.*
Le participe passé est INVARIABLE.

12 digÉr-er. a. pr.
Physiologie.
— Terme de chimie. Cuire : On fait digérer ces matières à un feu lent. (Acad.)

4 dignifi-er. a. pr.
Peu usité et ironique

12 dilacÉr-er. a. pr. *Chirurgie.*

9 dilu-er. a. pr. *Chimie.*

9 diminu-er. a. pr.
Dans ses temps composés, ce verbe
3 prend l'auxiliaire être, pour marquer l'état. Le prix du pain est enfin diminué
4 depuis la récolte; et l'auxiliaire avoir, pour marquer l'action. Ce bouillon a bien diminué. (Dict. nation.)

DES VERBES FRANÇAIS.

DISS

38 di-re. *Irrégulier.* a. abs. pr.

— On dirait qu'il a. On dirait qu'il ait.

Lorsqu'on a de fortes raisons pour croire une chose, on emploie l'indicatif après on dirait que. On dirait qu'ils travaillent pour des années éternelles. *(Mass.)*

Lorsqu'au contraire il n'y a que de légères apparences, on met le subjonctif. On dirait que le livre des destins est été ouvert à ce prophète. *(Bous.)* *(Dict. nation.)*

1 AVoir beaucoup à dire.

Le régime direct, *beaucoup à dire*, est toujours après le verbe, soit dans les temps simples, soit dans les temps composés.

88 Le Participe reste invariable.

1* Il y a bien à dire. *Unipers.*

88 Le participe d'un verbe unipersonnel ou employé unipersonnellement est toujours INVARIABLE.

Dans les temps composés, le sujet vrai: *bien à dire*, est aussi placé après le participe.

1* Il n'y a rien à dire. *Unip.*

Le substantif rien, dans les temps composés, précède le participe invariable.

1 AVoir beau dire. a.

Cette locution est elliptique. Avoir beau *(jeu pour)* dire.

88 Le participe ou, dans les temps composés, reste invariable, parce que son régime direct : Beau *(jeu pour)* dire, est placé après.

77 Il faUt le dire. *Unipers.*

Les temps simples et les temps composés sont toujours précédés du sujet grammatical Il, et suivis du sujet vrai : *le dire*, — participe INVARIABLE.

11 diriG-er. a. pr.

9 discontinu-er. a. abs. pr.

65 disconVEN-ir. *Irrégulier.* n.

3 Ce verbe ne se conjugue qu'avec l'auxiliaire ÊTRE.

65 Il n'en est pas disconvENu.

L'adverbe pas, dans les temps simples, se place après le verbe ; dans les temps composés, entre l'auxiliaire ÊTRE et le participe variable.

— Disconvenir que. Suivi du subjonctif. Vous disconvenez, à tort, qu'il vous ait parlé.

Lorsque disconvenir est employé négativement, ne est répété après le sujet de la phrase subordonnée. Je ne disconviendrai pas qu'avec toutes ses perfections, on ne puisse faire quelques objections contre Sophocle. *(Volt.)*

Mais ne est supprimé, lorsqu'il s'agit d'exprimer une chose positive, incontestable. Je ne disconviens pas qu'il y ait un Dieu. Je ne disconviens pas qu'il ait raison. *(J. J. Rouss.)*

— Selon l'Académie, ce n'est facultatif dans la proposition subordonnée. Je ne disconviens pas que cela ne soit que cela soit. Nos écrivains, cependant, ne font jamais cette suppression.

62 discour-ir. *Irrégul.* a. abs.

4 disgraci-er. a.

11 disgréG-er. a.

47 disjoiND-re. *Irrégul.* a. abs.

46 disparAÎT-re. *Irrégul.* n.

4 Ce verbe prend l'auxiliaire AVOIR, quand on le considère comme exprimant une action. Le jour a disparu.

3 Il prend l'auxiliaire ÊTRE, lorsqu'on l'envisage comme exprimant un état, résultant d'une action. A nos yeux étonnés, la troupe est disparue. *(Rac.)*

12 dissÉqu-er. a.

4 dissimul-er. a. abs. pr.

Employé affirmativement, ce verbe régit le subjonctif. Je dissimulerai toujours que j'aie été de votre avis.

DORM

Employé négativement, il demande l'indicatif. il ne vous dissimulerai pas que je suis peu content de vos procédés.

81 dissoUD-re. a. pr.

Irrégulier et défectif.

8 distend-re. a. *Chirurgie.*

84 distraI-re. a. pr.

Irrégulier et défectif.

9 distribu-er. a. abs. pr.

11 diverG-er. n.

Participe INVARIABLE.

4 diversifi-er. a. pr.

5 diverti-r. a. pr.

10 divorC-er. a. pr.

3-4 se domicili-er. pr.

4 domifi-er. a. pr. *Astrologie.*

4 donn-er. a. abs. n. pr.

4 Je te donne, pour guide, l'aîné de mes garçons.

88 Le régime direct complexe : *l'aîné de mes garçons*, étant placé après, le participe, dans les temps composés, reste invariable.

Les pronoms me, te, lui, nous, vous, leur, régimes indirects, doivent toujours être employés à des personnes différentes de celles des pronoms sujets, excepté cependant aux troisièmes personnes.

Les pronoms m', t', subissent l'élision dans les temps composés, devant les voyelles a, e, initiales de l'auxiliaire avoir.

— A l'impératif, ces pronoms, suivent le verbe ; me est remplacé par moi, nis pour à moi.

A la première personne plurielle de ce mode, on ne peut placer ces pronoms lui, leur.

Les adjectifs possessifs, mes, tes, ses, nos, vos, leurs, s'accordent en personne, avec le sujet, lequel, à l'impératif est au mode de l'infinitif est sous-entendu.

3-4 Fatigués du monde, *ils se donnent à Jésus-Christ.* *(Fléch.)*

88 Le participe passé de ce verbe pronominal, construit avec ÊTRE, mis pour avoir, varie d'après la place du régime direct, représenté par un pronom personnel.

Ce pronom. régime direct, étant avant le verbe, soit dans les temps simples, soit dans les temps composés, règle l'accord du participe dans ces derniers temps.

— Fatigués, participe employé avec auxiliaire, est un adjectif verbal, il s'accorde, en genre et en nombre, avec le pronom sujet, auquel il se rapporte.

— La formation du féminin se fait par l'addition d'un e muet : Fatigué ; celle du pluriel s'obtient en ajoutant un s au singulier masculin : fatigués, et au singulier féminin : fatiguées.

3-4 Se donner de garde que . . .

3-4 Se donner garde que . . .

(Se méfier, se précautionner)

88 Le second pronom étant régime indirect, le participe, dans les temps composés, reste invariable.

Ce verbe, ainsi construit, régit le subjonctif avec ne, après le sujet du verbe subordonné. Il s'est donné de garde qu'on ne le trompât.

24 dorM-ir. n.

Participe INVARIABLE.

21-4 Toutes les heures que vous avez dorMi, je les ai passées à écrire.

Les deux premiers verbes se conjuguent aux mêmes temps, mais à des personnes différentes.

88 Le relatif que, se présentant sous la forme d'un régime direct, est ici pour pendant lesquelles (heures)?

88 Le pronom les, régime direct placé avant le second verbe, prend le genre

ÉBUC

le nombre et la personne de son antécédent (heures) et dirige l'accord du participe.

L'infinitif est régime indirect du verbe passer.

— Ne conjuguez que les deux premiers modes, non compris le passé antérieur ni le second conditionnel passé.

9 dou-er. a.

4 dout-er. a. n. abs.

Douter, suivi de que, régit toujours le subjonctif. Je doute qu'il puisse partir ce soir.

— Quand douter est employé négativement ou interrogativement, ne doit être placé devant le second verbe. On ne peut pas douter que les pôles ne soient couverts d'une coupole de glace. *(E. de St. P.)* Doutez-vous qu'il ne veuille implorer votre clémence. *(Rac.)*

Cependant, on peut, même dans ce dernier cas, supprimer ne après le sujet du verbe subordonné. Peut-être doutez-vous, qu'étant éloigné du public, il fût encore égal à lui-même. *(Fléch.)*

— L'emploi de ne cesse : 1° quand la proposition subordonnée énonce un fait incontestable. Personne ne doute qu'il y ait un Dieu.

2° Quand douter est pris affirmativement. Il me paraît absurde de douter qu'il tienne sa parole.

3-4 Nous nous étions doutés de cette perfidie.

88 Le participe des verbes pronominaux, formés des verbes neutres, est toujours invariable, excepté cependant les trois verbes pronominaux neutres ci-après, se prévaloir, s'échapper. L'usage veut qu'on fasse toujours accorder le participe avec le second pronom.

Ces verbes sont considérés comme s'ils étaient essentiellement pronominaux.

3-4 Se douter que . . .

88 Employé pronominalement, il signifie croire sur quelque apparence, pressentir, prévoir, soupçonner, conjecturer. Dans ce cas, il régit l'indicatif Nous nous étions doutés qu'ils se feraient un grand plaisir de vous recevoir.

4 dray-er. a. *Technologie.*

11 dréG-er. a. pr. *Technolog.*

dui-re. n (a. familier.)

Vieux et ne s'emploie guère qu'à la troisième personne du présent de l'indicatif. Tout me convient, tout me plaît, tout me duit. *(Volt.)*

4 dulcifi-er. a. pr. *Chimie.*

5 durci-r. a. n. pr.

4 dur-er. n.

Participe INVARIABLE.

E

3-5 s'ébahi-r. pr.

5 ébaroui-r. n. *Marine.*

Dessécher. Il exprime l'effet produit par le soleil sur le bois des navires.

3 52 s'ébatT-re. pr.

5 ébaudi-r. n. pr. *(Fam.)*

12 ébÉn-er. a. pr.

5 ébéti-r a. pr.

16 ébiscL-er. a. *Technologie.*

5 ébloui-r a. abs. pr.

20 ébouILL-ir. n.

Il n'est guère d'usage qu'à l'infinitif et au participe passé.

12 ébrÊch-er. a. pr.

14 ébrÊn-er. a.

Il est bas.

9 ébrou-er a. n. pr.

17 ébucheT-er. n.

ÉCLA

9 écangu-*er*. a. pr.

Faire tomber avec l'écang la paille du lin , du chanvre , et des plantes du même genre.

14 écartEl-*er*. a. n. pr.

5 écati-*r*. a. pr. *Manufacture.*

On dit aussi : *catir.*

16 écerveL-*er*. a. pr.

5 échampi-*r*. ou

4 échamp-*er*. a. pr. *Peinture.*

On dit aussi : *Réchampir.*

11 échanG-*er*. a. pr.

4 échapp-*er*. n. abs. pr.

4 Dans ses temps composés , ce verbe
3 prend les deux auxiliaires. Avec *avoir*,
il marque l'*action*. Le cerf a *échappé* aux
chiens. Avec *être* , il indique l'*état*. Le
cerf *est échappé* aux chiens. s.

— Cette chose m'a *échappé* signifie qu'on
n'y a pas fait attention ou qu'on en a
perdu la mémoire. J'ai retenu le chant,
les vers m'ont *échappé. (J. J. Rouss.)*

— Cette chose m'est *échappé* signifie qu'on
l'a fuite par inadvertance. Cette parole
m'*est échappée.*

— Les écrivains , il est vrai , n'ont pas toujours observé cette distinction. Malgré son
chagrin , il écrivit des paroles extravagan-
tes qui lui *ont échappé. (Fénél.)*

(Dict. nation.)

4* Il *lui* échappe de parler contre *mes* intérêts et contre
mes intentions.

(La Bruy.)

Le verbe *échapper*, conjugué *unipersonnellement*, prend , dans ses temps compo-
3 sés , l'auxiliaire *être.*

— Les trois adjectifs possessifs *mes* , *tes*,
ses, placés successivement dans les trois
régimes indirects de l'infinitif , s'emploient avec *m'* , pronom personnel de
la première personne du singulier , avec
t' , et avec *lui* , de la
troisième , régimes indirects du verbe
principal.

De même , les adjectifs possessifs *nos*,
vos , *leurs*, s'emploient avec *nous* , pronom personnel de la première personne
du pluriel, avec *vous* , et avec *leur*,
régimes indirects du verbe principal.

— La préposition *contre* est répétée devant
le substantif *intentions*, second régime indirect de l'infinitif , parce que ces deux
régimes n'offrent aucune ressemblance de
signification.

— Les pronoms personnels singuliers *m'*,
t' , *lui* , peuvent aussi correspondre indifféremment aux adjectifs possessifs pluriels *nos* , *vos* , *leurs* ; et les pronoms personnels pluriels *nous* , *vous* , *leur* , aux adjectifs possessifs pluriels *mes* , *tes* , *ses.*

Dans ce cas , le pronom *nous* n'est
jamais employé avec l'adjectif *mes* , ni
le pronom *vous* , avec l'adjectif *tes.*

3-4 Ils se sont échappés de prison.

38. Les verbes neutres, employés pronominalement , ont toujours le participe passé
invariable, par la raison que ces verbes
n'ont jamais de régime direct : cependant
l'usage veut que le participe *échappé* dans
ce cas , s'accorde avec le second pronom.
Ce verbe est considéré comme s'il était
essentiellement pronominal.

16 écheL-*er*. a. n. pr.

14 échevEl-*er*. a. pr.

76 échOI-*r*. Irrégulier. n.

Quoique l'Académie ne donne point
d'exemple où ce verbe soit conjugué avec
l'auxiliaire *avoir*, plusieurs grammairiens,
d'ailleurs recommandables , ont écrit : Mon
billet a *échu* hier , pour dire a passé d'une
époque non terminée à une époque pré-
fixe ; et mon billet *est échu* d'hier , c'est-
à dire, est au terme fixé de son échéance.

9 échou-*er*. n. a. pr.

5 éclairci-*r*. a. pr.

ÉCRO

4 éclair-*er*. a. n. pr.

4 Éclairer ces dames dans
l'escalier.

(Lebrun.)

88 Le régime direct : *ces dames* ou bien
cette dame, au singulier , étant placé après
le verbe , le participe , dans les temps
composés , *reste invariable.*

4* Il a éclairé toute la nuit.

Neutre. Unipersonnel. Faire des éclairs.

83 éclO-*re*. Irrégul. Défect. n.

9 écobu-*er*. a. pr. *Agriculture.*

16 écocheL-*er*. a. *Agriculture.*

Dans quelques cantons. Ramasser l'avoi-
ne par tas , pour en former des gerbes.

50 écondui-*re*. a.

10 écorC-*er*. a. pr.

9 écou-*er*. a.

12 écrÊm-*er*. a. pr.

12 écrÊn-*er*. a. pr.

4 écri-*er*. a. *Technologie.*

3-4 s'écri-*er*. pr.

Le participe passé s'accorde avec le second pronom , régime direct, placé *avant.*

59 écri-*re*. a. abs. pr.

59 Je *vous* écrirai tous les soirs,
60 mais je n'en*ver*rai *ma*
lettre *que* le samedi ou le
dimanche.

(Mme. de Sévigné.)

Dans la phrase principale , les pronoms
régimes indirects , m', t'. *lui*, *nous*, *vous*,
leur, doivent toujours être employés à des
personnes différentes de celles des pronoms sujets , excepté cependant aux troisièmes personnes.

Les pronoms m', t', s'élident devant
la voyelle *i*, initiale du verbe *écrire* ,
et devant les voyelles *a*, *e* , *o* , initiales
de l'auxiliaire *avoir.*

— Dans les phrases impératives , les pronoms régimes indirects sont immédiatement placés après le verbe. Ces deux mots sont
liés par un trait-d'union.

Ces pronoms , régimes indirects dans
la phrase impérative absolue , sont sous-
entendus devant le second verbe.

— Les adjectifs possessifs , ma , ta , sa,
mes , vos , leurs , dans la primordiale relative , s'accordent avec les pronoms sujets ,
en nombre et en personne.

On forme le pluriel du substantif *lettre*,
régime direct du second verbe , par l'addition d'un *s*. (*lettres.*)

88 — Dans les temps composés , les participes , *écrit* et *envoyé* , restent invariables ;
le premier, parce qu'il n'a pas de régime
direct , exprimé ; le second , parce que
son régime direct *lettre* est après.

— *Ne . . . . que* signifie *seulement*, il est
suivi de l'adjectif , quand il a un sens
positif.

— Le second verbe , dans cet exemple , se
met toujours au même temps et à la même personne que le premier.

—Nous ne sommes vus depuis quatre
ans ensemble.

Ni , au plus ni , *écrit* l'un à l'autre,
écrit et *envoyé* , *écrit* l'un à l'autre,

(Molière.)

Le second pronom , *nous*, régime , exprimé une seule fois , ne peut être régi
par les deux verbes , d'une manière différente.

Dans le premier vers , il est *régime direct*. Nous n'avons vu *qui* ? — *Nous.*

Dans le second , il est *régime indirect.*
Nous n'avons *écrit* à qui ? — *A nous.*

Cette règle s'applique aux adjectifs *et*
aux prépositions.

9 écrou-*er*. a. pr.

EMBE

5 écroui-*r*. a. pr.

3-4 Les murailles s'écroulent.

Ce verbe , avec le sujet *Les murailles*,
ne se conjugue qu'aux troisièmes personnes plurielles.

88 Dans les temps composés de ce verbe
pronominal , le participe s'accorde avec
le pronom *se*, régime direct , (*émin)ia*
pluriel , *savot* , du même genre , du même nombre et de la même personne que
le sujet.

— A l'impératif , le mot *murailles* est mis
en apostrophe , à la seconde personne plurielle.

Le substantif est en apostrophe , lorsqu'il est la personne ou la chose à laquelle
on adresse la parole.

4 édifi-*er*. a. pr.

10 effaC-*er*. a. pr.

9 effectu-*er*. a. pr.

4 effigi-*er*. a.

3-5 s'effleuri-*r*. pr. *Chimie.*

S'emploie quelquefois *neutralement.*
Ce minéral *effleurira* au contact de l'air
libre. Un minéral qui s'*effleurit.*

3-10 s'efforC-*er*. pr.

18 effraY-*er*. a. pr.

4 effray-*er*. a. pr.

48 égaY-*er*. a. pr.

4 égay-*er*. a. pr.

11 égorG-*er*. a. pr.

14 égrEn-*er*. a. pr. *Agricult.*

11 égruG-*er*. a.

3-5 s'éjoui-*r*. pr.

Ce verbe se trouve dans La Fontaine
et dans le duc de Saint-Simon.

10 élanC-*er*. a. n. pr.

5 élargi-*r*. a. pr.

5 élégi-*r*. a. *Technologie.*

15 élÉv-*er*. n. pr. abs.

3*-15 Il s'est élÉvé des villes capi-
tales.

Unipersonnel. Participe INVARIABLE.

40 éli-*re*. Irrégulier. a.

11 élonG-*er*. a. abs.

11 émarG-*er*. a.

52 embaT-*er*. a. pr. *Technol.*

5 embelli-*r*. a. n. pr.

4 Ce verbe se conjugue avec AVOIR, si
l'on veut exprimer l'*action*. Elle n'a pas
embelli pendant sa maladie. Mais il prend
3 ÊTRE, si l'on a en vue d'exprimer l'état.
La *situation* ou la *manière d'être* du sujet.
Elle *est bien embellie* depuis son séjour
à la campagne.

3-14 Quand je *me* promÈne dans
52 *mon* champ , tout rit, tout
3-5 s'embellit à *mes* yeux.

(Barth.)

Les trois verbes , à la conjugaison,
ne peuvent s'employer à des temps différents ; *rire* et *s'embellir* ont pour sujet le
pronom indéfini *tout* , troisième personne
du singulier.

Les adjectifs possessifs *mon* , *ton* , *son*,
nos , *vos* , *leurs* , dans le régime indirect
de la première phrase , incidente explicative , suivent les inflexions du pronom personnel sujet ; ainsi que les adjectifs possessifs *mes* , *tes* , *ses* , *nos* , *vos* , *leurs* ,
dans le régime indirect de la phrase principale relative.

— Le substantif *signifier*, régime indirect , prend un *s* au pluriel.

88 — La participe , dans les temps composés
de la première phrase , incidente explicative , ne prend qu'un *s* ; et quand il est
variable : il s'accorde avec le second pronom , régime direct , *avant*, du même
genre et du même nombre que le pronom.

— *Ne* conjugues que les deux premiers modes , non compris le second conditionnel
passé.

EMPL

73 embOl-re. *Irrégulier.* a. pr.
9 embou-er. n. *Construction.*
5-9 s'embou-er. pr.

Se couvrir de boue.

5 embouti-r. a. pr. *Technol.*
16 embraceL-er. a. pr.
4 embray-er. a. pr.

Chemin de fer. Mettre en communica-tion deux pièces de machines qui se com-mandent, c'est-à-dire dont l'une doit communiquer à l'autre l'impulsion du moteur. *(Dict. nation.)*

14 embrEn-er. a. pr.

Ce verbe est populaire et bas.

5 embruni-r. a. pr.
11 émerG-er. n. *Géologie.*
42 émETT-re. *Irrégulier.* a.
5 émeuti-r. n.
4 émi-er. a.

Synonyme de émietter.

10 éminC-er. a.
11 emménaG-er. n. a. pr.
14 emmEn-er. a.
14 emmusEl-er. a. pr.
43 émouD-re. *Irrégulier.* a.
68 émOUV-oir. *Irrégul.* a. pr.
17 empaqueT-er. a. pr.
3-4 Elles se sont emparées d'un héritage.

88 Le participe passé de ce verbe pronomi-nal s'accorde toujours avec le second pro-nom, régime direct, avant.

16 empasteL-er. a. pr. *Techn.*
4-5 empêch-er. a. pr.

Suivi d'un verbe, il régit la préposition de avec l'infinitif, ou bien la conjonction que avec le subjonctif.

— *Empêcher que*, affirmatif, négatif ou interrogatif, régit le subjonctif avec ne, après le sujet du verbe subordonné. La pluie, presque continuelle, empêche qu'on ne se promène dans les cours et dans les jardins. (Rac.) Il marche droit, dort, man-ge et boit comme les autres; mais cela n'empêche pas qu'il ne soit malade.(Mol.) Hé! pourrai-je empêcher, malgré ma diligence.

Que Roxane, d'un coup, n'assure sa ven-geance. (Rac.)

D'après l'Académie, lorsque ce verbe est négatif, on peut mettre ou supprimer la négation. Je n'empêche pas qu'il ne fasse ou qu'il fasse ce qu'il voudra.

12 empEn-er. a. pr. *Technol.*

Peu usité.

16 empenneL-er. a. pr. *Marine.*
14 empEs-er. a. pr. *Technol.*
14 empEser les voiles. *Marine.*

88 Le régime direct, les voiles, étant placé après, le participe, espelé par un subs-tantif ou la particule en, reste invariable.

11 empiéG-er. a.
12 empiÉT-er. a. abs.
11 empiG-er. a.

Enduire de poix.

4 empir-er. a. n.

4 Ce verbe prend l'auxiliaire AVOIR, pour marquer l'action. Sa maladie a beaucoup empiré dans la nuit; c'est-à-dire, a passé d'un état mauvais à un état pire; et l'auxi-

3 liaire ÊTRE, pour exprimer l'état. Sa ma-ladie est empirée; c'est-à-dire, il se trouve dans un état pire.

10 emplaC-er. a.
5 empli-r. a. pr. (n. *Techn.*)

ENGO

18 employ-er. a. pr.
47 empreiND-re. *Irrég.* a. pr.

Il n'est guère usité qu'à l'infinitif, au participe passé et aux temps composés.

5 empuanti-r. a. pr.
11 encaG-er. a. pr.
14 s'encastEl-er. pr.

Art vétérinaire. Ce cheval commence à s'encasteler. *(Acad.)*

47 enceiND-re. *Irrégulier.* a.
16 enchantEl-er. a. pr.
16 enchapeL-er. a. pr.

Mettre un chapeau de fleurs sur la tête.

5 enchéri-r. a. abs. n.
14 enchifrEn-er. a. pr.

Cet air froid m'a tout enchifrené. *(Acad.)*

17 encliqueT-er. a. pr. *Tech.*
82 enclO-re. *Défectif.* a.

Il n'est usité qu'aux trois personnes sin-gulières du présent de l'indicatif, au futur, au conditionnel et au participe passé.

5 encloti-r. n. pr. *Vénerie.*

Se dit d'un lapin ou d'un gibier qui en-tre en terre.

9 enclou-er. a. pr.
17 encorneT-er. a. pr.
11 encouraG-er. a. pr.
62 encour-ir. *Irrégulier.* a.
11 endoimmaG-er. a. pr.
21 endorM-ir. *Irrég.* a. n. pr.
50 endui-re. a. n. pr.
5 endurci-r. a. pr.
16 enficeL-er. a. pr. *Technol.*
12 enflÉv-er. a. n.

Les eaux des marais enlèvent les habi-tants de la plaine.

12 enflÉch-er. n. *Marine.*
4 enfoli-er. a.

Terme de monnayeur.

10 enfonC-er. a. n. pr.
5 enforci-r. a. n. pr.
11 enforG-er. a. pr.

Charger de chaînes. Et pour lors les enforger de pieds et de mains. (Montaigne.)

5 enfoui-r. a. pr.
11 enfranG-er. a. pr.
18 enfray-er. a. *Technologie.*
4 enfray-er. a. *Technologie.*
47 enfreiND-re. a.
3-22 s'enful-r. *Irrégulier.* pr.

Ce verbe s'emploie fort bien avec un régime indirect, exprimé par un subs-tantif ou le pronom en. Dans aucun cas, la particule en ne doit être séparée ni retranchée du verbe s'enfuir. On l'a mis en prison, il s'en est enfui. *(Acad.)* Avec ellipse du pronom, on dit enfuir. Vous me tourmentez, vous me ferez enfuir.

11 engaG-er. a. pr.
10 engeanC-er. a. pr.
5 englouti-r. a. pr.
9 englu-er. a. pr.
10 engonC-er. a. pr.
11 engorG-er. a. pr.
9 engou-er. a. pr. abs.
5 engourdi-r. a. abs. pr.

ENTE

11 engranG-er. a. pr.
14 engrEn-er. n. pr.
5 engrossi-r. a. n.
16 engrumeL-er. a. pr.
5 enhardi-r. a. pr.
16 enjaveL-er. a. pr. *Agric.*
47 enjoiND-re. *Irrégul.* a. pr.
10 enlaC-er. a. pr.
5 enlaidi-r. a. abs.
15 enlEv-er. a. pr.
4 enli-er. a. pr. *Architecture.*
5 ennobli-r. a. abs. pr.
18 ennuY-er. a. abs. pr.
4-18 Il m'ennuie (ennuY-er) de ne plus vous voir.

(Mme. de Sévigné.)

Les pronoms personnels, le, la, la, nous, vous, les, régimes directs, peuvent alternativement, précéder l'infinitif.

10 énonC-er. a. pr.
5 énorgueilli-r. a. pr.
9 énou-er. a. pr. *Manufact.*
5-61 s'enquÉR-ir. *Irrégul.* pr.
11 enraG-er. n. abs.
18 enraY-er. a. abs. pr.

Technologie et agriculture.

4 enray-er. a. abs. pr.
5 enrichi-r. a. pr.
9 enrou-er. a. pr.
10 ensemenC-er. a. pr.
16 enseveli-r. a. pr.
16 ensorceL-er. a. pr.
18 ensoY-er. a.
3-55 s'ensuiV-re. *Irrégulier.* pr.

Il ne s'emploie qu'à la troisième per-sonne du singulier et du pluriel.

Le participe ensuivi ne se dit qu'en style de pratique. Le tribunal cassa la procédure et tout ce qui s'était ensuivi.

(Acad.)

On dit généralement: Il s'en est suivi que . . . Voilà tout ce qui s'en était suivi.

— Il est souvent unipersonnel, et régit l'indicatif, quand la phrase est affirma-tive, et le subjonctif, quand elle est con-traire. Il s'ensuit que nous sommes heu-reux. Il ne s'ensuit pas que vous ayez tort. Parce qu'il y a de fausses religions, s'ensuit-il qu'il n'y en ait pas une véri-table? (Boss.)

— Il faut éviter la répétition du pronom en et de l'expression de là, dans l'emploi du mot s'ensuivre.

8-5 entend-re. a. pr.

Ce verbe signifiant ouïr, comprendre, régit l'indicatif. J'ai entendu que votre sœur a crié au secours. Dans l'acception de vouloir, prétendre, exiger, ordonner, il est suivi du subjonctif. J'entends qu'on m'obéisse, et qu'on m'obéisse qu'à moi.

8 Et le Seigneur m'a entendu;
49 il a prIS pitié de moi, et
5-74 il s'est fAIt mon soutien.

(La Harpe.)

Avec le sujet Et le Seigneur, les trois verbes ne se conjuguent qu'à la troisième personne singulière et aux mêmes temps.

A l'impératif, le subjonctif Seigneur est en apostrophe, ou la personne à laquelle on adresse la parole: le pronom moi, régime direct, précédé d'un trait d'union, est rejeté après le verbe.

ENTR

La conjonction *que*, ou *qu'* devant le pronom *il*, dans les temps du subjonctif, doit être placée devant le sujet des trois verbes.

88 — Dans les temps composés, le participe *entendu* s'accorde avec le pronom personnel, régime direct, *avant* : le participe *pris* reste invariable, parce que son régime direct, *pitié de moi*, est *après*; l's est le signe ordinaire du pluriel, mais non dans ce participe. Enfin , dans les temps composés du verbe pronominal accidentel , le participe *fait* s'accorde avec le second pronom, régime direct, *avant*.

— Les deux pronoms personnels : l'un régime direct du premier verbe, l'autre régime indirect du deuxième , et l'adjectif possessif, dans le régime indirect du troisième , correspondent, dans cet exemple, ainsi qu'il suit :

m'	de moi	mon
t'	de toi	ton
l'	de lui	son
l'	d'elle	son
nous	de nous	notre
vous	de vous	votre
les	d'eux	leur
les	d'elles	leur

— On peut mettre les pronoms sujets à la place des mots *Et le Seigneur.* Ces pronoms doivent être employés à des personnes différentes de celles des pronoms régimes, excepté cependant aux troisièmes personnes.

— A l'impératif, on n'emploie que les pronoms *moi, te, la, les,* précédés d'un trait d'union et placés après le verbe. La première personne plurielle ne peut être suivie que des pronoms de la troisième personne.

12 enténÉbr-er. a. pr. *Néol.*
3-4 s'entr'accord-er. récip.
3-4 s'entr'accus-er. récip.
3-4 s'entr'admir-er. récip.
3-4 s'entr'aid-er. récip.
3-4 s'entr'aim-er. récip.
3-16 s'entr'appeL-er. récip.
3-4 s'entravers-er. pr.
Se dit des bâtiments de guerre.
3-5 s'entr'averti-r. récip.
3-4 s'entre-bais-er. récip.
3-32 s'entre-batT-re. récip.
3-74 s'entre-bienfAI-re. récip.
3-4 s'entre-chamaill-er. récip.
3-4 s'entre-cherch-er. récip.
3-4 s'entre-choqu-er. récip.
82 entre-clO-re. a.
3-4 s'entre-communiqu-er. réc.
3-46 s'entre-connAÎT-re. récip.
3-39 s'entr'écri-re. récip.
3-4 s'entre-crois-er. récip.
3-4 s'entre-déchir-er. récip.
3-4 s'entre-déclar-er. récip.
3-74 s'entre-défAI-re. récip.
3-4 s'entre-dérob-er. récip.
3-50 s'entre-détrui-re. récip.
3-7 s'entre-dEV-oir. récip.
3-4 s'entre-dévor-er. récip.
3-38 s'entre-di-re. récip.
3-4 s'entre-donn-er. récip.
3-4 s'entre-empêch-er. récip.
3-4 s'entre-fâch-er. récip.
3-4 s'entre-fouett-er. récip.
3-4 s'entre-frapp-er. récip.
3-4 s'entregent-er. pr.
Tant il savait bien s'entregenter en toute compagnie. (Despér.)

ENTR

3-4 s'entreglos-er. récip.
3-11 s'entr'égorG-er. récip.
3-4 s'entre-grond-er. récip.
3-5 s'entre-haï-r. récip.
Le tréma tient lieu de l'accent circonflexe aux deux premières personnes plurielles du passé défini.
3-14 s'entre-harcEl-er. récip.
3-4 s'entre-heurt-er. récip.
3-10 entrelaC-er. a. pr.
5-9 s'entre-lou-er. récip.
45 entre-lui-re. n.
Ce verbe ne se conjugue qu'avec un sujet de la troisième personne, tant du singulier que du pluriel.
On voyait la lune entre-luire à travers le feuillage des chênes.
3-11 s'entre-manG-er. récip.
3-4 s'entrebarrass-er. récip.
3-4 s'entr'embrass-er. récip.
3-4 s'entre-mesur-er. récip.
3-42 s'entremETT-re. pr.
3-4 s'entre-moqu-er. récip.
3-8 s'entre-mord-re. récip.
3-45 s'entre-nui-re. récip.
Participe passé INVARIABLE.
3-4 s'entre-pardonn-er. récip.
3-4 s'entre-parl-er. récip.
Participe passé INVARIABLE.
3-10 s'entre-perC-er. récip.
3-4 s'entre-pill-er. récip.
49 entreprEND-re. a. n. pr.
Irrégulier.
3-4 s'entre-prêt-er. récip.
50 s'entre-produi-re. récip.
3-4 s'entre-querell-er. récip.
4 entr-er. n. abs.
3 *Ce verbe se conjugue avec l'auxiliaire* ÈTRE. *On dit : Je suis entré, et non pas j'ai entré.*
Toutefois, si l'on veut exprimer que la personne dont on parle a fait l'action de passer du dehors au dedans, on dira correctement : Elle a entré; mais si l'on veut marquer l'état de cette même personne, après qu'elle a accompli l'action d'entrer, on doit dire : Elle est entrée.
(Dict. nation.)
3-4 Il n'entre pas dans mes vues que . . . *Unipersonnel.*
Dans les temps simples, l'expression négative , ne . . pas, se place avant et après le verbe; dans les temps composés, avant et après l'auxiliaire.
Devant une voyelle, ne subit l'élision. (n'...)
3-4 Il y entre plus d'orgueil que de véritable grandeur d'âme. *Unipersonnel.*
3-4 S'entre-rabot-er. récip.
Il a été employé figurément dans le sens de se heurter mutuellement , échanger des paroles hautaines.
3-4 s'entre-regard-er. récip.
3-4 s'entre-rapproch-er. récip.
3-8 s'entre-répond-re. récip.
88 Le second pronom étant régime ind'i rect, le participe répondu *reste invariable.*
3-9 s'entre-salu-er. récip.
3-62 s'entre-secour-ir. récip.
3-63 s'entre-soutEN-ir. récip.
3-63 s'entre-souvEN-ir. récip.

ÉPRE

3-55 s'entre-suiV-re. récip.
3-49 s'entre-surprEND-re. récip.
3-4 s'entre-taill-er. pr.
Art vétérinaire. Il ne se dit qu'en parlant d'un cheval qui se heurte les jambes l'une contre l'autre en marchant et qui se blesse, s'entre-coupe.
3-4 s'entre-talonn-er. récip.
65 entretEN-ir. *Irrégul.* a. pr.
5-4 s'entre-touch-er. récip.
3-9 s'entre-tu-er. récip.
3-8 s'entre-vend-re. récip.
Se vendre quelque chose, l'un à l'autre. Marot l'a employé en ce sens.
— *Néologisme. S'entre-vendre , se trahir mutuellement.*
3-4 s'entre-visit-er. récip.
3-71 entrevOI-r. a. pr.
3-4 s'entr'excit-er. récip.
3-4 s'entr'exhort-er. récip.
3-4 s'entr'immol-er. récip.
Corneille l'a employé.
3-4 s'entr'injuri-er. récip.
3-11 s'entr'obliG-er. récip.
3-4 s'entr'oubli-er. récip.
5 entr'ouï-r. a. pr.
Entendre imparfaitement. J'entrouïs sa voix. (Acad.)
Cette usité surtout à l'infinitif , au passé défini , à l'imparfait du subjonctif et aux temps composés avec avoir.
Le tréma tient lieu de l'accent circonflexe aux deux premières personnes plurielles du passé défini et à la troisième singulière de l'imparfait du subjonctif.
23 entr'ouvR-ir. a. pr.
4 énuclé-er. a. *Chirurgie.*
42 énumÉr-er. a.
5 envahi-r. a.
11 enverG-er. a. pr. *Manuf.*
5 enversi-r. a. *Technoloqie.*
4 envi-er. a. pr.
11 envisaG-er. a. pr.
3-4 s'envol-er. pr.
Une abeille qui s'envole.
Nos beaux jours s'envolent pour toujours. (Delille.)
60 envOY-er. a. abs. pr.
5 épaissi-r. a. n. pr.
8 épand-re. a. pr.
46 épanneL-er. a. *Technologie.*
5 épanoui-r. n. pr.
3-4 s'épar-er. pr. *Manége.*
Se dit d'un cheval qui détache des ruades.
46 épeL-er. a.
8 éperd-re. a.
Le participe seul est aujourd'hui en usage.
12 épÉt-er. a. *Droit. Coutume.*
10 épiC-er. a. abs.
4 épi-er. n. *(Monter en épi.)*
4 épi-er. a. *(Observer.)*
10 épinC-er. a. *Agric. - Tech.*
17 épinceT-er. a. *Fauc.-Tech.*
11 éponG-er. a. pr.
17 épousseT-er. a. pr.
47 épreiND-re. a. pr.

ÊTRE

3-49 s'éprEND-re. pr.

Il n'est guère usité qu'à l'infinitif, au participe passé et aux temps composés.

10 épuC-er. a. pr.
5 équarri-r. a.
69 équival-oir. n.
3-4 s'éradi-er. pr.
4 éray-er. a. *Agriculture.*
18 éraY-er. a. *Agriculture.*
11 ériG-er. a. pr.
4 escoffi-er. a. *Fam. et pop.*
10 espaC-er. a. pr.
12 espÈr-er. a. pr.

—Espérer que portant à l'esprit une idée de futur, ne doit pas être suivi d'un verbe au présent ou au passé. On ne peut pas dire : *j'espère que vous vous portez bien*; mais je me flatte, je pense, je crois que vous vous portez bien.

Après *espérer que*, on met le futur, quand la phrase est affirmative, et le subjonctif, quand elle est négative ou interrogative. *J'espère que vous le ferez. Je n'espère pas que vous le fassiez. Espérez-vous que je le fasse ?*

Dans le sens interrogatif, on peut mettre indifféremment le futur ou le subjonctif. *Espérez-vous que je le fasse ou que je le ferai ? Espérait-il que je vinsse ou que je viendrais lui demander pardon ? (Dict. nation.)*

Mais dans le sens négatif, il faut toujours le subjonctif. *(Dict. nation.)*

11 essanG-er. a. pr.
18 essaY-er. a. n. pr.
4 essay-er. a. n. pr.
18 essuY-er. a. pr.
4 estropi-er. a. pr.
2 établi-r. a. pr.
11 étaG-er. a. pr.
18 étaY-er. a. pr.
4 étay-er. a. pr.
47 éteiND-re. a. pr.
8 étend-re. a pr.
9 éternu-er. n.
4 éthérifi-er. a. pr. *Chimie.*
16 étincel-er. n.
14 étiquEt-er. a. pr.
5-4 S'étoun-er pr.

Ce verbe, ainsi construit, régit le subjonctif. *Je m'étonne qu'il ne soit pas le danger où il est. Je m'étonne que vous n'ayez pas prévu cet accident.*

5 étourdi-r. a. pr.
11 étranG-er. a. pr.

Le gibier s'est étrange de cette plaine. (*Acad.*)

2 ÊT-re. Subst. et auxiliaire.

Le verbe être et ceux qui sont suivis d'un adjectif ou d'un substantif qui se rapporte au sujet, ne régissent point les noms qui les suivent. Voilà pourquoi, dans les langues qui ont des cas, ces noms se mettent au même cas que le substantif ou le pronom auquel ils se rapportent. Dieu est juste; Deus est justus. Votre sœur est revenue malade; Soror tua rediit ægra. Cette proposition me semble vraie; Hæc propositio mihi videtur vera. Cicéron fut appelé le père de la patrie; Cicero pater patriæ dictus est. (Wailly.)

2 Il ESt . . . Unipersonnel.

Cette locution peut être suivie d'un substantif singulier, d'un substantif pluriel ou d'un adjectif. Il n'est pas de dépense plus chère que celle du temps. *(Théoph.)* Il est des contrées en Grèce où les diverses voyageurs ont cessé de se rendre. *(A. Mart.)* Il est dangereux de conseiller les grands. *(La Roch.)*

ÊTRE

—Il est à. suivi d'un infinitif. Se dit pour *On doit.* Il est à désirer, à souhaiter que telle chose arrive.

2-3-4 C'est moi qui m'invite.

toi	t'
lui	s'
elle	s'
nous	nous
vous	vous
Ce sont eux	s'
elles	s'

—Le mot *Ce*, placé devant le verbe *être*, est propre à donner aux phrases plus de variété et plus de force. Par ce seul mot, l'un des plus caractéristiques de notre langue, beaucoup de phrases peuvent être doublées et prendre un tour plus pittoresque et plus énergique.

—On élide *l'e* de *Ce*, et on le remplace par l'apostrophe devant *est*, et on le remplace a été, ont été. On doit écrire : *c'a été, c'ont été* et non *ç'a été, ç'ont été. etc.*, l'apostrophe dispensant de la cédille. Je partis sans lumière; si j'en avais eu, *c'aurait peut-être été pis encore. (J. J. Rouss.)* Apprendre les langues les plus difficiles, connaître les livres et les auteurs, etc., *c'ont été vos premiers plaisirs. (Fléch.)*

(Dict. notion.)

—L'auxiliaire *être*, précédé de *Ce*, ne se met à la troisième personne plurielle que lorsqu'il est immédiatement suivi d'un substantif pluriel ou d'un pronom de la troisième personne plurielle. Ce sont nos ancêtres qui, par leurs vertus et leurs belles actions, nous ont mérité votre considération: ce sont eux qui vous rendront illustres : imitez-les, si vous ne voulez pas dégénérer.

—Au second conditionnel passé et au plus-que-parfait du subjonctif, l'euphonie demande l'emploi du singulier.

Souvent les auteurs ont employé *c'est* et *ce sont* dans la même phrase et dans la même analogie. Pour le poète, *c'est l'or et l'argent; mais pour le philosophe, ce sont le fer et le blé qui, etc. (J. J. Rouss.)*

—On dit par exception: *C'est dix heures qui viennent de sonner. C'était dix heures qui sonnaient; parce qu'on a dans l'esprit non dix heures, mais une heure précise : la dixième.*

87 —Le verbe *inviter*, conjugué pronominalement, s'accorde en nombre et en personne avec le sujet qui, pronom réfléchi, du même genre, du même nombre et de la même personne que son antécédent.

88 —Dans les temps composés le participe *invité* s'accorde toujours avec le pronom personnel, régime direct, qui le précède.

—L'auxiliaire *être*, dans les deux premiers modes, correspond aux temps du verbe actif; mais employé toujours au présent de l'indicatif, l'être devient plus précise.

86 —Au mode subjonctif, la conjonction *Que* ne doit être plus tôt que devant le pronom *ce*, sujet de l'auxiliaire. Ces deux verbes sont, à ce mode, sous la dépendance du verbe principal sous-entendu.

2-4 C'est moi qui les ai invitées.

—Le verbe *inviter* conjugué *activement*, a pour régime direct les pronoms personnels *m', t', l', nous, vous, les*. Ces pronoms régimes doivent toujours être employés à des personnes différentes de celles des pronoms personnels *moi, toi, lui, elle, nous, vous, eux, elles*, attributs du sujet du verbe principal, *excepté cependant* aux troisièmes personnes.

—L'auxiliaire *être*, précédé de *Ce* et suivi d'un pronom *eux, elles* ou d'un substantif pluriel sans préposition, s'écrit à la troisième personne du pluriel, excepté cependant au second conditionnel passé et au plus-que-parfait du subjonctif, par euphonie.

87 —Tout verbe actif, ayant pour sujet le pronom relatif *qui*, prend le nombre et la personne de l'antécédent de ce relatif.

88 —Le participe *invité*, dans les temps composés, s'accorde toujours avec le pronom personnel, régime direct, qui le précède.

ÊTRE

—Le verbe *être*, aux deux premiers modes, peut correspondre aux temps du second verbe, ou bien ne paraître qu'au présent de l'indicatif.

86 —La conjonction *Que*, au mode subjonctif, devant le pronom *Ce*, suit de l'auxiliaire, suit les deux phrases subordonnées au verbe principal sous-entendu.

—Dans les phrases interrogatives, *être* s'emploie généralement au *pluriel*, lorsque la phrase incidente, complément de l'attribut pluriel, commence par le pronom *qui*, sujet. *Seraient-ce les mutins qui l'auraient favonné ? (St.-Marc Girard.)*

Et au *singulier*, si l'incidente commence par le pronom *ce*, régime direct. *Est-ce ces moments que vous accordez à la religion sur le point d'un combat, qui flattent votre espérance ? (Mass.).*

2-4 C'est toi et moi qui les avons invitées.

Moi, toi, lui, elle, nous, vous, eux, elles, pronoms personnels, attributs du sujet de l'auxiliaire *être.*

M', t', l', nous, vous, les, pronoms personnels, régimes directs du verbe actif *inviter.*

—Dans cet exemple, les trois pronoms personnels doivent être employés à des personnes différentes, *excepté cependant* aux troisièmes personnes.

—La politesse française veut que le pronom *moi*, joint à un autre pronom ou à un substantif, soit exprimé le dernier. *Vous et moi. Votre frère et moi.*

—Les pronoms de la seconde personne se placent toujours avant le nom ou le pronom de la troisième. *Toi et ton frère ; Toi et lui ; Vous et votre sœur ; Vous et elle.*

Le contraire a lieu, si le nom auquel il est joint est celui d'une personne très-inférieure, soit par l'âge, soit par la position sociale. Un père dira : *Moi et mon fils*; et au maître : *Moi et mon domestique.*

—L'auxiliaire *être*, précédé de *ce*, ne se met à la troisième personne du pluriel que lorsqu'il est immédiatement suivi d'un pronom de la troisième personne plurielle.

—On évite le son désagréable que produirait le pronom *Ce*, devant la troisième personne plurielle du second conditionnel passé et du plus-que-parfait du subjonctif, en employant le verbe être au singulier.

87 —Le verbe actif s'accorde avec son sujet en nombre et en personne. Il est admis en grammaire que deux de plusieurs singuliers valent un pluriel.

—Si le pronom relatif sujet a, pour antécédent, deux substantifs de noms de personnes différentes, unis par la conjonction *et* ou par la conjonction *ou*, le verbe *inviter* prend le pluriel et s'accorde avec la personne qui a la priorité.

Mais si le pronom relatif sujet a, pour antécédent, deux pronoms de la troisième personne, unis par la conjonction *ou*, le verbe s'accorde avec le dernier pronom, d'après l'Académie et les grammairiens.

88 —Le participe *invité*, dans les temps composés, s'accorde en genre et en nombre avec le pronom personnel, régime direct, qui le précède.

—Le second verbe se met aux temps du premier, mais pour donner plus de précision à la pensée, le verbe actif, dans toutes ses modifications, peut être précédé du verbe auxiliaire au présent de l'indicatif, *excepté cependant* au mode subjonctif. Les deux verbes, aux derniers temps, sont sous la dépendance du verbe principal sous-entendu, dont le sens est achevé à l'aide de la conjonction *Que*, devant laquelle se met l'auxiliaire.

—Il est à remarquer que le verbe *être* reste au singulier, quand le mot suivant, précédé d'une préposition, est le régime indirect du second verbe. *C'est des récoltes que dépend la subsistance de l'homme. (Camin.) C'est de que j'attends tout ; ils sont plus forts que moi. (Volt.)*

—Dans les phrases interrogatives, le verbe *être* se met très-souvent au singulier, par euphonie, quand il commence la phrase. *Sera-ce vos frères que l'on choisira ? (Planche.)*

9 glu-*er*. a.
3-11 se goberG-*er*. pr.
17 gobeT-*er*. a. pr. *Maçonnerie.*
17 goreT-*er*. a. *Marine.*
11 gorG-*er*. a. n. pr.
4 graci-*er*. a. *Jurisprudence.*
9 gradu-*er*. a.
11 graG-*er*. a.
16 graineL-*er*. a. n.
17 graineT-*er*. a.

Eu parlant du cuir, des étoffes, etc.

5 grandi-*r*. n. pr.

Si par ce verbe on a l'intention d'exprimer l'*action* successive de devenir grand, on le conjugue avec le verbe
4 AVOIR. Elle *a grandi* en peu de temps.
Si au contraire, on veut exprimer simplement l'*état* qui résulte de cette action,
3 on le conjugue avec le verbe ÊTRE. Elle est bien grandie. (*Dict. nation.*)

16 grappeL-*er*. a.
4 grassey-*er*. n.

Participe passé INVARIABLE.

4 gratifi-*er*. a.
16 gratteL-*er*. a. *Technologie.*

(Diminutif de gratter).

5 gravi-*r*. n. a. abs. pr.
4 gré-*er*. a. *Marine.*
16 greneL-*er*. a.
14 grEn-*er*. a
14 grEv-*er*. a. pr.
11 grillaG-*er*. a.
10 grimaC-*er*. n.
10 grinC-*er*. a.

Il n'est d'usage que dans cette locution *Grincer les dents;* les serrer les unes contre les autres de douleur ou de colère.

5 grinchi-*r*. a. n.

Terme d'argot qui signifie en général *Voler.*

16 grommeL-*er*. n. *Familier.*

Le participe passé est INVARIABLE.

5 grossi-*r*. a. n. pr.
18 grossoY-*er*. a.
4 grossoy-*er*. a.
11 gruG-*er*. a.
16 grumeL-*er*. n. pr.
4 gué-*er*. a.
5 guéri-*r*. a. abs. n. pr.
18 guerroY-*er*. n. a.
4 guerroy-*er*. n. a.

H

9 habitu-*er*. a. pr.
5 haï-*r*. a. n. abs. récip.

Irrégulier et défectif. (h aspiré.)
Il prend le tréma ou deux points sur l'i dans toute la conjugaison, excepté aux trois personnes singulières du présent de l'indicatif et à la seconde singulière de l'impératif.
Ces personnes ne sont que d'une syllabe et prennent le son de l'é ouvert.
Dans toutes les autres inflexions, les deux points avertissent que cette voyelle, ainsi accentuée, se détache de la voyelle précédente.
Le tréma tient lieu de l'accent circonflexe sur l'i, aux deux premières personnes plurielles du passé défini et à la troisième singulière de l'imparfait du subjonctif.
Le singulier de l'impératif et le passé défini ne sont guère en usage.

14 halbrEn-*er*. n. (h aspiré.)

Chasser aux halbrans : jeunes canards sauvages.

14 halbrEn-*er*. a. (h aspiré.)

Rompre quelques pennes à un oiseau de proie.

14 halEn-*er*. a. (h aspiré.)

— En parlant des chiens du chasse.
— Prendre l'odeur de la bête.

14 halEt-*er*. n. (h aspiré.)

Respirer, souffler avec force.

14 harcEl-*er*. a. réc. (h aspiré.)
5 havi-*r*. a. n. pr. (h aspiré.)

Dessécher. Se dit uniquement de l'action du feu sur la viande.

11 héberG-*er*. a. n.
3-11 s'éberG-*er*. pr.

Architecture. S'adosser sur et contre un mur mitoyen.

12 hébÉt-*er*. a. pr.
12 hÉl-*er*. a. abs. pr. *Marine.*
5 henni-*r*. n.

Se dit d'un cheval quand il fait entendre son cri ordinaire.

4 héroïfi-*er*. a. *Burlesque.*
4 hi-*er*. a. (h aspiré.)

Construction. Enfoncer des pavés, de pilotis avec la hie.
— Verbe neutre. Faire entendre le bruit appelé hiement.
— Verbe pronominal. Être enfoncé. Ces pavés, ces pieux ne se hient pas facilement.

4 histori-*er*. a.
5 honni-*r*. a. (h aspiré)
9 hou-*er*. a. abs. pr. (h asp.)
4 hu-*er*. a. n. pr. (h aspiré.)
4 humidi-*er*. a.
4 humidifi-*er*. a. n.
4 humili-*er*. a. pr. récip.
12 hypothÉqu-*er*. a. pr.

I

4 identifi-*er*. a. pr.
4 ignorantifi-*er*. n. pr.
4 ignor-*er*. a. n. pr.

Ce verbe, quoique sans négation, a le sens négatif et régit le subjonctif. *J'ignorais que vous fussiez malade.* Mais *ignorer,* accompagné d'une négation, signifie *savoir* et régit l'indicatif. *Vous n'ignorez pas que la bonne foi est la base du commerce.*

73 imbOI-*re*. a. pr.

Usité surtout au participe passé.
Il ne se dit qu'au figuré et surtout en mauvaise part. *Il est imbu* de mauvais principes.
— Au propre, on dit plutôt *imbibé.*

11 immerG-*er*. a. pr.
10 inmisC-*er*. a.
12 impÉtr-*er*. a. *Jurisprudence.*
4 import-*er*. a. *Commerce.*

Faire venir du dehors.

4 import-*er*. n.

Il n'est usité qu'à l'infinitif et aux troisièmes personnes. Être d'importance, de conséquence. *Qu'importent ces menaces?*
— Se prend comme verbe unipersonnel, suivi de la préposition de avec l'infinitif ou de la conjonction que avec le subjonctif.

29 imprévOI-*r*. a. *Néologisme.*

12 incamÉr-*er*. a. *Chanc. rom.*
12 incarcÉr-*er*. a. pr.
3-4 s'incarn-*er*. pr.

Se dit en parlant de la Divinité. Le Fils de Dieu a bien voulu *s'incarner.*
—*Théologie.* Se dit figurément de la transsubstantiation qui se fait dans l'Eucharistie. Pouvez-vous ignorer que les prêtres sont les tabernacles de ce Dieu de gloire, que c'est dans leurs mains qu'il s'incarne tout de nouveau. (*Bourd.*)
— *Chirurgie.* Reprendre de nouvelles chairs.

4 incendi-*er*. a.
12 incÉr-*er*. a. *Pharmacie.*
12 incinÉr-*er*. a. pr. *Chimie.*
3-12 s'indigÉr-*er*. pr.

Ceux qui s'enivrent ou qui *s'indigèrent* ne savent ni boire ni manger. (*Brill. Sav.*)

50 indui-*re*. Irrégul. a. récip.
11 indulG-*er*. n. *Néologisme.*

Voir avec indulgence Eh! mon ami, vous avez vos travers, *indulgez* donc à ceux des autres. (*Compl. de l'Acad.*)

4 inédifi-*er*. a.
9 infatu-*er*. a. pr. abs.
12 infÉr-*er*. a. n.
4 infici-*er*. a.

Nier, contredire.

3-4 s'infiltr-*er*. pr.
5 s'infléchi-*r*. pr.

Terme d'optique. Se dit des rayons lumineux qui dévient. Les rayons lumineux qui traversent les couches de l'atmosphère *s'infléchissent* de plus en plus, en passant de l'une à l'autre. (*Arago.*)

11 infliG-*er*. a. pr. récip.
10 influenC-*er*. a.
9 influ-*er*. n.

Participe passé INVARIABLE.
La bonne ou la mauvaise éducation d'un jeune homme *influe* sur tout le reste de sa vie. (*Acad.*)

8 infond-*re*. a.

Néologisme, insinuer, introduire, fondre, mêler une chose avec une autre.

3-4 s'ingéni-*er*. pr.
12 ingÉr-*er*. a. pr.

Se dit principalement en médecine.

4 initi-*er*. a. pr.
4 injuri-*er*. a. pr.
12 inquiÉt-*er*. a. pr.

S'inquiéter que, signifiant se mettre en peine de quelque chose, prendre intérêt à quelque chose, faire cas de quelque chose, régit le subjonctif. Cet élève *s'inquiète* beaucoup que son père ne lui *écrive* pas

39 inscri-*re*. Irrégulier. a. pr.
12 insÉr-*er*. a. pr.
9 insinu-*er*. a. pr.
9 institu-*er*. a. pr.
50 instrui-*re*. a. abs. pr.
11 insurG-*er*. a. pr.
12 intÉgr-*er*. a. *Mathémat.*
12 intercÉd-*er*. n.
34 interdi-*re*. Irrégul. a. pr.
4 interfoli-*er*. a.
17 interjeT-*er*. a. pr.
4 interlinè-*er*. a.
12 interprÉt-*er*. a. pr.
11 interroG-*er*. a. pr.

LAYE

53 interromp-*re*. a. abs. pr.
65 intervEN-*ir*. *Irrégulier*. n.

Dans les temps composés , ce verbe se
3 conjugue avec l'auxiliaire être.

3*-65 Il intervINt un tiers. *Unip.*
5 interverti-*r*. a. pr.
9-3 intrigu-*er*. a. n. pr.
50-3 introdui-*re*. a. pr.
4 inventori-*er*. a.
5-3 investi-*r*. a. n. pr.
3-12 s'invétÉr-*er*. pr.

Le mal s'est *invétéré* , il sera difficile de
le guérir.

iss-*ir*. n.

Ancien verbe qui signifiait *sortir* , et
dont il ne nous reste plus que le participe
présent *issant*, et le participe passé *issu*,
issue. Cousins *issus* de germains.

J

12 jachÉr-*er*. a. pr. *Agricult.*
5 jailli-*r*. n.

En parlant des liquides et des fluides
qui s'élancent impétueusement.
— *Jailli* , participe passé INVARIABLE, ne
4 prend que l'auxiliaire AVOIR.
— Il s'emploie quelquefois *unipersonnellement*. Du sein de l'obscurité où il a
vécu, il *jaillira* une gloire qui effacera
celle de la plupart des rois. (*B. de St-P.*)

14 jarrEt-*er*. a. pr. *Néologis.*

Mettre ses jarretières. (—*Horticulture.*)
— Nettre. *Architecture*

11 jauG-*er*. a. pr.
5 jauni-*r*. a. n. pr.
16 javeL-*er*. a. n. pr.
17-3 jeT-*er*. a. abs. pr.
47-3 joiND-*re*. *Irrég.* a. n. pr.
18 jointoY-*er*. a. *Maçonnerie.*
9 jou-*er*. n. abs. a. pr.
5 joui-*r*. n. abs.

— *Joui*, participe passé INVARIABLE.

11 juG-*er*. a. n. abs. pr.
4 justici-*er*. a.
4-3 justifi-*er*. a. pr.

L

10-3 laC-*er*. a. pr.
12 lacÉr-*er*. a. pr.

Se dit particulièrement en jurisprudence.

10-3 lanC-*er*. a. pr. abs.
14 languEy-*er* a. *Art vétér.*
5 langui-*r*. n. abs.

Participe passé INVARIABLE.

12 lansquenÉt-*er*. n. *Néolog.*

Jouer au lansquenet: sorte de jeu de
cartes et de hasard.

4 lapidifi-*er*. a. pr.
9 largu-*er*. a. n. pr. *Marine.*
18 larmoY-*er*. n.

Familier, et comique. Sénèce l'a fait
actif dans l'épitaphe d'une chienne , en
vieux style.

18 laY-*er*. a. *Maçonnerie.*
— Eaux et forêts.

MANI

4 lay-*er*. a.
12 lÉch-*er*. a. abs. pr.
12 lÉgu-*er*. a. pr.
4 lénifi-*er*. a. *Médecine.*
12 lÈs-*er*. a pr.
14-3 lEv-*er*. a. n. pr. abs.
11 léviG-*er*. a. *Chimie.*
12-3 libÉr-*er*. a. pr. abs. *Jurisp.*
4 licenci-*er*. a. pr.
11 liéG-*er*. a. pr. *Technologie.*
4-3 li-*er*. a. pr.
3-4 se lignifi-*er*. pr.

Botanique. Se convertir en bois.

9 ligu-*er*. a. pr.
4-3 liquéfi-*er*. a. pr.

Fondre. Le feu *liquéfie* le plomb , l'argent, l'or, e c.

40 ll-*re*. a. pr.
12 lisÉr-*er*. a. pr. *Technolog.*
4 lithographi-*er*. a.
17 locheT-*er*. a. *Agriculture.*
11-3 loG-*er*. n. a. pr.
18 lomboY-*er*. a. *Technologie.*
11 lonG-*er*. a.
14 loquEt-*er*. a. pr.
5 loti-*r*. a.
11-3 louanG-*er*. a. pr.
9 lou-*er*. a. pr.
17 louveT-*er*. n.

Participe passé INVARIABLE.
Faire ses petits en parlant de la louve.

18 louvoY-*er*. n. *Marine.*
45 lui-*re*. *Irrégulier*. n.

Participe passé INVARIABLE.
Inusité au passé défini , à l'imparfait
du subjonctif et à l'impératif.

3-4 se luthérianis-*er*. pr. *Néol.*

M

12 maclÉr-*er*. a. pr.

Pratique religieuse. — Médecine et
chimie.

4 magnifi-*er*. a. pr.
5 maigri-*r*. n.

4 Il prend l'auxiliaire AVOIR, si l'on veut
marquer l'action. Il a *maigri*. Le participe reste *invariable*.

3 Il prend être, si l'on a en vue d'exprimer le résultat de l'action , l'état. Elle
est *maigrie*. Le participe est *variable*.
—*Maigrir*. Actif. Plus effilé. Se dit de
l'effet des vêtements sur l'apparence de
la taille.
— *Maigrir*. Actif. Technologie. Maigrir
une pierre de taille.

17 mailleT-*er*. a. pr. *Marine.*
65-3 maintEN-*ir*. a. pr.
74 malfAl-*re*. n.

Ce verbe n'est usité qu'à l'infinitif et
aux deux participes, qui ne sont que des
adjectifs. Dans les temps simples on dit:
Nous fAISons mal , en rejetant l'adverbe
après.

14 malmEn-*er*. a. pr.
11 manG-*er*. a. abs. pr.
4 mani-*er*. a. n. pr.
10 maniganC-*er*. a. abs.

METT

11 marG-*er*. a.
—*Typographie. — Technologie*

4-3 mari-*er*. a. abs. pr.
17 marqueT-*er*. a. pr.
14 martEl-*er*. a. n. pr.
5 mati-*r*. n. abs. *Bijouterie.*
41-3 maudi-*re*. *Irrég.* a. pr. réc.
4 maugré-*er*. a. abs. *Pop.*
12 mÉch-*er*. a. *Technologie.*
46 méconnAIT-*re*. a. pr.
36 mécrOI-*re*. n.

Usité seulement à l'infinitif. Il est dangereux de croire et de *mécroire*. (*Acad.*)
Quelques auteurs l'ont employé dans
le style plaisant et marotique.

34 médi-*re*. n.

participe passé INVARIABLE.

74 méfAl-*re*. n. *Jurisprudence.*

Ne s'emploie qu'à l'infinitif et aux temps
composés. Participe passé INVARIABLE.

3-4 se méfi-*er*. pr. récip.
5 mégi-*r*. a. *Technologie.*
11 méjuG-*er*. a. pr. *Néologis.*
11 mélanG-*er*. a. pr.
10 menaC-*er*. a. pr.

Il est souvent employé sans régime.

11 ménaG-*er*. a. abs. pr. réci.
4 mendi-*er*. n. a.
14 mEn-*er*. a. abs. pr. récip.
24 menT-*ir*. *Irrég.* n. pr. réc.

Le participe passé est INVARIABLE et ne
s'emploie qu'avec l'auxiliaire AVOIR.

9 méponctu-*er*. a. *Néologis.*

Ponctuer d'une manière contraire aux
règles.

3-49 se méprEND-*re*. pr.
4 mérit-*er*. a. abs. pr.

Mériter que régit le subjonctif. Vous
mériteriez que je vous accablasse de reproches.

4 mésalli-*er*. a. pr.
3*-4 mésarriv-*er*. n. *Unipers.*

Participe passé INVARIABLE.

74 mésatisfAl-*re*. a. *Néologis.*
3*-65 mésavEN-*ir*. n. *Unipers.*

Peu usité. Participe passé INVARIABLE.

4 mésédifi-*er*. a. pr.
18 mésemploY-*er*. a. *Néolog.*
12 mésinfÉr-*er*. n.

Participe passé INVARIABLE.

12 mésinterprÉt-*er*. a.
23 mésoffR-*ir*. a.
messE-*oir*. *Irrégulier*. n.

Ce verbe n'est plus en usage à l'infinitif. Il ne s'emploie que dans certains
temps et toujours à la troisième personne
du singulier ou du pluriel. Il *messied* ,
ils *messiéent* , il *messeyait* , ils *messiéra*
il *messiérait*. Qu'il *messiée* , qu'ils *mes
siéent*. *Messéyant*. Il est souvent unipersonnel et signifie : N'être pas convenable ,
n'être pas séant. (*Dict. nation.*)

25 messerV-*ir*. *Irrégulier*. a.

Desservir. Rendre de mauvais offices.

42 mETT-*re*. a. abs. n. pr.

Irrégulier. Mettre ordre à sa conduite , à ses affaires. — Mettre ordre à ce
86 que le payement ne se fasse pas attendre.

MYST

5-3 meurtri-*r. a. abs. pr.*
8 mévend-*re. a. abs.*
  Commerce. Peu usité.
11 mitiG-*er. a. pr.*
14 modEl-*er. a. abs. pr.*
  Sculpture.
12-3 modÉr-*er. a. pr.*
4-3 modifi-*er. a. abs. pr.*
5 moisi-*r. a. n. pr.*
5 moiti-*r. a. pr. Technol.*
4 mollifi-*er. a. pr. Médecine.*
5 molli-*r. n. pr. (a. Marine.)*
4 mondifi-*er. a. pr.*
18 monnaY-*er. a. abs. pr.*
4 monnay-*er. a. abs. pr.*
4 mont-*er. n. abs. pr.*
  4 Il prend avoir, si l'on veut exprimer l'action. *Il a monté* quatre fois à sa chambre.
  3 Mais il faut employer être, si l'on veut exprimer l'état qui résulte de l'action de monter. *Il est monté* dans sa chambre, et il y est resté.

3-4 **Ils se sont moqués de vos menaces.**
  88 Le participe, dans les temps composés, s'accorde toujours avec le second pronom, régime direct, placé avant.

14 morcEl-*er. a. pr.*
8 mord-*re. a. n. pr.*
3-8 **Se mordre la langue d'avoir parlé.**
  88 *S'en repentir.* — Le régime direct, *la langue*, étant après, le participe, dans les temps composés, reste *invariable.*

8-3 morfond-*re. a. pr.*
12 morigÉn-*er. a. pr.*
4 mortifi-*er. a. pr.*
17 moucheT-*er. a. n. pr.*
43 mouD-*re. Irrég. a. abs. pr.*
64 mOUR-*ir. Irrégulier. n. pr.*
  3 Se conjugue avec l'auxiliaire être; il exprime cet événement d'une manière générale.
  — *Se mourir* peint l'action de mourir avec tout ce qui l'accompagne.

3-64 se mOUR-*ir. pr.*
  Être sur le point de mourir.
  Dans ce sens, il ne se dit guère qu'au présent et à l'imparfait de l'indicatif.
68-3 mOUV-*oir. a. n. pr.*
4 moy-*er. a. pr. Technol.*
  Scier une pierre de taille en deux.

9 mu-*er. a. pr.*
  Changer naturellement de poil, de plumes, de peau, etc.
  — Se dit des jeunes gens dont la voix change. Sa voix mue.

5 mugi-*r. n.*
  Il ne se conjugue qu'aux troisièmes personnes avec l'un des sujets *le bœuf, les bœufs; la vache, les vaches; le taureau, les taureaux;* et au figuré, avec l'un des sujets *les vents, les flots.*
  — *Mugi,* participe passé INVARIABLE.
  — Ce verbe a été employé, au figuré, comme verbe actif.

4 multipli-*er. a. n. pr.*
5 muni-*r. a. pr.*
5 mûri-*r. n. a. pr.*
14 musEl-*er. a. pr.*
4 mystifi-*er. a. pr.*

N

11 naG-*er. n.*
  Le participe passé est INVARIABLE, et ne s'emploie qu'avec l'auxiliaire avoir.
  — *Verbe actif. Nager la chaloupe à bord.*
44 nAÎT-*re. n.*
  3 Ce verbe prend l'auxiliaire être dans ses temps composés.
5 nanti-*r. a. pr. abs.*
11 naufraG-*er. n.*
3-4 se nécros-*er. pr.*
  En parlant des os.
11 négliG-*er. a. n. pr.*
4 négoci-*er. n. a. abs. pr.*
4*-11 neiG-*er. Unipersonnel.*
18-3 nettoY-*er. a. pr.*
4 ni-*er. a. abs. pr.*
  Ce verbe, suivi d'un autre verbe, demande *de* et l'infinitif, lorsque le verbe régi se rapporte au sujet de la phrase. *Il a nié d'avoir dit cela.* Dans le cas
  86 contraire, on emploie *que* avec le subjonc if. *Je nie qu'il ait raison.*
  — Lorsque *nier* est employé avec la négation, le *ne* doit être répété dans la proposition subordonnée. *Je ne nie pas que je ne l'aie dit.*
  La négation doit être également employée quand le verbe paraît sous la forme interrogative. *Peut-on nier qu'il n'ait avancé cette proposition ?*
  — Lorsque le sens de *nier* est affirmatif, le verbe de la subordonnée ne prend point *ne. Je nie qu'il soit venu.* (*Dictionn. nation.*)

3-4 se nitrifi-*er. pr.*
  Les pierres tendres et poreuses sont celles qui se nitrifient le mieux.
16 nivEl-*er. a. n. pr.*
10 noC-*er. n. populaire.*
5-3 noirci-*r. a. n. pr.*
4 notari-*er. a. pr. Néologis.*
4 notifi-*er. a. pr.*
9 nou-*er. a. n. pr.*
5-3 nourri-*r. a. abs. pr.*
18-3 noYer *a. abs. pr.*
10 nuanC-*er. a. pr.*
9 nu-*er. a. abs. pr.*
  Disposer des couleurs dans des ouvrages de soie, de laine, etc.
45 nui-*re. Irrég. n. abs. pr.*
  Participe passé INVARIABLE. — *Unipersonnel.* Il ne nuit pas d'avoir étudié.

O

5 obéi-*r. n. abs. pr.*
  Quoique ce verbe ne soit pas actif, il a cependant une sorte de passif, car on dit bien : *Je veux être obéi.*
12 obÉr-*er. a. pr.*
11 obliG-*er. a. pr.*
12 oblitÉr-*er. a. pr.*
5 obscurci-*r. a. abs. pr.*
12 obsÉd-*er. a. abs.*
9 obstru-*er. a. pr.*
12 obtempÉr-*er. n. Jurispr.*
  Il a été employé par Corneille, dans le style familier.
65 obtEN-*ir. a. abs. pr.*
65 obvEN-*ir. n. Jurisprudence.*
  Ces biens sont obtenus de droit à l'État.

PAÎT

4 obvi-*er. n.*
4 octavi-*er. n. Musique.*
18 octroY-*er. a. pr.*
4 offici-*er. n.*
23-3 offR-*ir. Irrég. n. a. abs. pr.*
3*-23 Il s'offRe une difficulté.
  Unipersonnel.
47 oiND-*re. a. pr.*
16 oiseL-*er. n. a.*
4 olographi-*er. a. Pratique.*
11 ombraG-*er. a. pr.*
42 omETT-*re. a. pr.*
18 ondoY-*er. a. abs. pr.*
13 opÉr-*er. a. abs. pr.*
10 ordonnanC-*er. a. pr.*
4 ordonn-*er. a. n.*
  Ce verbe, dans le sens de *commander, prescrire,* régit le subjonctif. *Nous l'avons vu ordonner qu'on fléchît les genoux devant la majesté présente.* (*Fléch.*)
  Mais employé *en terme d'administration,* par un souverain, un magistrat, un chef, un supérieur, dans le sens de rendre une ordonnance, prescrire un règlement, un usage, une discipline, une police, etc., il régit l'indicatif. *L'Empereur a ordonné qu'un messager d'état se rendra,* chaque jour, au Ministère de l'Instruction publique.
4 orthographi-*er. a. abs.*
4 os-*er. a. abs.*
  — On supprime quelquefois *pas* et *point* avec *oser,* employé absolument ou suivi d'un infinitif. *Je n'oserais, on n'oserait.* Les barbares n'osent approcher du saint, ils le percent, de loin, avec leurs flèches. (*Chateaub.*)
  — Se prend aussi absolument dans la négation. Il faut oser en tout genre; mais la difficulté, c'est d'oser à propos. (*Fenten.*)
4 ossifi-*er. a. pr.*
4-3 oubli-*er. a. n. pr.*

oUÏr. *a. (Entendre.)*
  J'ois, tu ois, il oit, nous oyons, vous oyez, ils oient. J'oyais, nous oyions. J'ouïs, nous ouîmes. J'oirai, nous oirons. J'oirais, nous oirions. Oyons, Oyez. Que j'oie ou que j'oye, que nous oyions, qu'ils oient ou qu'ils oyent. Que j'ouïsse, que nous ouïssions. Ouïr, oyant, ouï, ouïe.
  Ce verbe n'est presque jamais employé aujourd'hui qu'à l'infinitif et aux temps composés du participe *oui* et de l'auxiliaire avoir. On rencontre ordinairement les autres formes dans le style léger et badin.
5 ourdi-*r. a. abs. pr. Technol.*
11 outraG-*er. a. abs*
11 ouvraG-*er. a. Technologie.*
23 ouvR-*ir. Irrégul. a. n. pr.*
12 oxygÉn-*er. a. Chimie.*

P

11 pacaG-*er. n. a. pr.*
4 pacifi-*er. a. pr.*
18 paguY-*er. n.*
4 pagay-*er. n. pr.*
  Se servir de la pagaie pour imprimer le mouvement à un canot.
46 pAÎT-*re. a. n. abs. pr.*
  Irrégulier et défectif. Il n'a point de passé défini ni d'imparfait du subjonctif. Le participe passé est INVARIABLE. Les temps composés ne sont usités que dans la fauconnerie et dans cette phrase du discours familier. Il a pu et repu.

PAYE

4 paliſi-er. a. *Construction.*

5 pâli-r. n. a.

4 palli-er. a. pr.

3-4 se panad-er. pr.

On dit plus ordinairement *se pavaner.*

4 paniſi-er. a.

16 panteL-er. n.

Palpiter fortement. (*Vieux.*)

17 paqueT-er. a. pr.

14 parachEv-er. a. pr.

Achever, perfectionner.(*Vieux.*)

46 parAIT-re. Irrégulier. n.

Ce verbe ne prend, dans ses temps composés, que l'auxiliaire AVOIR.
Le participe passé est INVARIABLE.

— Employé unipersonnellement, et accompagné d'une négation, il demande le subjonctif. Il *ne paraît pas que vous soyez mon ami.*
On emploie l'indicatif dans le cas contraire. Il me *paraît que vous doutez de ma probité.*

(*Dict. nation.*)

62 parcour-ir. a. pr.

74 parfAI-re. a. abs. pr.

Ce verbe ne s'emploie qu'à l'infinitif et aux temps composés.

8 parfond-re. a. pr.

Peindre en émail.

4 pari-er. a. abs. pr.

4 parodi-er. a. pr.

17 parqueT-er. a. abs. pr.

12 parsÉch-er. a. pr.

14 parsEm-er. a. pr.

11 partaG-er. a. n. pr.

part-ir. a.

Diviser en plusieurs parts. Il est vieux et n'est plus guère usité qu'à l'infinitif.
—*Proverbe et figuré.* Avoir maille à *partir* avec quelqu'un ; avoir quelque démêlé.

24 parT-ir. Irrég. n. abs.

Se mettre en chemin.
Ce verbe prend l'auxiliaire ÊTRE. Elles *sont parties depuis huit jours.*
Cependant, il se conjugue avec AVOIR lorsqu'il se dit d'une arme à feu, dont le coup part. Le fusil a *parti tout-à-coup.* (*Acad.*)

65 parvEN-ir. Irrégul. n. abs.

3 Il se conjugue avec l'auxiliaire ÊTRE.

11 passaG-er. a. n. pr. Manég.

4 pass-er. a. n. abs. pr.

Faut-il dire a *passé* ou est *passé* ?
Si l'esprit considère l'action du passage comme se faisant à telle époque, on emploie l'auxiliaire AVOIR. Il a *passé* en
4 Amérique les trois fois ; et si l'esprit considère la même action comme étant absolument faite, *passer* prend l'auxiliaire ÊTRE. Il est *passé* en Amérique depuis trois fois. (*Dict nation.*)

3*-4 Il s'est passé bien des évé-
nements. *Uniperson.*

1 patauG-er. n.

5 pâti-r. n.

Participe passé INVARIABLE.

3-4 se pavan-er. pr.

Il n'est guère en usage que dans le style moqueur et satirique.

18-paY-er. a. abs. pr.

4 pay-er. a. abs. pr.

L'Académie préfère conserver l'y, excepté au futur et au conditionnel, où elle donne trois orthographes : Je *paye-*

PÉRI

rai, je *payerais* ; je *paierai*, je *paierais* ou je *payerai, je payerais.*

La prononciation exige l'y dans la conjugaison de ce verbe, et c'est avec raison que l'Académie recommande cette orthographe.
Quant à *poirai, pairais,* ces formes ne peuvent être admises qu'en poésie.

(*Dict. nation.*)

4 Je *vous* paye, avec plaisir,
le tribut d'estime et de
reconnaissance, que je
7 vous dOIs. (*Volt.*)

— Les pronoms personnels, *me, te, lui, nous, vous, leur,* régimes indirects du verbe principal, sont toujours employés à des personnes différentes de celles du sujet, excepté cependant aux troisièmes personnes.

Ces mêmes pronoms, régimes indirects du second verbe, suivent les inflexions des pronoms, régimes indirects du verbe principal.

L'élision signale sa présence dans les pronoms *m', t',* devant les voyelles *a, e,* initiales de l'auxiliaire avoir.

— À l'impératif, ces pronoms précédés d'un trait d'union, sont placés après le verbe. *Me* est remplacé par *moi,* à la seconde personne singulière. La première personne plurielle ne peut être suivie que des pronoms *lui, leur.*

— Le régime direct : *le tribut d'estime et de reconnaissance,* simple et complexe, étant placé après le verbe principal, *le* participe *payé,* dans les temps composés, reste invariable.

88 — Le participe dû, dans les temps composés du second verbe, s'accorde avec le pronom relatif *que,* régime direct, placé *avant,* dont l'antécédent est *tribut,* masculin singulier.

— La correspondance des *Temps* du verbe de la proposition principale avec ceux de la proposition incidente explicative, est tracée ci-après :

	Indicatif présent . . .	
	Impératif . . .	
On doute	Subjonctif présent . . .	Présent
Il faut	Infinitif présent . . .	de
Il faudrait	Passé de l'infinitif . . .	l'indicatif
Maintenant	Participe présent . . .	
Alors	Futur antérieur . . .	
	Futur . . . . Présent de l'Ind. ou futur.	
	Imparfait de l'Indicatif.	
	Passé défini.	
	Passé indéfini.	
	Passé antérieur	Imparfait
	Plus-que-parfait de l'Indi-	de
	catif.	l'Indicatif
On doutait	Imparfait du Subjonctif	
On doute	Passé du Subjonctif . .	
On avait douté	Plus-que parfait du Sub-	
	jonctif	
	Participe passé. (*Temps composé.*)	
À	Condit. présent . . . . Condit. présent.	
cette	Passé passé. . . . . Condit. passé.	
condition	On dit aussi . . . . Condit. passé.	

12 pÉch-er. n.

47 peiND-re. Irrégul. a. n. pr.

14 pEl-er. a. n. pr.

8 pend-re. a. n. pr.

12 pénÉtr-er. a. abs. n. pr.

4 pépi-er. n.

10-3 perC-er. a. n. pr.

6 perCEV-oir. a. abs. pr.

8-3 perd-re. a. abs. pr.

5 péri-r. n.

4 Ce verbe prend l'auxiliaire AVOIR. Quelques écrivains ont employé l'auxiliaire être.

PLAI

42-3 permETT-re. Irrég. a. pr.

— Quand *permettre* est suivi d'un verbe, on emploie la préposition *de* ou la conjonction *que.* Votre affaire ne m'ont pas *permis de sortir.* (*Acad.*) Votre père *permet que vous alliez* à la promenade.

Il s'ensuit que le second verbe est mis à l'infinitif, lorsque son sujet est énoncé dans la première proposition.

42 Il n'est jamais permIS d'in-
sulter au génie, au ma-
lheur, à la pauvreté.

(*La Harpe.*)

3 — Unipersonnel. Il prend l'auxiliaire ÊTRE et ne s'emploie qu'aux temps composés, avec le pronom *il,* sujet grammatical.

12 perpÉtr-er. a. pr.

9 perpétu-er. a. pr.

12 persévÉr-er. n. abs.

4 personniſi-er. a. pr.

5-5 perverti-r. a. pr.

14 pEs-er. a. abs. n. pr.

12 pestifÉr-er. a. pr.

4 pétriſi-er. a. pr.

5 pétri-r. n. abs. pr.

12 piÉt-er. a. n. pr.

Familier; peu usité.

11 piG-er. a. *Jeux.*

Au jeu de bouchon, mesurer quel est le palet le plus près du bouchon.

4 pilari-er. a.

10-5 pinC-er. a. abs. n. pr.

10-3 plaC-er. a. abs. n. pr.

4 plagi-er. a. abs.

47 plaiND-re. Irrégul. a. pr.

Le verbe *se plaindre* veut le verbe subordonné à l'indicatif, quand *la plainte est fondée.*

85 *Se plaindre de ce que.* Faire des plaintes, des reproches. Elle se *plaint de ce que vous n'avez pas rempli vos obligations.*

Se plaindre que. Blâmer, trouver mauvais. Permettez que mon amitié se *plaigne que vous avez hasardé,* sans me préface, des choses sur lesquelles vous deviez auparavant me consulter. (*Volt.*)

86 Il y a quand la plainte n'est pas fondée, *se plaindre que* régit le subjonctif. Je m'informerai si elles se *plaignaient qu'on les eût connuyées* (*Rac.*)

48 plAI-re. Irrégulier. n. abs.

Participe passé INVARIABLE.

3-48 Je me plAIs à le tourmen-
ter. pr.

88 Le participe passé *plu* est toujours INVARIABLE. Le pronom personnel *le,* masculin singulier, mis pour lui, régime direct de *la conjugaison,* peut être remplacé dans la conjonction, *par la,* féminin singulier, mis pour *elle,* et par *les,* des deux genres pluriel, mis pour *eux* et pour *elles.*

4*-48 Il *vous* a plu de *m'*écrire
les choses du monde les
plus aimables.

Les pronoms personnels, *me, te lui, nous, vous leur,* régimes indirects, mis pour à moi, à toi, à lui, à elle, à nous, à vous, à eux, à elles, peuvent être employés, tant à tour, avec le sujet grammatical *il* et le verbe *unipersonnel,* soit dans les temps simples, soit dans les temps composés.

Ces mêmes pronoms sont aussi régimes indirects de l'infinitif, mais ils ne peuvent, dans les deux phrases, figurer à la même personne, excepté cependant aux troisièmes personnes.

PRÉL — PRÉV — PROV

PRÉL

Les pronoms m', t', subissent l'élision devant les voyelles a, e, , initiales de l'auxiliaire *avoir*, et devant la voyelle e, initiale de l'infinitif *écrire*.

38 Le participe plu est INVARIABLE.

19 planchÉI-er. a. pr. *Constr.*
4 planchéi-er. a. pr. *Constr.*
11 pleiG-er. ou pléG-er. a.

Cautionner en justice. (*Vieux*.)

78 plEUV-oir. *Unipersonnel.*
4-3 pli-er. a. n. abs. pr.
11-3 plonG-er. a. n. pr.
18-3 ploY-er. a. n. pr.
17 pocheT-er. a. n. pr.
47 poiND-re. a.

Piquer, blesser, irriter, exciter.

Il n'est guère usité qu'à l'infinitif, au futur et au conditionnel.

47 poiND-re. n.

Commencer à paraître, à pousser. Il partira dèsque le jour poindre. Les herbes commencent à poindre. (*Acad.*)

10 poliC-er. a.
5 poli-r. a. pr
5-16 se pommeL-er. pr.

— En parlant du ciel. Se couvrir de nuages blancs et grisâtres, arrondis.

— En parlant des chevaux. Se marquer de taches rondes, grises et blanches.

10 ponC-er. a.
10 ponctu-er. a. abs.
13 pondÉr-er. a. pr.
8 poud-re. a. abs.
16 pontcL-er. a. pr.

Technologie. Poser les ponteaux pour monter le métier à soie.

12 possÉd-er. a. abs. pr.
3-12 Elle ne se possÈde pas de joie.

Dans les temps simples, l'adverbe *pas* se place après le verbe; dans les temps composés, entre l'auxiliaire et le participe.

38 — Le participe s'accorde avec le second pronom, régime direct, placé avant.

18 poudroY-er. a. n.
8 pourfend-re. a. pr.

Il est vieux et familier.

5 pourri-r a. n. pr.
55 poursuiV-re. Irrég. a. pr.
28-3 pourvOI-r. Irrég. n. a. pr.
79 pOUV-oir. Irrég. a. n. pr.

— Pas et point se suppriment quelquefois après le verbe *pouvoir*, suivi d'un infinitif. Il ne pourra commander à ses larmes.

(*Rac.*)

4-*-79 Il pEUt arriver que. . .
3-*-79 Il se pEUt que. . .
14 préachÉt-er. a. pr. *Commer.*
12 précÉd-er. a. abs. pr.
12 prédécÉd-er. n. *Pratique.*
54 prédi-re. a.
5 préétabli-r. a. *Didactique.*
12 préfÉr-er. a. pr.
5 préfini-r. a. *Jurisprudence.*
4 préjudici-er. n.
11 préjuG-er. a. abs. pr.
12 prélÉgu-er. a. pr. *Pratique.*
14 prélÉv-er. a. pr.

PRÉV

40 préli-re. a. *Typographie.*

On dit mieux : Lire en première.

5 prémuni-r. a. pr
49 prEND-re. Irr. a. n. abs. pr.

— *Prendre garde que*, employé dans le sens de prendre des mesures, des précautions, régit le subjonctif avec *ne*, après le sujet du verbe subordonné.

Prends garde que jamais l'astre qui nous éclaire ?

Ne te suis en ces lieux, mettre un pied téméraire. (*Rac.*)

Excepté quand il est accompagné d'une négation on emploie interrogativement.

Je ne prenais pas garde que cet homme me suivait de près. Preniez-vous garde que l'ennemi approchât ?

Mais lorsque *prendre garde* signifie *faire réflexion, remarquer, observer*, le verbe suivant doit être mis à l'indicatif. L'Empereur *a pris garde* que les troupes, sous le commandement de ce général, sont bien tenues.

3-49 Je m'y prENDrai adroitement.

— Le pronom *y* se place toujours après le deuxième pronom, régime direct.

— À l'impératif, ces deux pronoms, précédés d'un trait d'union, sont rejetés après le verbe.

À la seconde personne singulière de ce mode, l'usage ne permet pas de dire *prend-t'y*; le goût et l'harmonie rejettent cette expression; il faut dire : *prends-y toi adroitement*, ou bien se servir d'une circonlocution, comme : *Faites-moi le plaisir de vous y prendre* adroitement.

38 — Dans les temps composés, le participe s'accorde avec le deuxième pronom, régime direct, placé avant.

— *Pris*, participe passé, masculin singulier, terminé par la consonne *s*, reste tel au masculin pluriel et prend un e muet pour la formation du féminin singulier, *prise*. La lettre *s*, caractéristique du pluriel n'est ajoutée qu'à ce dernier accord : *prises.*

4.*-49 Il lui prEND des accès de franchise, et de vivacité fort incommodes. (*Acad.*)

— Le verbe *prendre*, dans cette phrase, peut avoir pour régime indirect, les pronoms personnels, *me, te, lui, nous, vous, leur*.

La voyelle *e*, finale des pronoms *me, te*, est remplacée par une apostrophe, dans les temps composés, à la rencontre des voyelles *a, e*, initiales de l'auxiliaire *avoir.*

38 — Le participe *pris*, employé impersonnellement, est toujours INVARIABLE; le *s* final n'est pas ici la marque du pluriel.

— L'adverbe *fort*, mis invariable, modifie et élève la qualité exprimée par l'adjectif *incommodes*, des deux genres, qui, d'après la règle générale, s'accorde en nombre avec le substantif *accès* auquel il se rapporte.

12 prépondÉr-er. n.
11 présaG-er. a. pr.
59-3 prescri-re. Irrég. a. n. pr.
24 pressenT-ir. Irrég. a. pr.
8 prétend-re. a. pr.

Prétendre que, signifiant *soutenir que, être persuadé que*, régit l'indicatif. Je *prétends* que mon droit est incontestable.

— Dans l'acception de *vouloir, exiger*, *prétendre que* veut le verbe subordonné au subjonctif. Je *prétends* que vous exécutiez mes ordres.

— *Se prétendre*, pronominal. Être soutenu. Pareille chose ne doit pas se *prétendre.*

69 prévaL-oir. *Irrégulier.* n.
3-69 Se prévaLoir de la simplicité de son adversaire.

38 — Le participe passé des verbes pronominaux, formés des verbes neutres, est toujours INVARIABLE.

PROV

87 Les mots qui déterminent la signification de ces verbes sont sous la dépendance d'une préposition.

L'usage veut cependant que les trois verbes pronominaux neutres; *se prévaloir, se douter, s'échapper*, soient considérés essentiellement pronominaux et que le participe s'accorde avec le second pronom.

— Les adjectifs possessifs, *mon, ton, son, nos, vos, leurs*, suivent le régime indirect complexe, suivant les inflexions du sujet.

— Le substantif *adversaire*, régime indirect, permis, d'après la règle générale, un s au pluriel.

65 prévEN-ir. *Irrégul.* a. pr.
65 Vous prévENez mes besoins par vos bienfaits. (*Volt.*)

Les adjectifs possessifs, *mes, tes, ses, nos, vos*, modifiant le régime indirect *bienfaits*, suivent les inflexions des pronoms sujets.

Ces mêmes adjectifs peuvent être placés alternativement devant le régime direct *besoins*, mais toujours à des personnes différentes du sujet, excepté aux troisièmes personnes, parce que l'action, faite par un sujet, troisième personne, peut aussi retomber sur une autre troisième personne des deux nombres.

38 — Le régime direct, *mes besoins*, étant après le verbe, le participe *prévenu*, dans les temps composés, reste invariable.

29 prévOI-r. *Irrég.* a. abs. pr.
4 pri-er. a. pr. *récip.*

— Je vous *prie* s'emploie par politesse : Dites-moi, je vous *prie*, si vous avez fait un heureux voyage. Par menaces : Je recommencerai, Par humeur : Vous! Mon Dieu! mêlez-vous de boire, *je vous prie.* (*Boil.*)

12 procÉd-er. n.
4 procré-er. a. abs. pr.
50 produi-re. a. abs. pr.
12 proffÉr-er. a. pr.
17 projeT-er. a. abs. pr.
11 prolonG-er. a. pr.
14 promEn-er. a. abs.

— *Promener* a été employé, à tort, comme verbe neutre. On doit dire : Il est allé *se promener*, et non, il est allé *promener.*

3-14 Elle se promÈne à la fraîcheur matinale. pr.

38 — Le participe s'accorde avec le second pronom, régime direct, placé avant.

42 promETT-re. a. abs. n. pr.

— Ce verbe *irrégulier*, employé affirmativement, et tous ceux qui éveillent une idée d'avenir, ne peuvent êtresuivis d'un verbe au présent de l'indicatif ni au passé. Je vous *promets* que je te ferai repentir de son ingratitude.

— Après *Espérer*, le verbe *Aller*, suivi d'un infinitif, exprimant une idée d'avenir, est le seul qu'on emploie au présent. J'espère qu'enfin de ce temple odieux, Et la flamme et le fer vont délivrer mes yeux. (*Rac.*)

68 promOUV-oir. *Irrég.* a. pr.

On ne l'emploie guère qu'à l'infinitif et aux temps composés.

10-5 prononC-er. a. abs. n. pr.
11 propaG-er. a. pr.
11 proroG-er. a. pr.
39 proscri-re. a. abs. pr.
4 prosodi-er. a. n.
12 prospÉr-er. n.
9 prostitu-er. a. pr.
11 protÉG-er. a. pr. *récip.*
65 provEN-ir. *Irrégulier.* n.

3 Ce verbe prend l'auxiliaire ÊTRE.

RÉER

4 psalmodi-er. n.
4 publi-er. a. pr.
9 pu-er. n.

Le participe passé est INVARIABLE.
Il n'est principalement usité qu'au présent, à l'imparfait, au futur de l'indicatif, au conditionnel présent et à l'infinitif.
— Se prend quelquefois activement. Cet homme pue le vin.

4* Il pue très-fort dans cette chambre. Unipersonnel.
5-3 puni-r. a. abs. pr. récip.
11-3 purG-er. a. abs. n. pr.
4-3 purifi-er. a. pr.
4 putréfi-er. a. abs. pr.

Q

4 qualifi-er. a. pr.

— Absolu. L'homme ne peut se qualifier à sa guise; sa nature ne change pas. (Boiste.)

quér-ir. a.

Chercher avec mission d'amener.
Ce verbe a vieilli, il ne s'emploie qu'à l'infinitif et avec les verbes aller, envoyer, venir. Allez me quérir un tel. Envoyer quérir quelqu'un. Venir quérir quelqu'un de la part de ses amis.
— On trouve dans les anciens auteurs, au présent de l'indicatif, je quiers; au futur, je querray; au passé défini, je quis; au présent du subjonctif, que je quière; au participe présent, quérant; au participe passé, quis; au présent de l'infinitif, quérir ou querre.
Ces temps ne sont restés en usage que dans ses composés: acquérir, conquérir, enquérir, requérir. (Dict. nation.)

4 quintessenci-er. a. abs. pr.
10 quittanC-er. a. pr.

R

32 rabatT-re. Irrégul. a. n. pr.
5 rabêti-r. a. pr.
5 rabonni-r. a. n. pr.
5 rabougri-r. n. pr.
5 rabouli-r. a. pr.
9 rabrou-er. a.
5 raccourci-r. a. n. pr.
14 rachEt-er. a. p.
5 racorni-r. a. pr.
4 radi-er. a.
5-3 radouci-r. a. pr.
5 raffermi-r. a. pr.
9 raflou-er. ou renflou-er. a.
5-3 rafraîchi-r. a. abs. n. pr.
5-3 ragaillardi-r. a.
5 ragrandi-r. a. pr.
4 ragré-er. a. Architecture.
3-4 se ragré-er. pr. Marine.

Se ragréer d'un mât, d'une vergue.

5 raidi-r. a. n. pr.

On écrit et l'on prononce aussi raidir. Cette orthographe et cette prononciation sont, aujourd'hui, moins usitées.

84 ral-re. ou
4 rê-er. n.

Terme de vénerie. Se dit du cri du cerf.
Les chevreuils ne raient pas si fréquemment, ni d'un cri si fort, que le cerf.
(Buff.)

RASS

Ne s'emploie guère qu'à l'infinitif, au présent de l'indicatif, au futur et au conditionnel.
— Ruire. actif. S'est dit pour Raturer, effacer, raser.

5 rajeuni-r. a. abs. n. p.

4 Ce verbe s'emploie avec avons, si l'on veut exprimer une action. Il semble qu'elle ait rajeuni dans sa maladie.

3 Mais il prend être, si l'on a en vue d'exprimer l'état, la situation ou la manière d'être du sujet. Elle est si fraîche qu'on dirait qu'elle est rajeunie.

5-3 ralenti-r. a. pr.
9 ralingu-er. a. Marine.
4 ralli-er. a. pr.
11 rallonG-er. a. pr.
9 ramadou-er. a.
11 ramaG-er. n.

Ne se dit que des oiseaux et encore est-il peu usité.

5 ramaigri-r. a. n.
14 ramEn-er. a. abs. pr.
3-4 se ramifi-er. pr.
5 ramoindri-r. a. pr.
5 ramoiti-r. a. pr.
5 ramolli-r. a. abs. pr.
5 ranci-r. n. pr.
11-3 ranG-er. a. abs. pr.
4 rapari-er. a. pr.

Aparier de nouveau.

4 rapatri-er. a. pr.
12-10 rapiEC-er. a. pr.
17 rapiéceT-er. a.
4 rappari-er. a. pr.

Se dit principalement des animaux domestiques qu'on a par paires.

16 rappeL-er. a. pr.
16 Le soin de tes sujets te rappeLLe à Versailles.
(Volt.)

— Le verbe rappeler, s'accorde avec son sujet Le soin, troisième personne du singulier : simple, parce qu'il n'exprime qu'un seul objet, et complexe, à cause de son complément indirect de tes sujets.
— Les adjectifs possessifs, mes, tes, ses, nos, vos leurs, dans le complément du sujet, règlent la concurrence des pronoms personnels, me, te, le ou la, nous vous, les, régimes directs.

88 — Le participe rappelé s'accorde avec ces pronoms, régimes directs, placé avant le verbe.
— La voyelle, dans les pronoms me, te, le, la, est supprimée et remplacée par une apostrophe, à la rencontre de a , e , initiales de l'auxiliaire avoir.

3-16 Je me rappeLLe ces temps éloignés.
(J. J. Rouss.)

88 Le régime direct, ces temps éloignés, étant placé après le verbe, le participe, dans les temps composés, reste invariable.
Le second pronom est régime indirect.
— Se rappeler exclut la préposition de: Se rappeler un fait, sa jeunesse, le temps passé, etc. Avant un verbe, il prend cette préposition. Je me rappelle de vous avoir vu. (Acad.)

49 rapprEND-re. Irrégulier. a.
4 raréfi-er. a. pr.
4-3 rassasi-er. a. abs. pr.
66 rassE-oir. Irrégulier. a.
67 rassE-oir. Irrégulier. a.

Deuxième orthographe, mais c'est la première qu'il faut préférer.

REBÉ

12 rassérÉn-er. a. pr.
11 rassiéG-er. a. pr.
5 rassorti-r. a. Commerce.
16 râteL-er. a. pr.
4 ratifi-er. a. pr.
47 ratteiND-re. Irrégulier. a.
5 rattendri-r. a.
11 ravaG-er. a. pr.
11 Les orages ne ravagent guère que les cultures de l'homme;
74 ils ne fONt aucun tort aux forêts et aux prairies naturelles.
(B. de St. P.)

— Les deux verbes, dans cet exemple, sont toujours employés aux mêmes temps et aux troisièmes personnes pluriels. Le premier a pour sujet simple, Les orages; le second, le pronom ils, ayant pour antécédent orages.
— Ne . . . que est mis pour seulement L'adverbe guère, dans les temps composés, se place entre l'auxiliaire avoir et le
88 participe ravagé, lequel reste invariable, ayant son régime direct complexe, les cultures de l'homme, placé après.
— L'adjectif indéfini aucun rejette le termes accessoires de négation pas. point.
88 — Le participe fait reste aussi invariable; son régime direct aucun tort est après.
— L'adverbe ne, dans les deux phrases, perd la voyelle e, dans les temps composés, devant les voyelles a , e, initiales de l'auxiliaire avoir.
— L'article contracté est placé devant les deux substantifs : forêts et prairies, attendu que ces deux mots ont une signification différente.
— Ces phrases, précédées de la conjonction que, prises isolément, présentent un sens incomplet, elles sont toujours soumises à une proposition sous - entendue.

5-3 ravili-r. a. pr.
5-3 ravi-r. a. pr.
rav-oir. a.

Avoir de nouveau. Ne s'emploie qu'à l'infinitif qu'il semble qu'il a été ravi de vous revoir et de vous ravoir.
(Mme de Sévigné.)
— Recouvrer. Il plaide pour ravoir son bien.
— Se ravoir. Il a été malade, mais il commence à se ravoir. Familier.

4 ray-er. a.
42 réadmETT-re. a.
5 réagi-r. n.
16 réappeL-er. a. abs
4 réappréci-er. a.
5 réasservi-r. a. Historique.
16 réatteL-er. a. abs.
5 rebâti-r. a. pr.
32 rebatT-re. a.
5 rebaudi-r. a. n. Chasse.
5 rebéni-r. a.

Bénir une seconde fois. On rebénit une église lorsqu'elle a été profanée (Acad.)

3-12 se rebÉqu-er. pr.

Répondre avec fierté à une personne à qui on doit de ce respect.
— Se dit aussi absolu. Vous n'êtes plus la maîtresse au logis, chacun rebéque.
(Volt.)

3-12 Elles se rebÉquent souvent contre leurs précepteurs.

88 Le participe s'accorde avec le second pronom, régime direct, placé avant le verbe.

RÉCR

— Les adjectifs possessifs *mon*, *ton*, *son*, *notre*, *votre*, *leur*, singuliers, et *mes*, *tes*, *ses*, *nos*, *vos*, *leurs*, pluriels, suivent les inflexions des deux pronoms personnels.

— Le substantif *précepteur*, régime indirect, prend un *s* au pluriel.

— L'adverbe *souvent*, dans les temps composés, se place entre l'auxiliaire *être* et le participe.

5 reblanchi-*r*. a. pr.
73 rebOI-*re*. *Irrégulier*. n.
5 rebondi-*r*. n.
20 reboulLL-*ir*. a.
18 rebroY-*er*. a. pr.
5 rebruni-*r*. a.
17 recacheT-*er*. a. pr.
15 recarrEl-*er*. a. pr.
13 recÉd-*er*. a. pr.
13 recÉl-*er*. a. n. pr.
14 recEp-*er*. a. abs. pr. *Agric.*
6 recCEV-*oir*. a. abs.
5 réchampi-*r*. a. pr.
11 rechanG-*er*. a. n. pr.
11-3 recharG-*er*. a. abs. pr.
82 reclU-*re*. a. *Vieux.*
9 reclou-*er*.
reclu-*re*. *Défectif*. a. pr.
reclus, *use*, part. passé.

Il n'est usité qu'à l'infinitif et aux temps composés.

Le mot *reclure*, d'où vient notre verbe *reclure*, a été employé, par Justinien, dans le sens de *renfermer* ; dans Virgile et dans les meilleurs auteurs latins, il signifie au contraire *ouvrir*.

10 recommenC-*er*. a. abs. pr.
4-3 reconcili-*er*. a. pr.
50 recondui-*re*. *Irrég.* a. pr.
46-3 reconnAÎT-*re*. *Irrég.* a. pr.
61 reconquÉR-*ir*. *Irrég.* a. pr.
50 reconstrui-*re*. a. abs. pr.
9 recontinu-*er*. a. n. pr.
65 reconvEN-*ir*. n.

Ancienne pratique. Il prend l'auxiliaire
3 ÊTRE
— Il s'emploie aussi activement.

5-3 reconverti-*r*. a. pr.
4 recopi-*er*. a. pr.
11 recorriG-*er*. a. abs. pr.
35 recouD-*re*. *Irrégulier*. a. pr.
62 recour-*ir*. *Irrégulier*. a. p.
23 recouvR-*ir*. *Irrégulier*. a. p.
10 récréanC-*er*. a. p.

Ancienne pratique.

4 recré-*er*. a. pr,

Duplicatif de créer.

4-3 récré-*er*. a. pr.

Réjouir, divertir.

5 recrépi-*r*. a. pr.
4 recri-*er*. a.

Crier une seconde fois.

3-4 se récri-*er*. pr.
39 récri-*re*. a. abs. pr. récip.
37 recrOÎT-*re*. *Irrégulier*. n.

3-4 Ce verbe prend ÊTRE et AVOIR. *(Boiste.)*
9 récrou-*er*. a. pr.
5 récroui-*r*. a. pr.

REFR

4 rectifi-*er*. a. pr.
63 recueill-*ir*. *Irrégul.* a. abs
50 recui-*re*. *Irrégulier*. a. pr.
12 récupÉr-*er*. a. pr.
32 redébatT-*re*. a.
4 redédi-*er*. a.
74 redéfAI-*re*. *Irrégul.* a. pr.
13 redélibÉr-*er*. n.
24 redémenT-*ir*. a.
5 redémoli-*r*. a.
8 redescend-*re*. n. a. pr.

Comme verbe neutre, il prend l'auxi
3 l'aire ÊTRE. *Je suis redescendu à six heures* :
4 comme actif, il prend l'auxiliaire AVOIR.
J'ai redescendu le bois.

65 redevEN-*ir*. *Irrégulier*. n.

3 Il prend ÊTRE dans ses temps composés. *Le ciel était redevenu serein, les feuilles parurent se ranimer. (J. Martin.)*

7 redEV-*oir*. *Irrégulier*. a.
11 rédiG-*er*. a. pr.
3-4 Elles se sont rédimées des poursuites judiciaires.

88 Le participe s'accorde avec le second pronom.

38 redi-*re*. *Irrégulier*. n. pr.
81 redissoUD-*re*. *Irrégulier*. a.
9 redistribu-*er*. a.
21 redorM-*ir*. *Irrégulier*. n.
50 rédui-*re*. *Irrégulier*. a. pr.
4 réédifi-*er*. a. abs.
40 rééll-*re*. a.
4 réexpédi-*er*. a.
18 remploY-*er*. a. pr.
74 refAI-*re*. *Irrég.* a. abs. pr.
8 refend-*re*. a.
12 réfÉr-*er*. a. n. pr.
17 refeuilleT-*er*. a.
11 refiG-*er*. a. pr.

Se dit en parlant des substances fluides

5 refléchi-*r*. a. pr.

Fléchir de nouveau.

5 réfléchi-*r*. a. n. pr.
12 reflÉt-*er*. a. n.
5 refleur-*ir*. n.

— *du figuré*, la syllabe *fleu* se change en *flo*, seulement à l'imparfait de l'indicatif et au participe présent.

9 reflu-*er*. n.
8 refond-*re*. a.
11 reforG-*er*. a. pr.
5 refoui-*r*. a.
5 refourbi-*r*. a.
5 refourni-*r*. a. pr.
3-5 se refranchi-*r*. pr. *Marine.*

Se dit d'un vaisseau, quand l'eau qui est entrée dans l'intérieur commence à s'épuiser et à diminuer.

11 refranG-*er*. a. *Physique.*
18 refraY-*er*. a. ou
4 refray-*er*. a. *Poterie.*
12 refrÉn-*er*. a.
34 refri-*re*. *Défectif*. a.

Il n'est usité qu'au présent de l'infinitif, au singulier du présent de l'indicatif, au futur, au conditionnel, à la seconde personne singulière de l'impératif et aux temps composés.

RELE

Pour suppléer aux autres temps, on se
71 sert de ceux du verbe fAIre, joint à l'infinitif frire.

5-3 refroidi-*r*. a. n. pr.
3-4 se réfugi-*er*. pr.

Un écrivain l'a employé comme verbe actif. Ce lieu était rempli des grains de l'archevêque et de ceux que les habitants de la campagne y avaient réfugiés.
(Adry.)
Cet emploi paraît tout-à-fait hors d'usage.

22 reful-*er*. n. *Vénerie.*

Se dit du cerf et du gibier.

5-3 regaillardi-*r*. a. pr.
5 regarni-*r*. a. pr.
4 regay-*er*. a. pr. *Technolog.*
4 régay-*er*. a. pr.

Égayer de nouveau, rendre la gaîté.

4*-14 regEl-*er*. *Unipersonnel.*

— Il s'emploie aussi activement.
Le froid a regelé la rivière.
— Se regeler. Se geler de nouveau.

12 régénÉr-*er*. a. pr.

Il n'est guère d'usage qu'au figuré. Le baptème nous régénère en Jésus-Christ.

5 régi-*r*. a. pr.
12 rÉgl-*er*. a. n. pr.
12 rÉgn-*er*. n.

Participe passé INVARIABLE.

4*-12 Il rÈgne dans les esprits un peu de chaleur et de fermentation. *Unipersonnel.*
(Volt.)

11-3 regorG-*er*. a. abs. pr.
4 regraci-*er*. a. pr. *Néologis.*
4 regrett-*er*. a. abs. pr.

On dit regretter de et regretter que.

Le premier s'emploie quand le sujet de la proposition principale est le même que celui de la proposition subordonnée. Je regrette de ne plus vous voir.

On emploie que, lorsque le sujet du second verbe n'est pas le même que celui du premier. Je regretterai que vous vous soyez donné cette peine.

5 regrossi-*r*. a. pr.
9 réhabitu-*er*. a. pr.
9 réinstitu-*er*. a.
13 réintÉgr-*er*. a. pr. *Jurisp.*
11 réinterroG-*er*. a. pr.
50 réintrodui-*re*. a. pr.
5 réinvesti-*r*. a. *Néologisme.*
12 réitÉr-*er*. a. abs. pr.
5 rejailli-*r*. n. pr.

Se dit seulement du choc réfléchi de tous les corps liquides et solides.

5 rejauni-*r*. a. n. pr.
17 rejeT-*er*. a. abs. pr.
47 rejoiND-*re*. *Irrégul.* a. pr.
9 rejou-*er*. n. a. pr.
5-3 réjoui-*r*. a. pr.
11 rejuG-*er*. a. pr.
40 relanC-*er*. a. pr.
5 relargi-*r*. a. pr.
4 relay-*er*. n. a. pr.
12 relÉch-*er*. a. pr.
12 relÉgu-*er*. a. pr. *Jurispr.*
14 relEv-*er*. a. n. abs. pr.

DES VERBES FRANÇAIS.

RENG

4 reli-*er.* a. abs.
40 rell-*re. Irrégulier.* a. pr.
9 relou-*cr.* a.
45 relui-*re.* n.
    Point de passé défini ni d'imparfait du subjonctif.
    Le Participe passé est INVARIABLE.
11 rémanG-*er.* n.
    Il s'emploie aussi activement.
4 remani-*er.* a. pr.
4-3 remari-*er.* a. pr.
11 rembouG-*er.* a. pr.
5 rembruni-*r.* a. pr.
4 remédi-*er.* n.
    Participe passé INVARIABLE.
14 remEn-*er.* a. pr.
4 remerci-*er.* a. abs. pr.
12 rémEr-*er.* a. pr.
    Ancienne jurisprudence.
42 remETT-*re.* a. abs. pr.
14 remmEn-*er.* a. pr.
    Se dit des personnes et des animaux.
14 remodEl-*er.* a. pr.
8 remord-*re.* a. pr.
43 rémouD-*re. Irrégul.* a. pr.
    Émoudre de nouveau.
43 remouD-*re. Irrégul.* a. pr.
    Moudre de nouveau.
64 remOUR-*ir.* n.
  3 Il prend l'auxiliaire ÊTRE.
    Figuré et familier. Mourir une seconde fois. Mot inventé par Voltaire.
17 rempaqueT-*er.* a. pr.
3-4 se rempar-*er.* pr.
10 remplaC-*er.* a. abs. pr.
4 rempli-*er.* a. pr.
5 rempli-*r.* a. pr.
18 remploY-*er.* a. pr.
9 remu-*er.* a. abs. pr.
12 rémunEr-*er.* a. pr.
    Récompenser. Il est du style soutenu.
14 remusEl-*er.* a. pr.
11 renaG-*er.* n.
44 renAÎT-*re. Irrégulier.* n.
    René, renée. Participe passé variable.
  3 Il prend l'auxiliaire ÊTRE.
    Ce verbe n'est guère usité qu'aux temps simples.
5 renchéri-*r.* a. n.
9 renclou-*er.* a. pr. *Art milit.*
11 rencouraG-*er.* a.
21 rendorM-*ir.* a. pr.
8-3 rend-*re.* a. abs n. pr.
50 rendui-*re.* a. pr. *Technol.*
5 rendurci-*r.* a. pr.
4-11 reneiG-*er.* n. *Unipersonnel.*
18 renettoY-*er.* a. pr.
10 renfonC-*er.* a.
10 renforC-*er.* a. pr.
5 renformi-*r.* a. *Maçonnerie.*
3-4 se renfrogn-*er.* pr.
11-3 rengaG-*er.* a. pr.
3-11 se rengorG-*er.* pr.
11 rengréG-*er.* a. pr.

REPA

12 rengrÉn-*er.* a. pr.
5 renhardi-*r.* a. pr.
4 reni-*er.* a. abs.
16 renniveL-*er.* a. pr.
5-3 renoirci-*r.* a. pr.
4 renoisi-*er.* n.
10 renonC-*er.* n. abs. a.
9 renou-*er.* a. abs. pr.
16 renouveL-*er.* a. n. pr.
18 renoY-*er.* a. pr.
10 rensemenC-*er.* a. *Agricul.*
84 rentral-*re. Irr. Déf.* a. pr.
18 rentraY-*er.* ou
4 rentray-*er.* a. *Chamoiserie.*
4 rentr-*er.* n. abs.
    Rentrer après être sorti.
    Les temps composés n'admettent que
  3 l'auxiliaire ÊTRE. Je suis rentré, elle doit rentrée.
    — Et j'ai, pour vous trouver, rentré par l'autre porte. (*Molière.*)
    — Le lendemain, avant le lever du soleil, nous avons quitté l'île, traversé le lac et rentré dans la rivière par laquelle nous y étions descendus. (*Chateaub.*)
    Ces deux auteurs se sont écartés de la règle générale, en employant, dans ce cas, l'auxiliaire *avoir.*

4 Nous avons rentré les pots de fleurs dans les serres.
    —*Actif.* Porter ou reporter dedans ce qui était dehors.
    Le participe, dans cet exemple, conti-
  4 nué avec AVOIR, reste invariable; son régime direct, les pots de fleurs, simple et complexe, est placé après.
    —*Pronominal.* Être rentré, devoir se rentrer. Les orangers se rentrent à la Toussaint.

23 rentr'ouvR-*ir.* a.
5 renvahi-*r.* a. pr.
11 renverG-*er.* a.
4 renvi-*er.* n.
60 renvOY-*er.* a. abs. pr.
5 répaissi-*r.* a. n. pr.
46 repAÎT-*re. Irrég.* n. a. pr.
    — *Repu, repue,* participe *variable.*
5 repâli-*r.* a. pr.
8 répand-*re.* a. n. pr.
5*-8 Il *s'était* répandu un bruit dans la ville. *Unipers.*
46 reparAÎT-*re. Irrégulier.* n.
4 repari-*er.* a. abs. pr.
11 repartaG-*er.* a. pr.
24 reparT-*ir. Irrégulier.* a. n.
    Répliquer, répondre sur-le-champ et vivement.
24 reparT-*ir. Irrégulier.* n.
    Partir de nouveau, retourner.
    Ce verbe prend l'auxiliaire ÊTRE et l'au-
  4 xiliaire AVOIR, selon les vues de l'esprit. Si je veux exprimer l'action de partir, je dirai : il a reparti, il a reparti ce ma-
    tin à six heures ; si je veux indiquer l'état qui résulte de l'action de partir, je dirai, en employant l'auxiliaire ÊTRE : il est reparti, il y a longtemps qu'il est reparti. (*Dict. nation.*)
5 réparti-*r.* a. pr.
    Partager, distribuer.
4 repass-*er.* a. pr.
    Passer de nouveau.
  4 —Repasser par ou combine avec avoir et
  3 avec être, selon qu'on veut peindre l'action ou l'état.

REST

4 repay-*er.* a. pr.
47 repeiND-*re. Irrégul.* a. pr.
14 repEl-*er.* a. pr.
8 repend-*re.* a. pr.
3-24 se repenT-*ir.* pr.
10 reperC-*er.* a. pr.
8 reperd-*re.* a. abs. pr.
12 repÉr-*er.* a. pr. *Construc.*
14 repEs-*er.* a. pr.
12 repÉt-*er.* a. abs. pr.
5 repétri-*r.* a. pr.
10 replaC-*er.* a. pr.
19 replanchÉl-*er.* a. pr *Const.*
4 replanchéi-*er.* a. pr. *Const.*
5 replani-*r.* a. pr. *Technol.*
78 replEUV-*oir.* n. *Unipers.*
4 repli-*er.* a. pr.
11 replonG-*er.* a. n. pr.
5 repoli-*r.* a. pr.
8 répond-*re.* a. n. abs. pr.
    — Dans le sens neutre, ce verbe a une sorte de passif. On dit bien : Cette lettre n'a pas été répondue.
8 repond-*re.* a. pr.
    Pondre de nouveau.
12 repossÉd-*er.* a. pr.
14 répousseEt-*er.* a. pr.
49 reprEND-*re.* a. abs. n. pr.
4 repri-*er.* a. pr.
50 reprodui-*re.* a. abs. pr.
42 repromETT-*re.* a. pr.
4 répudi-*er.* a. pr.
11 repurG-*er.* a. pr.
61 requÉR-*ir. Irré.* a. abs. pr.
9 resalu-*er.* a. pr.
5 resarci-*r.* a. pr.
10 resauC-*er.* a. pr.
12 resÉch-*er.* a. pr.
4 résili-*er.* a. pr.
51 résoUD-*re. Irré.* a. abs. pr.
5 resplendi-*r.* n. abs.
    Il ne s'emploie que dans le style soutenu.
5 ressaisi-*r.* a. pr.
5 resséanti-*r.* a. *Féodal.*
4 ressembl-*er.* n. pr.
    participe INVARIABLE.
16 ressemeL-*er.* a. pr.
14 ressEm-*er.* a. pr.
24 ressenT-*ir.* a. pr.
24 ressorT-*ir. Irrégulier.* n.
  3 Sortir après être entré. Elle est ressortie.
5 ressorti-*r.* n.
    Être du ressort, de la dépendance ou de la compétence de quelque juridiction.
3-65 se ressouvEN-*ir. Irrég.* pr.
    Participe variable.
    —Unipersonnel. A présent il m'en ressouvient. Vous en ressouvient-il ?
9 ressu-*er.* n. a. pr.
18 ressuY-*er.* a. pr.
4 ressuy-*er.* a. pr.
4 rest-*er.* n.
    Dans les temps composés, ce verbe
  4 prend l'auxiliaire AVOIR, si l'on veut faire entendre que le sujet n'est plus en l'eu dont on parle. Il a resté deux jours à Lyon.

RETO

Mais si l'on veut faire entendre que le
sujet est encore au lieu dont il est ques-
3 tion, *rester* prend l'auxiliaire être. Il est
resté à Lyon, et nous avons continué notre
route.
— On demande s'il faut dire : *Il ne lui a
resté que l'espérance* , ou , *il ne lui est
resté que l'espérance.*

On peut dire l'un et l'autre, suivant le
cas. Si je veux parler du moment où un
homme a tout perdu , excepté l'espérance ,
je dirai : *il ne lui a resté que l'espérance*;
mais si je veux parler de l'état habituel
d'un homme qui a tout perdu , excepté
l'espérance , je dirai : *il ne lui est resté
que l'espérance.*

Ruiné depuis deux ans , il ne lui *est*
resté que l'espérance. (*Dict. nation.*)

4* Il *lui* reste à payer plusieurs
billets. *Unipersonnel.*

Les pronoms personnels, *me* , *te, lui,
nous, vous, leur,* précédent toujours le
verbe; les deux premiers subissent l'éli-
3 sion devant la voyelle *e*, initiale de l'auxiliaire être. Cette voyelle retranchée est
remplacée par une apostrophe.

9 restitu-*er.* a. abs. pr.
47-3 restreiND-*re.* a. pr. abs.
4 résult-*er.* n.

Il ne se dit qu'à l'infinitif et à la troisième personne des autres temps.
4 —Ou le conjugue avec l'auxiliaire avoir,
quand il est question d'un résultat qui
s'opère , qui commence et dont on veut
marquer le commencement. Être témoin
d'une querelle , et voir ce qui en a résulté.
—Mais s'il s'agit d'un résultat déjà exis-
tant , et dont on ne veut exprimer que
l'existence, on l'emploie avec l'auxiliaire
3 être. Se rappeler une querelle , et voir
ce qui en est résulté. (*Dict. nation.*)

5 résurgi-*r.* n. *Néologisme.*
5 rétabli-*r.* a. pr.
47-3 reteiND-*re. Irrégul.* a. pr.

Teindre de nouveau.

47 réteiND-*re.* a.

Éteindre de nouveau.

8 retend-*re.* a.

Tendre de nouveau.

8 rétend-*re.* a.

Étendre de nouveau.

65-3 retEN-*ir. Irrég.* a. abs. pr.
5 retenti-*r.* n.
4 retomb-*er.* n. abs.

3 Il prend l'auxiliaire être.

8 retond-*re.* a. pr.
8 retord-*re.* a. pr.
4 retourn-*er.* n. a. pr.

4 Ce verbe se conjugue avec avoir , mais
3 il prend être, si l'on n'est pas revenu.

4 Je l'ai tourné et * retourné
en tous sens , et je n'en
79 ai pu tirer *aucun* éclaircissement.

Dans cette phrase familière et figurée,
l'emploi du premier verbe , dans la conju-
8 gaison , règle celui des temps et des personnes du deuxième et du troisième : ce
dernier est toujours suivi de l'infinitif,
régime direct.

Le verbe *pouvoir*, défectif, n'a point
d'impératif : ce verbe, employé au futur
simple , à la suite des deux premiers , au
mode de l'impératif, présente un sens
complet.

86 — Le verbe au subjonctif est toujours
sous la dépendance d'un verbe qui précède , et dont il ne peut être séparé ,
sans cesser de former un sens clair et
déterminé.

Les inflexions, qui appartiennent à ce
mode, expriment l'idée du temps, non

REVE

pas relativement à l'acte de la parole ,
mais relativement aux propositions princi-
pales sous-entendues, qui,
pour tous les temps, dans cet exemple ,
peuvent s'écrire de la manière suivante :

Pourquoi faut-il . . . .
Il aurait voulu. . . . .
Il est fâcheux. . . . .
On n'aurait pas cru . . .

Les pronoms personnels, *me* , *te, la
ou la , nous, vous, les,* régimes directs
des deux premiers verbes , s'emploient
toujours à des personnes différentes de
celles des pronoms sujets , excepté aux
troisièmes personnes.

L'élision ou la suppression de la voyelle
finale des pronoms singuliers a lieu devant
les voyelles *a* , *e* , initiales de l'auxiliaire
avoir.
— L'adverbe *pas* est retranché, la négation étant suffisamment exprimée par l'adjectif indéfini *aucun.*
— À l'impératif , les pronoms régimes de
la première et de la troisième personne ,
précédé d'un trait d'union, sont placés
après le premier et le deuxième verbe.

La première personne , à ce mode ,
n'est suivie que des pronoms de la troi-
* sième.
—Le sujet , le pronom régime et l'auxiliaire dans les temps composés , sont sous-
entendus devant le deuxième verbe.
—Les deux participes, *tourné* et *retourné*,
s'accordent avec le second pronom régime
direct , placé avant.
—Le participe du verbe *pouvoir* reste invariable , attendu que son régime direct,
tirer aucun éclaircissement est placé après.

3-4 Je m'en retournai seule et
désespérée. (*Rac.*)

Les trois pronoms précédent toujours
le verbe ; la voyelle *e* , du pronom
me , *te, se,* est remplacée par une apos-
59 trophe devant le pronom *en.*
—La phrase est affirmative. Les pronoms
régimes , précédés d'un trait d'union ,
sont , à l'impératif, rejetés après le verbe ;
la diphthongue *oi* , dans le pronom *toi* ,
s'élide , à ce mode , devant le pronom *en*;
l'apostrophe tient lieu du trait d'union.
88 —Le participe , dans les temps composés,
s'accorde , en genre et en nombre , avec
le second pronom , régime direct , placé
avant.
—L'adjectif qualificatif *seul* et l'adjectif
verbal *désespéré* s'accordent avec les pronoms régimes. Le féminin se fait par l'addition d'un *e* muet , la formation du pluriel s'obtient en ajoutant un *s.*

10 retraC-*er.* a. pr.
84 rétraI-*re.* a. *Jurisprudence.*
5 rétréci-*r.* a. n. pr.
47 retreiND-*re.* a. *Technologie.*
9 rétribu-*er.* a.
5 rétroagi-*r.* n.
13 rétrocÉd-*er.* a. pr. *Jurispr.*
4 rétudi-*er.* a.
9 retu-*er.* a.

Continuer de tuer , de massacrer.

5 réuni-*r.* a. pr.
5 réussi-*r.* n.

— *Actif. Beaux arts et néologisme.*
Porter à la perfection , exécuter heu-
reusement. Réussir un tableau , une figure.

80 revaL-*oir.* a. pr.
12 révÉl-*er.* a. pr.
8 revend-*re.* a. pr.
65 revEN-*ir.* n. abs.

3 Se conjugue avec être dans ses temps
composés.

8 Je l'ai attendu, il n'est point
65 revENu. (*J. J. Rouss.*)

Dans la principale absolue , les pronoms
personnels, m', t', l', nous, vous, les,

RUIS

régimes directs , s'emploient , sans distinction, avant le verbe, mais toujours à des
personnes différentes de celles du sujet ,
excepté aux troisièmes personnes.

Le sujet de la proposition principale
relative s'écrit au même nombre et à la
même personne que le pronom régime ,
dans la phrase primordiale.

88 —Le participe attendu, conjugué avec
4 avoir , s'accorde avec le second pronom ,
régime direct , placé avant.

88 —Le participe revenu , conjugué avec
3 être , s'accorde avec le pronom relatif,
sujet.

—L'expression négative ne . . . point ,
dans les temps simples , se place avant
et après le verbe ; dans les temps composés , avant et après l'auxiliaire.

3*-65 Il en revIENt un million à
l'État. *Unipersonnel.*

3*-65 Il *ne vous* en revIENDra que
des ennuis. *Unipersonnel.*

Les pronoms personnels, m', t', lui,
nous, vous, leur , s'emploient indifféremment comme régimes indirects.

— *Ne . . . . que* équivaut à l'adverbe
seulement. Cette expression est suivie de
l'article contracté dans le sens positif.

Dans ces sortes de phrases, il y a ellipse
de *autre chose* , c'est-à-dire , Il ne m'en
revient autre chose que des ennuis.

3-65 s'en revEN-*ir.* pr. *Familier.*

Dans les temps composés , l'auxiliaire
59 être se place entre le pronom en et le
participe revenu , variable.

42 réverbÉr-*er.* a. n. pr.
5 reverdi-*r.* a. n. pr.
12 révÉr-*er.* a. pr.
5 reverni-*r.* a. pr. *Technol.*
27-3 revÊt-*ir.* a. pr.

Plusieurs écrivains célèbres ont employé régulièrement la troisième personne
plurielle du présent de l'indicatif. C'est
alors que les zéphirs , qui l'ont dépouillé
du manteau des hivers , la revêtissent d'
une robe du printemps. (*B. de St-P.*)

4 revivifi-*er.* a. pr.
57 revIV-*re. Irrégulier.* n.

Participe passé INVARIABLE.

71 revOI-*r. Irrégulier.* a. pr.
4 revomi-*r.* a. n. pr.
72 revOUL-*oir.* a.
11 revoyaG-*er.* n.
10 rinC-*er.* a. pr.
50 rinstrui-*re.* a. pr.
52 ri-*re. Irrégulier.* n. pr.

Participe passé INVARIABLE.

53 romp-*re. Irrégul.* a. n. pr.
5 rondi-*r.* a. pr. *Technologie.*
11 ronG-*er.* a. n. pr.
5 rôti-*r.* a. n. pr.
9 roucou-*er.* n.
5 rou-*er.* a. pr. récip.
5 rougi-*r.* a. n. pr.
5 roui-*r.* a. n.
23 rouvR-*ir. Irrégulier.* a. pr.
4 roy-*er.* a. *Agriculture.*
4 rubéfi-*er.* a. pr.
18 rudoY-*er.* a. pr.
9 ru-*er.* a. abs. n. pr.
5 rugi-*r.* n.
16 ruisseL-*er.* n.

S

11 saccaG-*er*. a.
4 saccharifi-*er*. a. pr. *Chimie*.
4 sacrifi-*er*. a. abs. pr.
5 sailli-*r*. n.

Sortir avec impétuosité et par secousses. Ne se dit en ce sens que des choses liquides. Il n'est usité qu'à l'infinitif et aux troisièmes personnes.

63 saill-*ir*. n.

Architecture. S'avancer en dehors. Usité à l'infinitif et aux troisièmes personnes.

5 saisi-*r*. a. abs. pr.
4 salari-*er*. a.
5 sali-*r*. a. pr.
9 salu-*er*. a. pr.
5 sanci-*r*. n.

Couler à fond, en plongeant par l'avant du navire. Il ne s'emploie qu'à l'infinitif et aux troisièmes personnes.

4 sanctifi-*er*. a. pr.
4 saponifi-*er*. a. pr.
74 satisfAI-*re*. a. n. pr.
10 sauC-*er*. a.
17 saveT-*er*. a. *Populaire*.
70 sAV-*oir*. Irrégul. a. n. pr.

C'est le seul verbe qui, au commencement de la phrase, se mette à la première personne du présent du subjonctif, sans qu'il soit régi par un autre mot, exprimé ou sous-entendu. Dans ce cas, il régit lui-même le subjonctif. Je ne sache que trois peuples qui aient autrefois pratiqué l'éducation publique. (J. J. Rouss.)

— *Que je sache. Se met à la fin de la phrase, pour signifier que si un fait est autrement qu'on le dit, on l'ignore. Il n'y a personne à la maison, que je sache.*

— *Après le verbe savoir, pris dans le sens de pouvoir ou d'être incertain, pas et point se suppriment. Je ne saurais vous le dire.*

Mais employé dans le sens vrai, savoir prend pas et point. Je ne sais pas l'anglai-. C'est ce que je ne savais point. (Acad.)

4 scarifi-*er*. a. abs. pr. *Chir*.
4 sci-*er* a.

— *Neutre, Terme de marine. Ramer à rebours pour rétrograder.*

4 scorifi-*er*. a.
12 sÉch-*er*. a. n. pr.
9 secou-*er*. a. pr.
62 secour-*ir*. a. pr.

Ce verbe est un de ceux qui ont changé de régime. On trouve, dans Rabelais, leur secourir, au lieu de les secourir.

12 secrÉt-*er*. a. pr.
50 sédui-*re*. a. abs. pr.
11 ségréG-*er*. a. pr.
4 sembl-*er*. n.

— *Après il semble, il me semble, on emploie l'indicatif, quand la proposition subordonnée énonce un fait certain, positif, et qu'elle ne peut, sans que le sens soit altéré, exprimer un doute qui n'est pas dans la pensée. Il semble que nous augmentons notre être, lorsque nous pouvons le porter dans la mémoire des autres. (La Bruy.) Il me semble que ce sollicite les autres a la confiance d'un homme qui demande justice. (Id.)*

On emploie au contraire le subjonctif, quand il y a doute, incertitude dans la pensée, ou que le verbe de la proposition subordonnée exprime un fait impossible et extraordinaire. Il semble qu'on voit contenu que la bonne foi ne serait plus une vertu. (Mass.) Il me semble que mon cœur veuille se fendre par la moitié. (Mme de Sévigné.)

(Dict. nation.)

SOUD

14 sEm-*er*. a.
10 semonC-*er*. a.
4 sentenci-*er*. a. n.
24 senT-*ir*. a. abs. n. pr.
sE-*oir*. Irrégulier. n.

Vieux mot qui a signifié Être assis, et dont il nous reste le participe présent séant, et le participe passé sis.

On emploie encore l'impératif, en poésie ou dans le langage familier :

Sieds-toi, je n'ai pas dit encor ce que je veux :
Tu te justifieras après, si tu le peux.
(Corn.)

sE-*oir*. n.

Dans le sens de Être convenable. Il ne s'emploie qu'aux troisièmes personnes suivantes : Il sied, ils siéent ; il seyait, ils seyaient ; il siéra, ils siéront ; il siérait, ils siéraient ; qu'il siée, qu'ils siéent, et au participe présent, seyant.

— *Unipersonnel, il vous sied bien de tenir ce di-cours. (Boil.)*

5 serfoui-*r*. a. abs. pr.
9 seringu-*er*. a.
5 serti-*r*. a.
25 serV-*ir*. Irr. a. abs. n. pr.
5 sévi-*r*. n.
14 sÉvr-*er*. a. pr.
11 siéG-*er*. n.

Participe passé INVARIABLE.

4 signifi-*er*. a. abs. pr.
4 simplifi-*er*. a. pr.
11 sinG-*er*. a. pr.
9 situ-*er*. a.

Ce verbe ne s'emploie guère qu'à l'infinitif et au participe passé.

4 soci-*er*. a. n. pr.
4 solfi-*er*. a. abs pr.
4 solidifi-*er*. a.
11 sommaG-*er*. a. *Technolog*.
11 sonG-*er*. n. a.
24 sorT-*ir*. Irrégul. n. abs. a.

Passer du dedans au dehors. Sortir de France.

3 *Comme verbe neutre, ce verbe prend l'auxiliaire* ÊTRE. *Il y a quelque temps qu'il est sorti, il ne tardera pas à rentrer.*

3*-24 Il sort de cette source une grande quantité d'eau.

Unipersonnel.

24 SorTez la voiture de la remise.

Ce verbe, employé activement, prend l'auxiliaire avoir. Le régime direct, la voiture, étant après le verbe, le participe, dans les temps composés, reste invariable.

5 sorti-*r*. a. *Jurisprudence*.

Il n'est usité qu'à la troisième personne des deux nombres.

18 sottoY-*er*. n.

Agir ou parler en sot. Sot , allez ailleurs sottoyer. (Moralités.)

14 souchEv-*er*. a. *Construct*.
5-4 se souci-*er*. pr.

Ce verbe pronominal, signifiant se mettre en peine de , faire cas de quelque chose , suivi de la conjonction que , régit le subjonctif. L'avare se soucie peu qu'on l'estime , mais il se soucie beaucoup qu'on ne sache pas où il cache son argent.

Il s'emploie le plus souvent avec la particule négative.

18 soudoY-*er*. a. pr.

SUER

soud-*re*. a.

Vieux mot dont l'infinitif était seul employé dans le sens de Résoudre. Les rois d'alors s'envoyaient des problèmes à soudre , sur toutes sortes de matières.
(La Font.)

17 souffleT-*er*. a. pr.
23 souffR-*ir*. Irrégul. n. a. pr.

Dans le sens de tolérer , permettre , ce verbe régit le subjonctif. Il serait arrivé quelque folie, si j'avais souffert qu'ils se fussent vus. (Molière.)

11 soulaG-*er*. a. pr. abs.
14 soulEv-*er*. a. pr.

soul-*oir*. n.

Vieux mot qui signifie Avoir coutume de. Louis XII soulait dîner de bonne heure. Il n'est usité qu'à l'imparfait.

42 soumETT-*re*. Irrég. a. pr.
14 soupEs-*er*. a. pr.

sourd-*re*. n.

Sortir , jaillir de la terre , en parlant des eaux. Il n'est guère d'usage qu'à l'infinitif et à la troisième personne du présent de l'indicatif. L'eau sourd , on voit l'eau sourdre de tous côtés. (Acad.)

32 souri-*re*. a. n.

Participe passé INVARIABLE.

12 sous-affrÉt-*er*. a. *Marine*.
39 souscri-*re*. a. n. pr.
8 sous-entend-*re*. a. pr.
12 sous-frÉt-*er*. a. pr.
50 sous-introdui-*re*. a. pr.
9 sous-lou-*er*. a. pr.
84 soustrai-*re*. Irr. Déf. a. pr.
8 sous-vend-*re*. a.

L'emporter , sous-vendre des concurrents.

65 soutEN-*ir*. Irrégul. a. pr.
5-65 se souvEN-*ir*. Irrég. pr. abs.

Participe VARIABLE.

On dit souvent unipersonnellement :
Il me souvient d'avoir . . . . .
Vous souvient-il ? etc.

4 spathifi-*er*. a. pr.
4 spécifi-*er*. a. abs. pr.
4 spoli-*er*. a. pr.
9 statu-*er*. a. abs.
4 sténographi-*er*. a. abs. pr.
4 stipendi-*er*. a.
4 stratifi-*er*. a. pr.
4 stupéfi-*er*. a. abs.
11 suaG-*er*. a. *Technologie*.
13 subdélÉgu-*er*. a. pr.
5 subi-*r*. a. pr.
11 submerG-*er*. a.
11 subroG-*er*. a. pr.
4 substantifi-*er*. a.
9 substitu-*er*. a. pr.
65 subvEN-*ir*. n.

Ce verbe se conjugue comme venir, mais il prend l'auxiliaire avoir et non l'auxiliaire être. Le participe passé est INVARIABLE.

5 subverti-*r*. a. pr.

Neuvrser. Il n'est usité qu'au figuré.

12 succÉd-*er*. n. pr.

Participe passé INVARIABLE.

10 suC-*er*. a. pr.
9 su-*er*. n.

— *Activement. Suer sang et eau.*

DICTIONNAIRE

Colonne 1 — SUSP

34 suffi-*re*. n. abs. pr.

Participe passé INVARIABLE.
L'Académie ne donne point de passé défini ni d'imparfait du subjonctif.

4*-54 Il suffit de pouvoir tout, pour n'être touché de rien.

12 suggÉr-*er*. a. pr.
3-4 se suicid-*er*. pr.
55 suiV-*re*. Irrégul. a. n. pr.
4 supplé-*er*. a. n. pr.
4 supplici-*er*. a. pr. récip.
4 suppli-*er*. a.
4 suppos-*er*. a.

Ce verbe signifiant, poser une chose pour reçue, afin d'en tirer une induction, régit le subjonctif. Je suppose qu'il réussisse, quelle conséquence en tireras-tu ?
Mais, mis pour alléguer comme vrai quelque chose de faux, il régit l'indicatif.
Pour ne pas aller en classe, il a supposé qu'il était malade, et qu'il ne pouvoit marcher.
—Supposé est invariable, quand il précède immédiatement un substantif. Il est préposition ou plutôt participe employé par ellipse comme préposition. Supposé ces principes.
Dans les autres cas, il est adjectif. Supposée ou non, cette anecdote est très-intéressante.

14 surachEt-*er*. a.
11 surcharG-*er*. a. pr.
37 surcrOÎT-*re*. a. n.
5 surenchéri-*r*. n.
12 sur-espÉr-*er*. a. pr.
74 surfAI-*re*. a. pr. récip.
5 surfleuri-*r*. n. Agriculture.
5 surgi-*r*. n.
10 surglaC-*er*. a. Art culinaire.
17 surjeT-*er*. a. Couture.
11 surjuG-*er*. a. Néologisme.
4 surli-*er*. a. Marine.
14 surmEn-*er*. a.
11 surnaG-*er*. n.
4 surpay-*er*. a.
49 surprEND-*re*. a. n. pr.

86 —Surpris que. Tous vos amis seront surpris que vous ni'ayez abandonné.

14 sursEm-*er*. a. pr. Agricult.
30 sursEOI-*r*. Irrégulier. a. n.
8 survend-*re*. a. n.
65 survEN-*ir*. n.

Ce verbe se conjugue avec l'auxiliaire
3 ÊTRE.
—Il s'emploie le plus ordinairement Unipersonnellement. Souvent pour m'achever, il survient une plaie.

3*-65 Il me survIENt souvent de bonnes affaires. Unipers.

Les pronoms personnels, me, te, lui, nous, vous, leur, régimes indirects, peuvent être employés indifféremment après le pronom il, sujet grammatical.
L'adverbe souvent, dans les temps composés, se place entre l'auxiliaire et le participe passé, invariable.

4 survent-*er*. er.

Se dit du vent qui augmente avec force.

57 survIV-*re*. n. pr.

Le participe passé est INVARIABLE : il est toujours accompagné de l'auxiliaire
4 AVOIR.

8 suspend-*re*. a. abs. pr.

Colonne 2 — T

17 tacheT-*er*. a. pr.
48 tAl-*re*. a. pr.
10 tanC-*er*. a. n.
9 tangu-*er*. n. Marine.
3-5 se tapi-*r*. pr.
4 tard-*er*. n.

—Unipersonnellement. Avoir impatience de quelque chose. En ce sens, il régit le subjonctif avec ne ou sans ne, après le sujet du verbe subordonné, mais plus souvent sans cette particule, ou l'infinitif, précédé de la préposition de. Dans cette acception, il est toujours accompagné d'un régime indirect, soit avant, soit après. Il me tarde que cet ouvrage soit ou ne soit terminé. A entendre les discours, à voir la conduite de beaucoup de gens, il sembleroit qu'il leur tarde d'être malheureux. (Boiste.)

3-9 se targu-*er*. pr. Familier.
4 tarifi-*er*. a.
5 tari-*r*. a. n. pr.
4 tartufi-*er*. n.

Il est peu usité. Molière a employé ce verbe activement.

9 tatou-*er*. a. pr.
16 taveL-*er*. a. pr.

Se dit en parlant de la peau de certains animaux. Il est peu usité.

47 teiND-*re*. a. pr.
12 tempÉr-*er*. a. pr.
8 tend-*re*. a. abs. n. pr.
63 tEN-*ir*. a. abs. pr.

Employé unipersonnellement, en parlant des obstacles, des considérations qui empêchent de faire quelque chose, ce verbe régit le subjonctif avec ne, après le ne de le verbe subordonné. Il ne tenait pas à lui qu'on n'oubliât ses victoires.
(Massaron.)

3-63 Je m'en suis tENue à votre opinion, à votre décision.

Le participe passé s'accorde avec le deuxième pronom, régime direct, placé avant, du même genre et du même nombre que le pronom sujet.

10 terC-*er*. ou
4 ters-*er*. a. Agriculture.
5 terni-*r*. a. pr.
11 terraG-*er*. a. n. Agricult.
4 terrifi-*er*. a. pr.
5 terri-*r*. n.
4 terroris-*er*. a. Néologisme.
17 téT-*er*. a. abs.

L'Académie écrit aussi tEter. Cette orthographe est contraire à la prononciation la plus généralement usitée. L'accent aigu est donc indispensable.
(Dict. nation.)

La consonne T se double toutes les fois que la désinence amène un e muet. Dans ce cas, seulement, la voyelle E perd l'accent aigu au radical.

7 tiédi-*r*. n.
10 tierC-*er*. a. n. pr.

tisT-*re*. Irrégulier. a.
tisSu, ne. Participe passé.

Il n'est usité qu'au participe passé et aux temps composés.
J'ai moi-même tissu cette toile.
Le roitelet pend dans un petit nid tissu solidement de mousse et de toile d'araignée. (Buff.)

12 tolÉr-*er*. a. pr.

Colonne 3 — TROU

4 tomb-*er*. n.

Ce verbe se conjugue ordinairement
3 avec l'auxiliaire ÊTRE. Il se dit des personnes et des choses. Il a voulu courir, il est tombé.
4 —L'Académie fait usage de l'auxiliaire AVOIR, pour déterminer la violence ou la durée d'une action. L'oiseau a tombé sur la perdrix. Les poètes disent que Vulcain a tombé du ciel pendant un jour entier.
—Pour ne pas confondre une vue de l'esprit avec une autre on dira avec l'auxiliaire ÊTRE : Cet enfant est tombé, allez vite le relever ; et avec l'auxiliaire AVOIR : Cet enfant a tombé, si l'enfant est relevé.

3*-4 Il est tombé de la neige.
Unipersonnel.

8 tond-*re*. a.
16 tonneL-*er*. a. pr.
4* Il tonne. Unipersonnel.

Ce verbe a tous ses temps et toutes ses personnes au figuré.

8 tord-*re*. a. pr.
4 torréfi-*er*. a. pr.
9 tortu-*er*. a. pr.
9 tou-*er*. a. pr. Marine.
18 tournoY-*er*. n.
10 traC-*er*. a. pr.
50 tradui-*re*. a. abs. pr.
5 trahi-*r*. a. pr.
84 traI-*re*. Irrég. et déf. a. pr.
39 transcri-*re*. a. pr.
12 transfÉr-*er*. a. pr.
11 transiG-*er*. n.
4 transi-*r*. a. n. pr.
42 transmETT-*re*. a. pr.
9 transmu-*er*. a. pr. Didact.

Il ne se dit guère qu'en parlant des métaux.
—Ce verbe a été employé dans le sens de transporter, changer.

46 transparAÎT-*re*. n. Néolog.
10 transperC-*er*. a. pr.
4 transsubstanti-*er*. a. pr.

Usité dans le langage théologique.

5 travesti-*r*. a. pr.
11 treillaG-*er*. a. pr. Technol.
17 tréjeT-*er*. a. pr. Technol.
26 tressaill-*ir*. n.
4 tri-*er*. a. pr.
5 tripoli-*r*. a. pr. Technol.
17 trompeT-*er*. a. n. pr.
9 trou-*er*. a. pr.
4 trouv-*er*. a. n. abs. pr.

—Trouver bon, trouver mauvais.
Ces expressions signifiant approuver, consentir, désapprouver, ne pas consentir, veulent le verbe de la proposition subordonnée au subjonctif. Votre mère trouve bon que vous achetiez des livres ; c'est-à-dire, approuve, consent que vous achetiez des livres. Elle trouve mauvais que vous sortiez souvent ; c'est-à-dire, elle n'approuve pas que vous sortiez souvent.
Dans ce cas, bon et mauvais ne prennent ni genre ni nombre. Mais dans un autre sens, on dira avec M. le Maître : Il faudrait qu'ils combattissent les règles du Christianisme pour trouver mauvaise une action juste et aussi chrétienne. Je trouve bonne l'action que vous trouvez mauvaise.

3*-4 Il se trouva un homme assez hardi pour lui dire la vérité.

Ce verbe, accidentel pronominal, employé unipersonnellement, est mis pour

VEND

il y eut ; il s'accorde toujours avec son sujet grammatical *il*, troisième personne singulière. Le participe, dans les temps composés, est toujours *invariable*.

— L'adjectif *hardi*, complément modificatif, s'accorde, en genre et en nombre, avec l'un des sujets vrais, employé : *un homme*, *des hommes* ; *une femme*, *des femmes*.

Cet adjectif qualificatif devient féminin, en prenant un *e* muet : la formation du pluriel se fait en ajoutant un *s* aux lettres finales du singulier des deux genres.

— L'infinitif *dire*, dans la principale relative, peut avoir, indistinctement, pour régime indirect, les pronoms personnels *me*, *te*, *lui*, *nous*, *vous*, *leur*.

9 tu-er. a. abs. pr.

4 tuméfi-er. a. pr.

18 tutoY-er. a. récip.

U

12 ulcÉr-er. a. pr.

4 unifi-er. a. *Physiologie*.

5 uni-r. a. pr.

V

5 vagi-r. n.

9 vagu-er. n. *Technologie*.

56 vainC-re. a. abs. pr. récip.

17 valeT-er. n. *Familier*.

Participe passé INVARIABLE.

80 vaL-oir *Irrégulier*. n. a.

— *Vain*, participe passé, ne s'emploie jamais seul et ne prend que l'auxiliaire
4 AVOIR.

— Quelques grammairiens font *invariable* ce participe employé au propre, et *variable* au figuré. D'autres, au contraire, veulent que ce participe, précédé du régime direct, soit *variable* dans les deux acceptions.

4*-80 Il vaUt mieux se taire que de parler mal à propos.

On peut dire également bien, en supprimant la préposition *de*.

L'adverbe *mieux*, modifiant le verbe *unipersonnel*, se place, dans les temps
4 composés, entre l'auxiliaire AVOIR et le participe *invariable*.

4 vari-er. a. n. pr.

5-4 se vautr-er. pr.

12 végÉt-er. n.

Participe passé INVARIABLE.

4 veill-er. a. n. abs. pr.

— *Figuré* Prendre garde, donner ses soins, son attention à une chose. Dans ce sens, et suivi de la locution à *ce que*, il régit le verbe subordonné au subjonctif. On veillera à ce que les enfants soient élevés dans les principes de la vraie religion.

11 vendanG-er. a. abs.

8 vend-re. a. abs. pr.

8 J'ai vendu ma maison dix mille huit cent quatre-vingts francs.

— *Vingt* prend toujours un *s* lorsque, multiplié par un autre nombre, il précède immédiatement un substantif. Cent quatre-vingts francs. Mais on n'ajoute point le *s*, quand vingt précède un autre nombre auquel il est joint. Quatre-vingt-deux francs ; quatre-vingt-trois. quatre-vingt-dix, etc.

— *Cent* est *invariable*, quand il n'indique que cent unités. Cent hommes, cent femmes.

— Il est également *invariable*, quoique suivi d'un autre nombre. Cent deux ans, cent trente soldats.

VENT

— Il prend le signe du pluriel, lorsqu'il est précédé d'un adjectif numéral qui le multiplie. Deux *cents* personnes, Six *cents* moutons.

Cependant il est *invariable*, quoique multiplié par une expression numérale, lorsqu'il est suivi d'un autre nombre. Deux *cent* vingt hommes.

— On emploie le trait d'union, pour remplacer la conjonction et dans l'expression de certains nombres : Dix-sept, dix-huit, dix-neuf, vingt-un, soixante-dix-sept.

Cependant quatre vingts renferme toujours le trait d'union, bien que le sens n'y mette pas la conjonction et.

— On dit vingt et un, *trente et un* ou *trente un*, et ainsi jusqu'à soixante inclusivement.

L'analogie avec les autres nombres composés, l'avantage d'une syllabe inutile supprimée, l'autorité des meilleurs écrivains, tout est favorable à la seconde manière de s'exprimer, que quelques grammairiens regardent, à tort, comme une faute.

— On s'exprime également bien en disant : Cent un ou cent et un, deux cent un ou deux cent et un. Mais on dit toujours quatre-vingt-un.

(*Dict. nation.*)

— Dans le régime indirect de l'exemple
88 donné, les mots vingt et cent, combinés dans un ordre différent, suivent les règles établies ci-dessus.

— Le régime direct, ma maison, est placé après le verbe ; le participe, dans les temps composés, reste *invariable*.

— Les adjectifs possessifs, ma, ta, sa, notre, votre, leur, singuliers, et mes, tes, ses, nos, vos, leurs, pluriels, déterminent successivement la signification du substantif maison ou maisons, en y ajoutant une idée de possession. Ces adjectifs concordent toujours avec le sujet.

14 vEn-er. a.

Chasser, courre une bête, pour en adoucir la chair.

Usité à l'infinitif et aux temps composés.

12 vénÉr-er. a. pr. récip.

11 venG-er. a. pr.

Il régit les personnes et les choses.

65 vEN-ir. n.

3 Il se conjugue avec l'auxiliaire ÊTRE dans ses temps composés.

Le participe s'accorde avec le sujet.

65 La raison lui vIENDra peut-être avec l'âge.

Le verbe s'accorde toujours avec son sujet La raison, troisième personne du singulier.

Les pronoms personnels, me, te, lui, nous, vous, leur, régimes indirects, sont employés alternativement, devant le verbe, soit dans les temps simples, soit dans les temps composés.

3 On écrit m', t', devant la voyelle *e*, initiale de l'auxiliaire ÊTRE.

L'adverbe peut-être, dans les temps composés, précède le participe *variable*. La raison lui sera peut-être venue avec l'âge.

59-65 s'en vEN-ir. pr.

S'emploie dans le même sens que l'actif.

Participe passé *variable*.

5*-65 Il ne vIENt que très-peu de fruits en Angleterre.

L'expression ne . . . que est toujours placée avant et après le verbe. On écrit
3 n' devant la voyelle *e*, initiale de l'auxiliaire ÊTRE.

88 Le participe vENu, employé *unipersonnellement*, est toujours INVARIABLE.

4 vent-er. n.

4* Il a venté toute la nuit.

88 Le participe passé d'un verbe *unipersonnel* ou employé *unipersonnellement* est toujours INVARIABLE.

5-4 se ventrouill-er. pr.

Le cochon aime à se ventrouiller.

ZÉZA

14 verbiaG-er. n.

Participe passé INVARIABLE.

5 verdi-r. a. n. pr.

18 verdoY-er. n.

Le participe passé est INVARIABLE.

14 verG-er. a.

17 vergeT-er. n.

4 vérifi-er. a. pr.

3-4 se vermoul-er. pr.

vermoulu, vermoulue.

Participe passé du verbe se *vermouler*.

Quelquefois nous y rencontrions des bouleaux renversés et tout *vermoulus*.

(*B. de St P.*)

5 verni-r. a. pr.

4 versifi-er. a. pr.

27 vêt-ir. a. pr.

Le présent de l'indicatif et l'impératif sont peu usités au singulier.

4 vicari-er. n.

4 vici-er. a. abs. pr.

5 vieilli-r. n. a. pr.

On dit : Cet homme a *vieilli*, cet homme est *vieilli*.

Par la première expression, on désigne l'action progressive de *vieillir* ; par la seconde, l'état qui résulte de cette action.

4 vitrifi-er. a.

4 vivifi-er. a. abs. pr.

57 vIV-re. n. abs.

Vécu, participe passé. Il est INVARIABLE
4 et ne s'emploie qu'avec l'auxiliaire AVOIR.

88 On dit sans accord : Les jours que j'ai vécu, parce que le relatif que est ici pour *pendant lesquels*.

— Vivre se trouve quelquefois employé activement avec le nom vie ou un nom de temps. Si le papillon ne mourait pas, s'il vivait seulement la *vie* d'un homme, la terre ne suffirait pas à sa postérité. (B. de St P.)   *(Dict. nation.)*

9 vogu-er. n.

12 vocifÉr-er. n.

— Actif. *Vociférer la paix.* (*Boiste.*)

71 vOI-r. a. n. pr.

17 voleT-er. n.

Participe passé INVARIABLE.

Lorsque les ailes des jeunes oiseaux commencent à croître, ils s'exercent à *voleter* au-dessus du nid. (*Buff.*)

11 voltiG-er. n.

Le participe passé est INVARIABLE.

Les abeilles, les papillons *voltigent* de fleurs en fleurs.

5 vomi-r. a. abs.

9 vou-er. a. pr. récip.

72 voUL-oir. a. abs. pr.

— Le passif n'est guère d'usage.

— *Vouloir*, dans le sens de ordonner, prescrire, enjoindre, régit le subjonctif. Une loi d'Athènes *voulait* que lorsque la ville était assiégée, on fît mourir tous les gens inutiles. (*Montesq.*)

48 vousaY-er. n. abs.

User du mot vous, en parlant à quelqu'un.

11 voyaG-er. n.

Participe passé INVARIABLE.

Z

4 zézay-er. a. pr.

— *Absolu.* Les personnes qui prononcent mollement jettent par *ch* et *j*, s'zzayent, en disant : J'ai *azeté* deux *pizons*, pour : J'ai acheté deux pigeons.

PARTICIPES PASSÉS
TOUJOURS INVARIABLES.

abondé. abouti. . aboYé. . acquiesCé. . adhÉré. . afflué. . agi. . apostasié. appartENu. . argumenté. assenti. . atterri. . *avorté. babillé. badaudé. baguenaudé. bâillé. baliverné. barguigné. batifolé. *baudi. . bavardé. *bavé. baYé. . beuglé. biaisé. billardé. bivaqué. blondi. . boité. bondi. . bouffonné. bouquiné. *bourgeonné. braconné. braillé. brelandé. brétaillé. brigandé. brillé. brocanté. bronché. butiné. buvotté. cabalé. cabriolé. cadré. cagnardé. capitulé. caqueTé. . caracolé. *carillonné chanceLé. . *chaviré. cheminé. *chevroté. chicoté. (Terme populaire, peu usité.) chopiné. choppé. circulé. clabaudé. clignoté. cliqueTé. . clopiné. coassé. cohabité. coïncidé. commerCé. . compati. . compÉté. . complu. . concordé. concouru. . condescendu. . connivé. consisté. contrevENu. . contribué. . conversé. convolé. coopÉré. . *corné. correspondu. . craqué. croassé. *croulé. *croupi. . cuisiné. daigné. dandiné. *débouqué. *décampé. déchanté. découlé. *défailli. . déjeûné. délinqué. déliré. démanGé. . démérité. démordu. . déparlé. déplu. . déraisonné. déroGé. . détoné. détonné. devisé. dîné. discordé. discouru. . divagué. dodiné. dorMi. . drageonné. dupliqué. duré. endêvé. endiablé. entre-lui. . entre-nui. . entre-parlé. . équivaLu. . erré. escadronné. escarmouché. espadonné. essaimé. été. . éternué. . étinceLé. . excellé excipé. existé. . extravagué. faibli. . fainéanté. falaisé. fallu. . faonné. ferraillé. *feuillé. fienté. finassé. flamboYé. . fleuré. flué. . flûté. foisonné. folâtré. forfAIt . forligné. *forlonGé. . fourgonné. fourmillé. fraîchi. . fraternisé. frémi. . frétillé. fringué. frissonné. froué. . fructifié. . gambadé. gargoté. gargouillé. gasconné. geiNt. . gémi. . gesticulé. giboYé. . *gigotté. gloussé. goguenardé. goinfré. (Terme populaire.) grasseyé. gravi. . gravité. greloté. grignotté. grimacé. grimpé. grisollé. grisonné. grogné. grommeLé. . grouillé. halEté. . (h aspiré.) henni. . (h aspiré.) herborisé. hésité. hogné.(h aspiré.) hurlé. (h aspiré.) influé. . insisté. intercÉdé. . ivrogné. jailli. . jasé.

jeûné. jouaillé. joui. . jouté. judaïsé. lambiné. langui. . larmoYé. . lésiné. louché. louveTé. . louvoYé. . lui. . lutté. malversé. maraudé. marché. médit. . méfAIt. . menTi. . mésoffERt. . mésusé. miaulé. milité. mué. mugi. . musé. naGé. . nasillé. niaisé. nigaudé. nui. . obtempÉré. . obvié. . officié. . opiné. opté. oscillé. pacaGé. . palpité. panteLé. papillonné. paru. . paressé. parlementé. participé. patauGé. . patienté. pâti. . patrociné. pâturé. périphrasé. péroré. persévÉré. . persisté. pesté. pétillé. philosophé. piaffé. piaillé. picoré. pindarisé. pinté. piraté. pirouetté. pivoté. plu. . pleurniché. polissonné. politiqué. pouliné. *prédécÉdé. . prédominé. préexisté. préjudicié. . préludé. préopiné. *procÉdé. . profité. prominé. pué. . pullulé. pupulé. quémaudé. radoté. raffolé. râlé. rampé rayonné. réagi. . rebondi. . récalcitré. récidivé. recouru. . récriminé. redondé. *refleuri. . reflué. . regimbé. rÈgné. . regorGé. . rejailli. . relui. . remédié. . renâclé. reniflé. renonCé. . reparu. . reparlé. répugné. repullulé. résidé. resplendi. . ressemblé . *résulté. retenti. . retrogradé. rêvassé. reviré. revÉCu. . ricané. ri. . rôdé. rognonné. rôlé. ronflé. rossignolé. roupillé. rugi. . ruisseLé. . saboté. salivé. sangloté. sautillé. séjourné. semblé. . serpenté. serpé. sévi. . siéGé. . sommeillé soupé. sourcillé. souri. . subsisté. subvENu. . succÉdé. . succombé. suffi. . suinté. *suppuré. surabondé. surenchéri. . surgi. . surnaGé. . surplombé. survÉCu. . sympathisé. tâché. tangué. . tardé. . tatillonné. tâtonné. tempêté. temporisé. tergiversé. terri. . testé. tintamarré. tiqué. tisonné. topé. tournaillé. tournoYé. . toussé. transiGé. . transsudé. trébuché. trembloté. trigaudé. tringué. triomphé. trotté. truandé. (Terme populaire peu usité.) truché. (Terme populaire presque hors d'usage.) uriné. vacillé. vagabondé. valeTé. . vaqué. vÉCu. . végÉté. . venté. . verbalisé. verbiaGé. . verdoYé. . vermillé. vétillé. vicarié. vivoté. vocifÉré. . vogué. voisiné. voleTé. . volté. voltiGé. . voyaGé. .

Les Participes, *suivis de deux points*, sont tracés d'après les Paradigmes des Verbes classés dans le vocabulaire.
Les Participes, *suivis d'un seul point*, correspondent au Participe passé du Paradigme aimer, radical *invariable*.
L'astérique (*) signale les Participes employés adjectivement.

FIN.

Marseille.—Imprimerie de P. Chauffard, Boulevard du Musée, 21.

www.ingramcontent.com/pod-product-compliance
Lightning Source LLC
Chambersburg PA
CBHW070803290326
41931CB00011BA/2122